COMECE PELO PORQUÊ

"Este livro pode conduzir você a um nível de excelência que nunca considerou ser possível alcançar."
– GENERAL CHUCK HORNER, comandante da Operação Tempestade no Deserto

"Uma investigação contundente sobre o que separa as grandes empresas e os grandes líderes do restante."
– POLLY LABARRE, coautora de *Inovadores em ação*

"Cada uma dessas histórias forçará você a ver as coisas de uma perspectiva completamente diferente."
– MOKHTAR LAMANI, diplomata canadense e mediador no conflito entre Iraque e Kuwait

COMECE

COMO GRANDES LÍDERES INSPIRAM
PESSOAS E EQUIPES A AGIR

PELO

SIMON SINEK

PORQUÊ

SEXTANTE

Título original: *Start With Why*

tradução: Paulo Geiger

preparo de originais: Raïtsa Leal

revisão: Rafaella Lemos e Rebeca Bolite

adaptação de projeto gráfico e diagramação: DTPhoenix Editorial

adaptação de capa: Ana Paula Daudt Brandão

impressão e acabamento: Cromosete Gráfica e Editora Ltda.

CIP-BRASIL. CATALOGAÇÃO NA PUBLICAÇÃO
SINDICATO NACIONAL DOS EDITORES DE LIVROS, RJ

S623c Sinek, Simon
Comece pelo porquê/ Simon Sinek; tradução de Paulo Geiger. Rio de Janeiro: Sextante, 2018.
256 p.: il.; 16 x 23 cm.

Tradução de: Start with why
ISBN 978-85-431-0663-2

1. Liderança. 2. Influência. 3. Desenvolvimento organizacional. I. Geiger, Paulo. II. Título.

CDD: 658.4092
18-52142 CDU: 005.322:316.46

Rua Voluntários da Pátria, 45 – Gr. 1.404 – Botafogo
22270-000 – Rio de Janeiro – RJ
Tel.: (21) 2538-4100 – Fax: (21) 2286-9244
E-mail: atendimento@sextante.com.br
www.sextante.com.br

Para Vitória,
que encontra boas ideias
e as torna grandes

Existem líderes e existem aqueles que lideram.
Líderes ocupam uma posição de poder e de influência.
Os que lideram nos inspiram.

Sejamos indivíduos ou organizações, seguimos aqueles
que lideram não porque somos obrigados, mas porque queremos.
Seguimos os que lideram não por eles, mas por nós mesmos.

Este é um livro para aqueles que querem inspirar outros e
para aqueles que querem encontrar alguém que os inspire.

SUMÁRIO

INTRODUÇÃO

Por que começar pelo porquê?

Este livro é sobre um padrão que surge naturalmente, uma forma de pensar, agir e se comunicar que dá a algumas pessoas a capacidade de inspirar aqueles que as cercam. Embora esses "líderes natos" possam ter vindo ao mundo com uma predisposição para inspirar, essa aptidão não está reservada apenas a eles. Todos podemos aprender esse padrão. Com um pouco de disciplina, qualquer líder ou organização é capaz de inspirar, tanto dentro quanto fora de sua instituição, ajudando a promover suas ideias e sua visão.

O objetivo deste livro não é simplesmente tentar corrigir o que não está funcionando. Escrevi *Comece pelo porquê* como um guia para enfatizar e ampliar aquilo que funciona. Não pretendo contestar as soluções oferecidas por outras pessoas. A maioria das respostas que obtemos, quando baseadas em evidências concretas, são perfeitamente válidas. No entanto, se começarmos com as perguntas erradas, se não compreendermos a causa, então até as respostas certas acabarão nos levando na direção errada... cedo ou tarde. A verdade sempre é revelada.

As histórias que se seguem são de indivíduos e organizações que naturalmente personificam esse padrão. São os que começam pelo porquê.

1.

O objetivo era ambicioso. O interesse do público era grande. Especialistas estavam ansiosos para contribuir. O dinheiro, prontamente disponível.

Armado com todos os ingredientes do sucesso, Samuel Pierpont Langley estava pronto, no início da década de 1900, para ser o primeiro homem a pilotar uma aeronave. Muito conceituado, era alto funcionário no Instituto Smithsoniano e professor de matemática, além de ter trabalhado em Harvard. Entre seus amigos havia alguns dos homens mais poderosos do governo e do mundo dos negócios, incluindo Andrew Carnegie e Alexander Graham Bell. Langley recebeu do Departamento de Guerra uma subvenção de 50 mil dólares para seu projeto, uma enorme quantia para a época. Ele reuniu as mentes mais brilhantes de seu tempo, um verdadeiro time dos sonhos em talento e conhecimento. Langley e sua equipe usaram os melhores materiais, e a imprensa o seguia aonde quer que fosse. As pessoas de todo o país acompanhavam cada detalhe da história, aguardando a notícia de que ele havia alcançado seu objetivo. Com a equipe e os amplos recursos que reunira, seu sucesso estaria garantido.

Estaria mesmo?

A algumas centenas de quilômetros, Wilbur e Orville Wright trabalhavam em sua própria máquina voadora. A paixão deles por voar era tão intensa que inspirou o entusiasmo e o comprometimento de um dedicado grupo em Dayton, a cidade americana natal dos dois irmãos, em Ohio. Não havia financiamento para aquela aventura. Nenhum subsídio do governo. Tampouco conexões de alto nível. Nem uma só pessoa da equipe tinha pós-graduação ou mesmo formação universitária, nem Wilbur ou Orville. Mas a equipe se reunia em uma modesta loja de bicicletas e tornava sua visão realidade. Em 17 de dezembro de 1903, um pequeno grupo testemunhou o que hoje é considerado por muitos o primeiro voo da história.

Como os irmãos Wright conseguiram ser bem-sucedidos quando uma equipe mais bem equipada, mais instruída e com mais recursos financeiros não conseguiu?

Não foi sorte. Tanto os irmãos Wright quanto Langley estavam muito motivados. Tinham uma forte ética de trabalho. Mentes científicas aguçadas. Perseguiam exatamente o mesmo objetivo, mas apenas os irmãos Wright foram capazes de inspirar as pessoas que estavam à sua volta, e de fato lideraram sua equipe no desenvolvimento de uma tecnologia que mudaria o mundo. Apenas os irmãos Wright começaram pelo porquê.

2.

Em 1965, estudantes no campus da Universidade da Califórnia em Berkeley foram os primeiros a queimar publicamente seus certificados de alistamento militar para protestar contra o envolvimento dos Estados Unidos na Guerra do Vietnã. A região do norte da Califórnia era um viveiro de sentimentos antigovernistas e *antiestablishment*; cenas de confrontos e tumultos em Berkeley e em Oakland foram transmitidas para todo o mundo, alimentando movimentos solidários nos Estados Unidos e na Europa. Mas foi só em 1976, cerca de três anos após o término do envolvimento militar americano no conflito do Vietnã, que eclodiu uma revolução diferente.

Eles pretendiam criar um impacto, uma enorme ruptura, a ponto de desafiar o modo como as pessoas percebiam o funcionamento do mundo. Mas esses jovens revolucionários não atiravam pedras nem pegavam em armas contra um regime autoritário. Em vez disso, decidiram vencer o sistema jogando com as cartas dele. Para Steve Wozniak e Steve Jobs, os cofundadores da Apple Computer, o campo de batalha era o dos negócios e a arma escolhida foi o computador pessoal.

A revolução do computador pessoal estava ganhando forma quando Wozniak construiu o Apple I. Logo que começou a atrair atenção, a tecnologia foi vista como uma ferramenta para trabalho. Os computadores eram complexos demais e o preço estava fora do alcance do consumidor médio. Mas Wozniak, um homem que não era motivado por dinheiro, vislumbrou um propósito mais nobre para a tecnologia. Ele considerava o computador pessoal um caminho para o homem comum assumir o papel de uma corporação. Se conseguisse um modo de levá-lo até as mãos de um indivíduo, pensava, o computador daria a praticamente qualquer um a capacidade de realizar muitas das funções de uma companhia com recursos muito maiores e melhores. O computador pessoal poderia nivelar o campo de jogo e mudar o modo como o mundo funcionava. Woz projetou o Apple I e aprimorou a tecnologia com o Apple II, para que fosse acessível e fácil de usar.

Por mais visionária ou brilhante que seja uma ideia ou um produto, se ninguém o comprar ele não terá muito valor. O melhor amigo de Wozniak na época, Steve Jobs, com 21 anos, sabia exatamente o que fazer. Apesar de ter experiência na venda de componentes eletrônicos, Jobs provaria ser muito mais do que um bom vendedor. Ele queria fazer algo significativo para o mundo e iria fazer isso construindo uma empresa. A Apple foi a ferramenta que Jobs usou para dar início a uma revolução.

Em seu primeiro ano no negócio, com apenas um produto, a Apple obteve uma receita de 1 milhão de dólares. No segundo, alcançou 10 milhões em vendas. No quarto ano, arrecadou 100 milhões com a venda de computadores. E, em apenas seis anos, a Apple Computer tornou-se uma companhia avaliada em mais de 1 bilhão de dólares e com mais de 3 mil funcionários.

Jobs e Woz não foram os únicos a participar da revolução do computador pessoal. Nem sequer foram os únicos sujeitos espertos no negócio; na verdade, nem sabiam muito sobre o assunto. O que tornou a Apple especial não foi seu crescimento meteórico. Não foi a capacidade de seus cofundadores de pensar de maneira diferente sobre computadores pessoais. O que fez a Apple ser especial foi eles terem sido capazes de repetir o padrão. Ao contrário de qualquer um de seus concorrentes, a Apple foi bem-sucedida em colocar em questão ideias convencionais sobre a indústria de computadores, a indústria de componentes eletrônicos, a indústria da música, a indústria de celulares e a indústria do entretenimento. E o motivo é simples. A Apple inspira. A Apple começa pelo porquê.

3.

Ele não era perfeito. Tinha suas singularidades. Não era o único a sofrer em uma época pré-direitos civis e havia muitos outros oradores carismáticos. Entretanto, Martin Luther King Jr. tinha um dom. Ele sabia como inspirar pessoas.

O Dr. King sabia que, se era para o movimento pelos direitos civis ser bem-sucedido, se era para haver uma mudança real e duradoura, isso exigiria mais gente do que ele e seus aliados mais próximos. Exigiria mais do que palavras motivadoras e discursos eloquentes. Exigiria pessoas, dezenas de milhares de cidadãos comuns, unidos por uma única visão - mudar o país. Às 11 horas da manhã de 28 de agosto de 1963, eles mandariam a mensagem a Washington de que estava na hora de os Estados Unidos seguirem um novo caminho.

Os organizadores do movimento pelos direitos civis não enviaram milhares de convites, nem havia um site na internet para confirmar a data. Mas as pessoas apareceram. E continuaram a chegar. Então 250 mil pessoas se dirigiram à capital do país a tempo de ouvir as palavras que foram imortalizadas pela história, proferidas pelo homem que lideraria um movimento que mudou os Estados Unidos para sempre: "*I have a dream.*" Eu tenho um sonho.

A capacidade de atrair tanta gente do país inteiro, de todas as etnias, para se reunir no dia certo e na hora certa tem algo de especial. Ainda que outros também soubessem o que precisava ser mudado a fim de garantir direitos civis para todos, foi Martin Luther King quem conseguiu inspirar uma nação a mudar - não só para o bem de uma minoria, mas para o bem de todos. Martin Luther King começou pelo porquê.

★ ★ ★

Existem líderes e existem aqueles que lideram. Com apenas 6% de participação de mercado nos Estados Unidos e cerca de 3% em todo o mundo, a Apple não é a maior fabricante no segmento de computadores pessoais. No entanto, a companhia lidera a indústria de computadores e agora também outros setores. As experiências de Luther King não foram exclusivas, mas foi ele quem inspirou uma nação a mudar. Os irmãos Wright não eram os participantes mais fortes na corrida para fazer o primeiro voo tripulado e motorizado, mas foram eles que nos levaram à nova era da aviação e, ao fazer isso, mudaram completamente o mundo em que vivemos.

Seus objetivos não eram diferentes do que os de qualquer outra pessoa e seus sistemas e processos foram facilmente replicados. Mas os irmãos

Wright, a Apple e Martin Luther King se destacam entre seus pares. Eles são um ponto fora da curva e seu impacto não é reproduzido com facilidade. São membros de um grupo muito seleto de líderes que fazem algo muito, muito especial. Eles nos inspiram.

Quase todas as pessoas e organizações precisam motivar outros indivíduos a agir por uma ou outra razão. Alguns querem motivar uma decisão de compra. Outros buscam apoio ou voto. Há ainda aqueles interessados em motivar as pessoas a trabalhar com mais afinco ou eficiência, ou apenas fazê-las seguir as regras. A capacidade de motivar pessoas não é, por si só, difícil. Em geral, está ligada a algum fator externo. Incentivos atraentes ou ameaças de punição com frequência suscitam o comportamento desejado. A General Motors, por exemplo, motivava com tanto sucesso as pessoas a comprarem seus produtos que vendeu mais carros do que qualquer outro fabricante no mundo por mais de 70 anos. No entanto, apesar de serem líderes em seu setor, eles não lideravam.

Os grandes líderes, por outro lado, têm a capacidade de inspirar as pessoas a agir. Eles oferecem um sentimento de propósito e de pertencimento que tem pouco a ver com qualquer incentivo externo ou benefício que se possa obter. Quem lidera de verdade consegue criar uma legião de seguidores que não agem porque foram levados a isso, mas porque foram inspirados. Para aqueles que estão inspirados, a motivação para agir é profundamente pessoal. Eles são menos propensos a ser atraídos por incentivos. Os que estão inspirados estão dispostos a pagar o preço ou suportar inconveniências e até sofrimento pessoal. Os que são capazes de inspirar vão criar um grupo de seguidores – apoiadores, eleitores, clientes, funcionários – que agem pelo bem do todo não porque são obrigados, mas porque assim o desejam.

Embora em termos numéricos sejam relativamente poucos, as organizações e os líderes que têm a aptidão natural para nos inspirar aparecem em vários formatos e tamanhos. Podem ser encontrados tanto no setor público quanto no privado. Estão em todos os tipos de atividades – vendendo para clientes finais ou para outras empresas. Onde quer que estejam, todos têm um nível desproporcional de influência em seu ramo de atividade. Possuem os consumidores e os funcionários mais leais. E costumam ser mais lucrativos que os concorrentes. São mais inovadores e, o que é mais importante, capazes de sustentar tudo isso no longo prazo. Muitos deles transformam seus setores. Alguns até mudam o mundo.

Os irmãos Wright, a Apple e o Dr. King são apenas três exemplos. A Harley-Davidson, a Disney e a Southwest Airlines são outros três. John F. Kennedy e Ronald Reagan também foram capazes de inspirar. Não importa a origem, todos têm algo em comum. Todos os líderes e empresas inspiradores, seja qual for o tamanho ou o setor, pensam, agem e se comunicam exatamente da mesma forma.

E essa forma é totalmente o oposto do que os outros fazem.

E se pudéssemos todos aprender a pensar, agir e nos comunicar como aqueles que inspiram? Eu imagino um mundo no qual a capacidade de inspirar seja praticada não só por alguns poucos, mas pela maioria. Estudos demonstram que mais de 80% dos americanos não estão no emprego dos sonhos. Se mais gente soubesse como construir organizações que inspiram, poderíamos viver em um mundo no qual as estatísticas indicassem o oposto: mais de 80% das pessoas amariam o próprio emprego. Quem acorda feliz para ir ao trabalho é um profissional mais produtivo e mais criativo. Voltam para casa mais felizes e têm famílias mais felizes. Tratam melhor colegas, clientes e consumidores. Funcionários inspirados contribuem para companhias mais fortes e economias mais robustas.

Foi por isso que escrevi este livro. Espero inspirar as pessoas a fazer as coisas que as inspiram para que juntos possamos construir as empresas, a economia e um mundo no qual confiança e lealdade sejam a regra, não a exceção. Este livro não foi criado para lhe dizer o que fazer ou como fazê-lo. O objetivo não é lhe dar uma linha de ação. É oferecer a você o *motivo* da ação.

Para os que têm a mente aberta a novas ideias, buscam alcançar sucesso duradouro e acreditam que seu êxito requer a ajuda de outras pessoas, eu ofereço um desafio. De agora em diante, comece pelo porquê.

PARTE I

Um mundo que não começa pelo porquê

CAPÍTULO 1

Suponha que você sabe

Em um dia frio de inverno, um homem de 43 anos fez um juramento e assumiu o mais alto cargo do poder executivo de seu país. Ao seu lado estava o predecessor, um general famoso que, 15 anos antes, havia comandado as Forças Armadas da nação em uma guerra que resultou na derrota da Alemanha. O jovem líder fora educado na religião católica. Passou as cinco horas seguintes assistindo a desfiles em sua homenagem e se manteve acordado celebrando até as três horas da manhã.

Você sabe quem estou descrevendo, certo?

O dia é 30 de janeiro de 1933 e a descrição é de Adolf Hitler, e não, como alguns poderiam supor, de John F. Kennedy.

A questão aqui é que fazemos suposições. Fazemos suposições sobre o mundo à nossa volta com base em informações que às vezes são incompletas ou falsas. Nesse caso, a informação que ofereci estava incompleta. Muitos de vocês estavam convencidos de que a descrição era de John F. Kennedy até eu acrescentar um pequeno detalhe: a data.

Isso é importante porque nosso comportamento é afetado por nossas suposições ou pelas verdades que percebemos. Tomamos decisões com base no que *achamos* que sabemos. Não faz muito tempo, a maioria das pessoas acreditava que o mundo era plano. Essa percepção de suposta verdade tinha impacto sobre o comportamento. Durante esse período, havia muito pouca exploração. As pessoas temiam que, caso viajassem para muito longe, poderiam cair da borda da Terra. Assim, a maioria delas ficava parada. Somente depois que um pequeno detalhe foi revelado – o de que o planeta é redondo – o comportamento mudou em grande escala. Em virtude dessa descoberta, sociedades começaram a cruzar os oceanos. Estabeleceram-se rotas de comércio. Novas ideias, como a matemática, eram compartilhadas por sociedades que deram início aos mais variados tipos de inovações e avanços. A correção de uma simples suposição falsa impulsionou a raça humana.

Considere agora como organizações são formadas e como decisões são tomadas. Realmente sabemos por que algumas empresas têm sucesso e por que outras não, ou apenas supomos? Seja qual for sua definição de sucesso – alcançar determinado patamar de valorização de ações, gerar determinada quantia de dinheiro, obter a receita ou o lucro pretendido, conseguir uma grande promoção, fundar a própria empresa, dar assistência aos pobres, conquistar um cargo público –, as maneiras pelas quais alcançamos nossos objetivos são muito semelhantes. Alguns improvisam, mas a maioria tenta pelo menos reunir dados para poder tomar decisões fundamentadas. Às vezes esse processo de coleta de dados é formal – como ao fazer enquetes ou pesquisas. Outras vezes é informal, como pedir conselhos a amigos e colegas ou recapitular a própria experiência para obter um panorama. Independentemente do processo ou dos objetivos, todos queremos tomar decisões fundamentadas. E o mais importante: todos queremos tomar as decisões *certas*.

No entanto, como sabemos, nem todas as decisões se mostram acertadas, não importa quantos dados sejam coletados. Às vezes o impacto dessas decisões erradas é pequeno; outras vezes pode ser catastrófico. Qualquer que seja o resultado, decidimos com base em uma percepção do mundo que talvez não seja totalmente exata. Assim como no caso em que muitos acreditavam que eu estava descrevendo John F. Kennedy, no início desta seção. Você tinha certeza. Poderia até apostar dinheiro – um comportamento baseado em suposição. Teve certeza, aliás, até eu fornecer o pequeno detalhe da data.

Falsas suposições não resultam apenas em decisões ruins. Às vezes, quando as coisas dão certo, achamos que sabemos por quê, mas será que realmente sabemos? Só porque o resultado foi o esperado não significa que você poderá reproduzi-lo várias vezes. Tenho um amigo que investe parte do dinheiro em ações. Sempre que obtém ganhos, ele atribui à sua capacidade intelectual e habilidade na escolha das ações certas. Mas quando perde dinheiro, sempre culpa o mercado. Não tenho nada contra uma ou outra linha lógica, mas ou seu sucesso e seu fracasso dependem da própria presciência ou dependem da sorte. Não é possível que sejam as duas coisas.

Então como podemos garantir que todas as nossas decisões venham a produzir bons resultados por motivos que estão totalmente sob nosso controle? Diz a lógica que ter mais informações e dados é crucial. E é isso mesmo que fazemos. Lemos livros, assistimos a conferências, ouvimos *podcasts* e consultamos amigos e colegas – tudo isso com o propósito de descobrir mais, para que possamos decidir o que fazer ou como agir. O problema é que todo mundo já viveu situações em que dispunha de todos os dados e recebeu uma porção de bons conselhos mas mesmo assim as coisas não deram muito certo. Talvez o efeito tenha durado apenas por pouco tempo ou aconteceu algo que não havia sido previsto. Aliás, aqui vai uma observação rápida para todos os que adivinharam que a descrição era de Adolf Hitler no começo desta seção: os detalhes que forneci são os mesmos tanto para Hitler quanto para John F. Kennedy; portanto poderia mesmo ser qualquer um dos dois. É preciso ser cuidadoso com aquilo que pensamos que sabemos. Suposições, mesmo quando baseadas em sólida pesquisa, podem nos levar pelo caminho errado.

Percebemos isso intuitivamente. Compreendemos que mesmo com muitos dados e bons conselhos, se as coisas não acontecem conforme o esperado, é provável que tenhamos deixado escapar algum detalhe; às vezes pequeno porém vital. Nesses casos, voltamos às nossas fontes – ou buscamos novas – para tentar imaginar o que fazer e todo o processo recomeça. No entanto, mais dados nem sempre ajudam, sobretudo se, para começo de conversa, foi uma suposição falsa que pôs todo o processo em andamento. Existem outros fatores que devem ser considerados, fatores que existem fora de nosso cérebro racional, analítico e sedento de informação.

Há momentos em que não temos dados ou optamos por ignorar conselhos e informações disponíveis para seguir nossa intuição e as coisas funcionam muito bem, às vezes até melhor do que o esperado. Essa dança entre intuição e tomada racional de decisões reflete basicamente o modo como conduzimos os negócios e até levamos nossa vida. Podemos continuar a esmiuçar todas as opções, olhar em todas as direções, mas mesmo com todos os bons conselhos e todas as evidências convincentes, voltamos ao início: como explicar ou decidir o curso de uma ação que leve a um efeito desejável que possa ser repetido? Como conseguimos prever com 100% de certeza?

Existe uma história maravilhosa sobre um grupo de executivos da indústria automobilística americana que foi ao Japão para ver uma linha de montagem japonesa. No fim da linha, as portas eram fixadas em suas dobradiças, como se faz também nos Estados Unidos. Mas faltava algo. Nos Estados Unidos, um operário dessa linha pegava um martelo de borracha e batia nas beiradas da porta para garantir que encaixava perfeitamente. No Japão essa tarefa não existia. Confusos, os executivos americanos perguntaram em que momento eles garantiam que a porta encaixava perfeitamente. O guia japonês olhou para eles e sorriu encabulado: "Nós nos asseguramos de que encaixa quando o projetamos." Na fábrica de automóveis japonesa eles não examinavam o problema e a partir daí acumulavam dados para encontrar a melhor solução; eles engendravam o resultado que queriam desde o início. Se não obtinham o resultado desejado, entendiam que a causa era uma decisão que haviam tomado no início do processo.

No fim das contas, tanto as portas dos carros fabricados nos Estados Unidos quanto as do Japão pareciam estar encaixadas quando cada carro saía da linha de montagem. Só que os japoneses não precisavam empregar alguém para martelar as portas nem comprar martelos de borracha. E o mais importante: as portas japonesas parecem durar mais e talvez até sejam estruturalmente mais sólidas no caso de um acidente. Tudo isso por nenhum outro motivo a não ser terem se assegurado desde o início de que as peças encaixavam.

O que os fabricantes de carro americanos faziam com seus martelos de borracha é uma metáfora para o modo como tantas pessoas e organizações conduzem as coisas. Quando deparam com um resultado que não está de acordo com o planejado, recorrem a uma série de táticas de curto prazo perfeitamente eficazes até conseguirem o resultado desejado. Mas quão sólidas são essas soluções do ponto de vista estrutural? São muitas as empresas que funcionam recorrendo a martelos para alcançar suas metas. No entanto, as que conquistam mais, as que obtêm mais de menos gente e com menos recursos, as que exercem enorme influência são aquelas que constroem produtos e companhias – e até recrutam pessoas – que se encaixam com base na intenção original. Mesmo que o resultado pareça ser o mesmo, os grandes líderes compreendem o valor de fatores que não conseguimos enxergar.

Cada instrução que fornecemos, cada linha de ação que estabelecemos, cada resultado que desejamos começa com a mesma coisa: uma decisão. Existe aquele que decide manipular a porta para encaixá-la e atingir o resultado desejado, e existe o que começa de algum lugar diferente. Embora ambas as linhas de ação possam produzir resultados similares no curto prazo, é aquilo que não somos capazes de enxergar que torna o sucesso no longo prazo mais previsível para apenas um deles: aquele que compreendeu por que as portas precisam encaixar intencionalmente, e não à revelia.

CAPÍTULO 2

Recompensas e ameaças

Manipulação x inspiração

Praticamente não existe no mercado um produto ou serviço que um consumidor não possa adquirir de um concorrente por mais ou menos o mesmo preço, mais ou menos a mesma qualidade, mais ou menos o mesmo nível de serviço e mais ou menos as mesmas características. Se você de fato tiver uma vantagem por tê-lo lançado primeiro, é provável que vá perdê-la em questão de meses. Se oferecer alguma coisa verdadeiramente nova, outra empresa logo virá com algo semelhante e talvez até melhor.

Mas se perguntar à maioria dos líderes de um negócio por que os clientes deles são seus clientes, a maioria lhe dirá que é por causa da qualidade, das características, do preço ou do serviço. Em outras palavras, a maior parte das empresas não consegue explicar por que seus clientes são seus clientes. Essa é uma constatação fascinante. Se as companhias não sabem por que seus clientes são clientes, há uma boa chance de elas também não saberem por que seus funcionários são seus funcionários.

Se a maioria das empresas não sabe por que seus clientes dão preferência a elas ou por que seus funcionários trabalham lá, então como saberão como atrair mais funcionários e incentivar a fidelidade entre os que já pertencem aos seus quadros? A verdade é que hoje a maior parte delas está tomando decisões com base em um conjunto incompleto ou, pior, completamente falho de suposições sobre o que está impulsionando o negócio.

Existem apenas duas maneiras de influenciar o comportamento humano: você pode manipulá-lo ou inspirá-lo. Quando me refiro à manipulação, não é com sentido necessariamente pejorativo; trata-se de uma tática muito comum e até certo ponto benigna. Na verdade, muitos de nós temos feito isso desde que éramos pequenos. "Vou ser seu melhor amigo" é uma tática de negociação bastante eficaz empregada por gerações de crianças para obter algo de um colega. E como lhe dirá toda criança que algum dia deu uma bala esperando ter um novo melhor amigo: funciona.

Dos negócios à política, há manipulações desenfreadas em todas as formas de venda e de marketing. As manipulações típicas incluem: redução de preço; promoção; exploração do medo, da pressão do grupo social ou de mensagens baseadas em desejos e aspirações do consumidor; e promessas de inovação para influenciar o comportamento – seja uma compra, um voto ou apoio. Quando empresas não sabem ao certo por que seus clientes são clientes, elas tendem a contar com um número desproporcional de manipulações para obter aquilo de que precisam. E por um bom motivo. A manipulação funciona.

Preço

Muitas companhias relutam em entrar no jogo do preço, mas fazem isso porque sabem que é eficaz. Tão eficaz que a tentação às vezes pode ser arrasadora. Há poucas prestadoras de serviços especializados que, quando deparam com a oportunidade de fazer um grande negócio, não baixam os preços para que ele seja fechado. Não importa como racionalizaram isso para si mesmos ou para seus clientes, o preço é uma manipulação altamente eficaz. Reduza seu preço o suficiente e as pessoas vão comprar de você. Vemos isso no fim de cada estação no varejo, quando são feitas "queimas de estoque". Baixe o preço o suficiente e as prateleiras logo vão se esvaziar, dando lugar aos produtos da próxima estação.

Entrar no jogo do preço, no entanto, pode representar um tremendo custo e criar um dilema significativo para a empresa. Para o vendedor, a venda motivada pelo preço é como heroína. O ganho no curto prazo é fantástico, mas, quanto mais se faz isso, mais difícil fica se livrar do hábito. Uma vez que os compradores se acostumam a pagar um preço abaixo da média por um produto ou serviço, será muito difícil para eles pagarem mais. E os vendedores, diante de uma avassaladora pressão para empurrar os preços cada vez mais para baixo a fim de se manterem competitivos, veem suas margens ficarem cada vez menores. Isso só aumenta a necessidade de vender mais para compensar. E a maneira mais rápida de fazer isso é, de novo, reduzindo o preço. E assim se instala o vício da espiral descendente de preço.

No mundo das drogas, viciados são chamados de *junkies*. No mundo dos negócios, nós os chamamos de commodities. Seguros. Computadores pessoais. Serviço de telefonia móvel. Uma enorme quantidade de bens de consumo não duráveis. A lista de commodities criada pelo jogo do preço aumenta cada vez mais. Em quase todas as circunstâncias, as companhias que são forçadas a tratar seus produtos como commodities causaram isso a si mesmas. Não posso alegar que reduzir o preço não seja uma forma legítima de conduzir o negócio; o desafio é continuar a ser lucrativo.

O Walmart parece ser uma exceção à regra. Eles construíram um negócio extraordinariamente bem-sucedido entrando no jogo do preço. Mas a um alto custo. A escala ajudou o Walmart a evitar a fraqueza inerente a uma estratégia baseada no preço, mas a obsessão da companhia pelo preço, acima de tudo o mais, a deixou marcada por escândalos e comprometeu sua reputação. E cada um dos escândalos nos quais a companhia se envolveu teve origem em tentativas de manter os custos reduzidos para que pudesse se permitir oferecer preços tão baixos.

Preço baixo sempre custa alguma coisa. A questão é: quanto você está disposto a pagar pelo dinheiro que ganha?

Promoções

A General Motors tinha uma meta ousada: liderar a indústria automobilística americana em participação de mercado. Na década de 1950, havia nos Estados Unidos quatro opções entre as montadoras: GM, Ford, Chrysler e AMC. Antes de os fabricantes estrangeiros entrarem em cena, era a GM que dominava. Uma nova concorrência, como seria de esperar, tornou essa meta mais difícil de ser mantida. Não preciso fornecer quaisquer dados para explicar quanta mudança houve na indústria automobilística em 50 anos. Mas a General Motors aguentou firme durante a maior parte do século passado e manteve seu prezado domínio.

A partir de 1990, porém, a participação da Toyota no mercado dos Estados Unidos mais do que dobrou. Em 2007, a companhia japonesa tinha escalado de apenas 7,8% para 16,3%. Durante o mesmo período, a GM viu sua participação de mercado levar um tombo de 35% em 1990 para 23,8% em 2007. E no início de 2008 aconteceu o impensável: os consumidores nos Estados Unidos compraram mais carros fabricados no exterior do que no país.

Desde a década de 1990, diante desse ataque da concorrência japonesa, a GM e outros fabricantes americanos tiveram que se mexer e oferecer incentivos destinados a ajudá-los a sustentar sua participação cada vez menor. Com a publicidade anunciando promoções de peso, a GM, por exemplo, ofereceu incentivos de retorno entre 500 e 7 mil dólares para clientes que comprassem seus carros e caminhões. Durante um bom tempo, o desempenho das promoções foi brilhante. As vendas da GM voltaram a subir.

No entanto, no longo prazo os incentivos só serviram para corroer drasticamente as margens de lucro da GM e conduzi-la a um buraco profundo. Em 2007, a empresa perdeu 729 dólares por veículo, em grande parte por causa dos incentivos. Constatando que o modelo era insustentável, a GM anunciou que ia reduzir o montante dos incentivos de retorno oferecidos, o que fez as vendas despencarem. Sem incentivo, sem clientes. A indústria automobilística havia efetivamente transformado os clientes em *junkies* do retorno em dinheiro, construindo uma expectativa de que não existe essa coisa de preço cheio.

As promoções, sejam as de "compre um e leve dois" ou as "leve um brinde grátis", são manipulações tão comuns que às vezes esquecemos que estamos sendo manipulados. Na próxima vez que fizer uma compra - de uma câmera, por exemplo -, preste atenção em como você toma sua decisão. Você vai encontrar facilmente duas ou três câmeras que satisfazem as especificações de que precisa – tamanho, número de megapixels, mesma faixa de preço, boa marca. Mas talvez uma delas ofereça uma promoção – um estojo ou um cartão de memória grátis. Levando em conta a relativa paridade das características e dos benefícios, esse pequeno item extra às vezes é tudo de que você precisa para fazer pender a balança para um lado. No mundo das transações entre empresas (B2B ou *business to business*) as promoções são chamadas de "valor adicionado" ou "valor agregado". Mas os princípios são os mesmos – ofereça alguma coisa grátis para reduzir o risco, de modo que alguém faça negócio com você. E, assim como a redução no preço, promoções funcionam.

A natureza manipuladora das promoções está tão bem estabelecida no varejo que o setor até deu nome a um dos princípios. Chama-se *breakage*. O *breakage* mede o percentual de clientes que não aproveitam uma promoção e acabam pagando o preço cheio do produto. Isso costuma acontecer quando os compradores não se dão o trabalho de cumprir as etapas necessárias para solicitar seus benefícios em um processo idealizado para ser propositalmente complicado ou inconveniente, a fim de aumentar a probabilidade de erros ou de inação e manter o *breakage* em um número elevado.

Para obter o benefício, é comum que o cliente precise enviar uma cópia do recibo, recortar um código de barras da embalagem e preencher um longo formulário com detalhes sobre o produto e como foi adquirido. Enviar um fragmento errado da embalagem ou omitir um detalhe na solicitação pode postergar o recebimento do benefício por semanas, meses ou até cancelá-lo. O setor que adota benefícios e vantagens também tem um nome para o número de clientes que simplesmente não se dá o trabalho de fazer requisição do benefício ou que nunca saca o cheque do benefício que recebe. Chama-se *slippage*.

Para os negócios, os ganhos de curto prazo dessas e de outras manipulações são claros: um benefício ou vantagem é uma isca para o cliente pagar o preço cheio por um produto que pode ter considerado comprar só por causa da perspectiva de um ressarcimento parcial. Mas cerca de 40% desses clientes nunca conseguem o preço baixo que pensavam estar pagando. Chame isso de imposto dos desorganizados, mas os varejistas contam com ele.

Órgãos reguladores têm aumentado sua vigilância sobre a indústria dos programas de fidelidade, mas com sucesso limitado. O processo de recebimento dos benefícios continua sendo complicado e isso significa dinheiro para o vendedor. A manipulação em sua melhor forma. Mas a que custo?

Medo

Se alguém fosse assaltar um banco com uma banana no bolso, seria acusado de roubo à mão armada. Claro que ninguém correria o risco de levar um tiro, mas o que a lei leva em conta é a crença das vítimas de que o assaltante tinha uma arma real. E por um bom motivo. Sabendo muito bem que vai motivá-las a obedecer às suas ordens, o assaltante toma medidas para deixar as pessoas com medo. O medo, por motivo real ou só imaginado, é sem dúvida a manipulação mais poderosa.

"Ninguém nunca foi despedido por ter contratado a IBM", diz o velho adágio, descrevendo um comportamento completamente resultante de medo. Um funcionário em um departamento de compras, encarregado de localizar os melhores fornecedores para uma companhia, rejeita um produto superior a um preço mais baixo apenas porque é de uma companhia menor ou de uma marca menos conhecida. O medo, por motivo real ou só imaginado de que seu emprego estivesse em risco se algo desse errado, foi suficiente para levá-lo a ignorar a finalidade expressa de sua tarefa e até fazer algo que não é do melhor interesse da companhia.

Quando o medo é empregado, os fatos são incidentais. Profundamente assentada em nosso impulso biológico de sobrevivência, essa emoção não pode ser afastada rapidamente com fatos e números. É assim que funciona o terrorismo. Não é a probabilidade estatística de alguém ser atingido por uma ação terrorista, mas o medo de que isso possa acontecer que incapacita uma população.

Poderoso manipulador, o medo muitas vezes é usado com motivações bem menos nefastas. Usamos o medo para criar nossos filhos. Para motivar pessoas a obedecer a um código de ética. O medo é usado com regularidade em campanhas de utilidade pública, por exemplo, para promover o zelo pela segurança de crianças ou chamar atenção para a aids ou para a necessidade do cinto de segurança. Quem assistia à televisão na década de 1980 recebeu uma pesada dose de publicidade antidrogas, inclusive um anúncio de utilidade pública muito copiado feito por um programa federal americano de combate ao abuso das drogas entre adolescentes: "Este é o seu cérebro", diz um homem enquanto segura um imaculado ovo branco. Ele então quebra o ovo em uma frigideira cheia de óleo quente. "Este é o seu cérebro sob o efeito de drogas... Alguma pergunta?"

Outro anúncio cuja intenção era apavorar qualquer adolescente mais atrevido dizia: "A cocaína não faz você ficar sexy... faz você ficar morto."

Da mesma forma, quando políticos dizem que seu oponente vai aumentar impostos ou cortar despesas em segurança e o noticiário vespertino transmite o alerta de que sua saúde ou sua segurança estarão em risco a menos que você assista ao programa das 20 horas, ambos estão tentando semear medo entre eleitores e telespectadores, respectivamente. Empresas também utilizam o medo para dar uma sacudidela na insegurança que todos sentimos a fim de conseguirem vender seus produtos. A ideia é que se você não comprar o produto ou serviço, algo de ruim poderia lhe acontecer.

"A cada 36 segundos alguém morre de infarto", diz o anúncio de um cardiologista. "Você tem radônio? Seu vizinho tem!", lê-se em um anúncio na lateral de um caminhão de alguma companhia que vende um serviço de inspeção de poluição residencial. E, é claro, a companhia de seguros gostaria de lhe vender um seguro de vida "antes que seja tarde demais".

Se alguém já lhe vendeu qualquer coisa com a advertência de que temia as consequências caso você não comprasse, saiba que ele está usando uma arma proverbial que reside em sua cabeça para ajudá-lo a ver o "valor" de escolher a ele e não a concorrência. Ou talvez seja só maluquice. Mas funciona.

Aspirações

"Parar de fumar foi a coisa mais fácil que já fiz", disse Mark Twain. "Já fiz isso centenas de vezes."

Se o medo nos motiva a nos afastar de algo terrível, mensagens que evocam aspirações criam uma tentação por algo desejável. Marqueteiros costumam falar sobre a importância de ter aspirações, oferecendo às pessoas algo que desejam alcançar e a possibilidade de chegarem lá mais facilmente usando determinado produto ou serviço. "Seis passos para uma vida mais feliz", "Faça esta série de exercícios para ter o corpo com que sempre sonhou!", "Em apenas seis semanas você pode ficar rico". Todas essas mensagens manipulam. Elas provocam em nós uma tentação por coisas que queremos ter ou pela possibilidade de nos tornarmos a pessoa que gostaríamos de ser.

Embora positivas em sua natureza, as mensagens dirigidas às aspirações são mais eficazes com pessoas com pouca disciplina ou que sentem medo e insegurança quanto à própria capacidade para realizar seus sonhos sozinhas (e essas pessoas são, em diversos momentos e por razões diversas, todo mundo). Eu sempre brinco que é possível fazer alguém pagar a mensalidade de uma academia de ginástica usando uma mensagem desse tipo, mas fazê-lo ir até lá três vezes por semana exige um bocado de inspiração. Quem leva uma vida saudável e tem o hábito de se exercitar não responde a "Seis passos fáceis para perder peso". Os que não têm esse estilo de vida que são os mais suscetíveis. Não é novidade o fato de muita gente fazer uma dieta atrás da outra na tentativa de ter o corpo dos sonhos. E não importa qual regime escolham, todos vêm com a ressalva de que exercícios e dieta balanceada ajudarão a melhorar os resultados. Em outras palavras, disciplina. Matrículas em academias de ginástica costumam aumentar cerca de 12% todo mês de janeiro, quando as pessoas tentam realizar a promessa de ano-novo de levar uma vida mais saudável. Mas apenas uma fração desses aspirantes a uma vida fitness ainda estará frequentando a academia no fim do ano. As mensagens dirigidas às aspirações podem incitar um comportamento, mas, na maioria das vezes, ele não dura.

Essas mensagens não são eficazes apenas no mercado de consumo; também funcionam muito bem nas transações entre empresas. Dirigentes de companhias, grandes e pequenas, querem todos se sair bem e, assim, tomam decisões, contratam consultores e implementam sistemas que os ajudem a alcançar o resultado desejado. Entretanto, com muita frequência, não são os sistemas que falham, mas a competência para mantê-los. Posso falar por experiência própria. Ao longo dos anos, adotei uma porção de sistemas ou práticas para me ajudarem a "alcançar o sucesso pelo qual aspiro", só para me ver de volta aos meus antigos hábitos duas semanas depois. Eu aspiro por um sistema que me ajude a evitar a implementação de sistemas que visem a alcançar minhas aspirações. Mas provavelmente não seria capaz de segui-lo durante muito tempo.

Essa resposta de curto prazo a desejos de longo prazo também está viva e passa bem no mundo corporativo. Uma amiga que é consultora de gestão foi contratada por uma companhia de 1 bilhão de dólares para ajudar a realizar metas e aspirações da corporação. O problema era, ela explicou, que os gestores, não importava qual fosse a questão, estavam sempre inclinados a escolher a opção mais rápida e mais barata, não a melhor solução de longo prazo. Como o praticante habitual de dietas, "eles nunca têm o tempo ou o dinheiro para fazer direito na primeira vez", disse ela referindo-se a seu cliente, "mas sempre têm tempo e dinheiro para fazer novamente".

Pressão do grupo social

"Quatro em cada cinco dentistas preferem Trident", gaba-se o anúncio de goma de mascar, em uma tentativa de fazer você experimentar o produto. "Um estudo duplo-cego realizado por uma importante universidade concluiu..." apregoa um infomercial tarde da noite. "Se o produto é bom o bastante para profissionais, é bom o bastante para você", instiga a propaganda. "Com mais de 1 milhão de clientes satisfeitos e aumentando", provoca outro anúncio. Tudo isso são formas de pressão do grupo. Quando marqueteiros relatam que a maioria de uma população ou de um grupo de especialistas prefere seu produto, e não outro, estão tentando levar o consumidor a acreditar que aquilo que vendem é melhor. A pressão do grupo funciona porque acreditamos que a maioria ou os especialistas devem saber mais do que nós. Funciona não porque a maioria ou os especialistas sempre tenham razão, mas porque nós temos medo de estar errados.

O endosso de celebridades muitas vezes é usado para acrescentar a pressão do grupo ao argumento de venda. "Se ele usa deve ser bom", supõe-se que estejamos pensando. Isso faz sentido quando ouvimos o campeão de golfe Tiger Woods dar seu aval aos produtos de golfe da Nike ou às bolas Titleist. (O acordo de Woods com a Nike é tido como o responsável por colocar a companhia no mapa do golfe mundial.) Mas Tiger também endossou carros da General Motors, serviços de consultoria de gerenciamento, cartões de crédito, alimentos e um relógio da Tag Heuer projetado "especialmente para o golfista". O relógio, a propósito, é capaz de resistir a um G-Shock de 5.000, um nível de choque mais provavelmente experimentado pela bola do que pelo golfista. Mas Tiger o recomendou, então deve ser bom. Os endossos de celebridades também são usados para apelar às nossas aspirações e ao nosso desejo de ser como eles. O exemplo mais explícito foi da Nike com a campanha "Quero ser como Mike", que sugeria aos jovens a ideia de crescer e ser como Michael Jordan se usassem os produtos Nike. Em muitos outros exemplos de endosso de celebridades, porém, é mais difícil ver a conexão. Sam Waterston, da famosa série *Lei & ordem*, por exemplo, fazia propaganda para a corretora TD Ameritrade. Mas, apesar da fama, não há muita certeza sobre o que um ator famoso por seu personagem que condena maníacos homicidas pode fazer pela marca. Meu palpite é que "ele é confiável".

Jovens impressionáveis não são os únicos visados pela pressão do grupo. A maioria de nós provavelmente passou pela experiência de ser pressionado por um vendedor. Você nunca teve um representante de vendas tentando vender a você alguma "solução para o escritório" afirmando que 70% da concorrência usa os serviços deles e depois questionando por que você não usa? Mas e se 70% de seus concorrentes forem idiotas? Ou, e se deram aos 70% tanto valor agregado ou ofereceram um preço tão baixo que eles não conseguiram resistir à oportunidade? Essa prática foi criada para fazer uma única coisa: pressionar você a comprar. Fazer você sentir que talvez estivesse deixando passar alguma coisa ou que todos sabem mais do que você. Melhor ficar com a maioria, certo?

Citando minha mãe, "Se seus amigos pularem da ponte, você pularia também?". Infelizmente, se Michael Jordan ou Tiger Woods forem pagos para fazer isso, poderiam dar início a uma tendência.

Novidade (também conhecida como inovação)

"Em uma grande inovação de design e engenharia, a Motorola criou um telefone da maior qualidade", lê-se em um comunicado à imprensa em 2004 que anunciava o lançamento do mais novo modelo dessa fabricante de celulares no mercado ultracompetitivo da telefonia móvel. "A combinação de metais, como o alumínio usado em aviões, com novos avanços, como antena interna e um teclado gravado quimicamente, levaram à formação de um dispositivo com apenas 13,9mm de espessura."

E funcionou. Milhões de pessoas correram para comprar. Celebridades exibiam seus RAZRs no tapete vermelho. Até um ou dois primeiros-ministros eram vistos falando em um deles. Tendo vendido mais de 50 milhões de unidades, poucos poderiam alegar que o RAZR não foi um enorme sucesso. "Ultrapassando as expectativas atuais quanto à telefonia móvel, o RAZR representa a história da Motorola de apresentar inovações revolucionárias", disse o ex-CEO da Motorola Ed Zander sobre seu novo produto-maravilha, "estabelecendo um novo paradigma para futuros produtos a serem lançados pelo setor de equipamentos wireless". Esse produto foi um enorme sucesso financeiro para a Motorola. Era uma inovação de proporções monumentais.

Será que era mesmo?

Menos de quatro anos depois, Zander foi demitido. O estoque era negociado a 50% de seu valor médio desde o lançamento do RAZR, e os concorrentes da Motorola tinham ultrapassado com facilidade suas características e funcionalidades com novos telefones igualmente inovadores. A Motorola voltou a ser apenas mais um fabricante de celulares lutando por sua fatia da torta. Como tantas antes dela, a companhia confundiu inovação com novidade.

A verdadeira inovação muda o curso do ramo de atividade e até da sociedade. A lâmpada elétrica, o forno de micro-ondas, o fax, o iTunes. Essas são verdadeiras inovações que mudaram a maneira como conduzimos negócios, levamos nossas vidas e, no caso do iTunes, que desafiou o setor a reavaliar totalmente seu modelo de negócios. Acrescentar uma câmera a um telefone móvel, por exemplo, não é uma inovação – é um grande recurso, sem dúvida, mas não muda o setor. Com essa definição revista em mente, até a descrição da própria Motorola para o seu produto torna-se apenas uma lista de alguns bons recursos: acabamento em metal, antena oculta, teclado plano e um aparelho fino. Dificilmente uma "inovação revolucionária". A Motorola tinha projetado com sucesso o mais recente e reluzente objeto para empolgar as pessoas... ao menos até aparecer um novo objeto reluzente. E é por isso que esses recursos são mais uma novidade do que uma inovação. Eles são acrescentados em uma tentativa de diferenciar, mas não de reinventar. Não é ruim, mas não se pode contar com isso para acrescentar valor no longo prazo. A novidade pode impulsionar as vendas – o RAZR provou isso –, mas o impacto não dura muito tempo. Se uma companhia acrescenta muitas ideias novas com grande frequência, isso pode ter um impacto no produto ou na categoria semelhante ao do jogo do preço. Na tentativa de diferenciá-lo com mais recursos, os produtos começam a ser vistos e sentidos como commodities. E, como no caso do preço, a necessidade de acrescentar outro produto na linha para compensar o processo de "commoditização" acaba em uma espiral descendente.

Na década de 1970, havia apenas dois tipos de pasta de dentes Colgate. Mas, quando a concorrência aumentou, as vendas da Colgate começaram a cair. A companhia então introduziu um produto novo que incluía uma nova característica, a adição de flúor, talvez. Depois outro. E outro. Branqueador. Controle de tártaro. Partículas brilhantes. Listras. É certo que cada inovação ajudava a aumentar as vendas, pelo menos por algum tempo. E assim continuou o ciclo. Adivinhe quantos tipos diferentes de pasta de dentes Colgate existiam em 2009 para você escolher. Trinta e dois. Eram 32 tipos diferentes de pasta de dentes Colgate (sem contar os quatro tipos fabricados para crianças). E, considerando como cada companhia reage às "inovações" das outras, isso significa que os concorrentes da Colgate também vendem um número semelhante de variedades com mais ou menos a mesma qualidade, os mesmos benefícios e o mesmo preço. Há literalmente dezenas e mais dezenas de pastas de dente à escolha, mas não existem dados que demonstrem que os americanos estão escovando mais os dentes agora do que escovavam na década de 1970. Graças a toda essa "inovação", ficou quase impossível saber qual pasta de dentes é a certa para você. Tanto é que a Colgate até oferece em seu site um link chamado "Precisa de ajuda para decidir?". Se a Colgate precisa nos ajudar a escolher um de seus produtos por haver muitas variações, como se supõe que vamos decidir quando vamos ao supermercado sem o site dela para nos ajudar?

Mais uma vez, esse é um exemplo do mais recente conjunto de objetos reluzentes criados para nos incentivar a experimentar ou comprar algo. O que as companhias espertamente disfarçam como "inovação" é, de fato, novidade. E não são apenas bens de consumo não duráveis que se baseiam na ideia de novidade para atrair clientes; trata-se de uma prática comum em outros setores também. Funciona, mas raramente – se é que alguma vez acontece – a estratégia consolida uma relação de fidelidade.

Desde então, o iPhone da Apple substituiu o Motorola RAZR como o novo, popular e obrigatório telefone celular. No entanto, não é a remoção de todos os botões e a colocação de uma tela sensível ao toque que faz o iPhone ser inovador. Esses são os novos e brilhantes recursos. Mas outros podem copiar essas características e isso não redefiniria a categoria. A Apple fez algo muito mais significativo.

A Apple lidera não só o modo como os telefones móveis são projetados, mas também, à sua maneira típica, como o setor funciona. Na indústria de celulares, era o provedor do serviço, não o fabricante do telefone, que determinava quais seriam todos os recursos e benefícios que o telefone pode oferecer. Todas as operadoras determinavam para Motorola, Nokia, Ericsson, LG e outras o que os telefones eram capazes de fazer. Então apareceu a Apple. Anunciaram que eles é que diriam ao provedor do serviço o que o telefone ia fazer, e não o contrário. A AT&T foi o único que concordou, e ganhou da companhia um acordo de exclusividade para oferecer a nova tecnologia. Esse é o tipo de mudança que impacta o setor por muitos anos e se estende para muito além de alguns anos de explosão de vendas do novo e reluzente produto.

O preço que você paga pelo dinheiro que ganha

Não posso negar que as manipulações funcionam. Elas podem de fato influenciar o comportamento e ajudar uma companhia a ter sucesso. Mas há implicações. Nenhuma delas cria fidelidade. Ao longo do tempo, os custos se tornam cada vez maiores. Os ganhos são apenas de curto prazo. E as manipulações ainda elevam o nível de estresse tanto para o comprador quanto para o vendedor. Se você tem muitos recursos financeiros ou está buscando apenas um ganho de curto prazo sem considerar o longo prazo, então essas estratégias e táticas são perfeitas.

Indo além do mundo dos negócios, as manipulações também se tornaram a norma na política da atualidade. Da mesma forma como são capazes de impulsionar uma venda, mas sem criar fidelidade, as manipulações também podem ajudar um candidato a ser eleito, mas não criam um fundamento para liderança. Liderança exige que as pessoas fiquem com você nos bons e nos maus momentos. Liderança é a capacidade de mobilizar pessoas não apenas para um único evento, mas por muitos anos. Nos negócios, liderança significa que os clientes continuarão a apoiar sua companhia mesmo se você der uma escorregada. Se a única estratégia é a manipulação, o que acontecerá na próxima vez em que houver uma decisão de compra? O que acontece depois que se ganha uma eleição?

Há uma grande diferença entre a repetição de um negócio e a fidelidade. Repetição de negócio é quando pessoas fazem negócio com você várias vezes. Fidelidade é quando elas estão dispostas a abrir mão de um produto melhor ou de um preço melhor para continuar a fazer negócio com você. Clientes fiéis muitas vezes nem se dão o trabalho de pesquisar a concorrência ou considerar outras opções. Não é fácil conquistar fidelidade. Mas a repetição de negócios, sim. Bastam mais manipulações.

Técnicas de manipulação se tornaram uma constante tão arraigada no ambiente atual de negócios dos Estados Unidos que para alguns ficou quase impossível se livrar desse hábito. Como todo vício, o impulso não é ficar sóbrio, mas tomar a próxima dose logo e com mais frequência. E por melhores que pareçam ser os efeitos no curto prazo, eles têm, no longo prazo, um impacto prejudicial à saúde da organização. Viciados nos resultados de curto prazo, hoje os negócios se tornaram em grande parte uma série de correções rápidas que se acrescentam uma após outra após outra. As táticas de curto prazo se sofisticaram a tal ponto que toda uma economia a serviço da manipulação se desenvolveu, equipada com estatísticas e uma quase ciência. Empresas de marketing direto, por exemplo, oferecem cálculos sobre quais palavras obterão o melhor resultado em cada peça de mala direta que enviam.

As companhias que oferecem benefícios de fidelidade em dinheiro pelo correio sabem que esse incentivo funciona e entendem que quanto maior o retorno, mais eficaz ele é. Sabem também qual é o custo que esses retornos envolvem. Para que sejam lucrativos, é preciso que os números de *breakage* e de *slippage* fiquem acima de determinado limite. Para alguns fabricantes é esmagadora a tentação de tornar as condições necessárias para a obtenção do retorno mais obscuras ou complicadas para, assim, reduzir o número de solicitações desse retorno.

A Samsung, gigante da eletrônica, é mestre na arte da letrinha miúda que faz a tática do retorno ser tão lucrativa para companhias. No início da década de 2000, a companhia oferecia retornos de até 150 dólares em uma variedade de produtos eletrônicos, estipulando em letra miúda que o retorno estava limitado a um por endereço – condição que poderia parecer razoável a qualquer pessoa na época. Mas na prática, ela efetivamente desqualificava todos os clientes que viviam em prédios no qual mais de um morador havia solicitado o mesmo retorno. Mais de 4 mil clientes da Samsung que tinham sido atraídos pelo retorno em dinheiro receberam comunicados negando-lhes os retornos com base naquela condição. A prática chamou a atenção do procurador-geral de Nova York, e em 2004 a Samsung foi intimada a pagar 200 mil dólares em solicitações de retorno a moradores de apartamentos. Esse é um caso extremo de uma companhia que foi pega. Mas o jogo do retorno de recortar o código de barras, de preencher formulários e fazer isso tudo dentro de um prazo continua vivo e passa bem. Como pode uma empresa alegar que é focada no cliente quando fica tão à vontade calculando o número de clientes que não conseguirão concretizar a economia que lhes foi prometida?

Manipulações levam a transações, não a fidelidade

"É simples", explica o comercial na TV, "basta mandar pelo correio sua joia de ouro antiga junto com um envelope pré-pago extra e com seguro, e nós lhe enviaremos um cheque no valor do ouro, em apenas dois dias." mygoldenvelope.com é um dos líderes desse setor e funciona como um corretor para o ouro, que será enviado a uma refinaria, derretido e reintroduzido no mercado de commodities.

Quando Douglas Feirstein e Michael Moran criaram a empresa, queriam ser os melhores. Queriam transformar um setor cuja reputação se reduzia à de uma loja de penhores em um beco qualquer e dar-lhe um pouco do brilho da Tiffany. Investiram dinheiro e trabalharam para que a experiência do cliente fosse ideal. Eram ambos empresários bem-sucedidos e conheciam o valor de construir uma marca e uma sólida experiência para o cliente. Gastaram muito dinheiro tentando chegar ao equilíbrio certo e não se esqueceram de salientar seu diferencial em anúncios com resposta direta em vários canais a cabo locais e nacionais. "Melhor do que ofertas semelhantes", diziam. E tinham razão. Mas o investimento não trouxe o resultado esperado.

Alguns meses depois, Feirstein e Moran fizeram uma descoberta significativa: quase todos os clientes negociaram com eles somente uma vez. O negócio era do tipo de uma só transação, e eles queriam fazer dele muito mais do que isso. Assim, pararam de tentar ser "melhor do que ofertas semelhantes" e se contentaram em ser bons. Dado que a maioria das pessoas não se tornaria clientes de repetição, não haveria comparações diretas com outros serviços. Tudo o que precisavam era impulsionar uma decisão de adquirir o serviço e oferecer uma experiência satisfatória o bastante para que as pessoas os recomendassem a amigos. Nada mais. Quando os donos de mygoldenenvelope.com se deram conta de que não precisavam investir em ações que fidelizam, se tudo que queriam era dar impulso a uma transação, seu negócio tornou-se muito mais eficiente e lucrativo.

Para transações que acontecem em média uma vez, as recompensas são o melhor caminho para provocar o comportamento desejado. Quando a polícia oferece uma recompensa, não está buscando fomentar um relacionamento com a testemunha ou o informante; trata-se de uma única transação. Quando você perde seu gatinho e oferece uma recompensa para tê-lo de volta, não precisa estabelecer um relacionamento duradouro com quem o encontrar; você quer apenas seu gato de volta.

Manipulações são uma estratégia perfeitamente válida para impulsionar uma transação ou qualquer comportamento que seja requisitado só uma vez ou em raras ocasiões. As recompensas usadas pela polícia destinam-se a incentivar testemunhas a se apresentarem para fornecer dicas ou evidências que possam levar a uma prisão. E, como toda promoção, a manipulação vai funcionar se o incentivo parecer bom o bastante para compensar o risco.

No entanto, em qualquer circunstância na qual uma pessoa ou uma empresa queira mais do que uma única transação, se houver esperança de relacionamento fiel e duradouro, manipulações não ajudam. Um político só quer seu voto, por exemplo, ou quer de você apoio e fidelidade por toda a vida? (A julgar pelo modo como se realizam eleições hoje em dia, parece que tudo o que querem é vencer. Anúncios que desacreditam oponentes, foco em questões isoladas e uma desconfortável confiança no medo ou em desejos e aspirações indicam isso. Essas táticas ganham eleições, mas não semeiam fidelidade nos eleitores.)

A indústria automobilística americana aprendeu pelo caminho mais difícil como é alto o custo de se basear em manipulações para construir um negócio quando o que precisavam fomentar de fato era a fidelidade. Embora as manipulações possam ser uma estratégia viável quando os tempos são bons e o dinheiro sobra, qualquer mudança nas condições do mercado as tornam dispendiosas demais. Quando ocorreu a crise do petróleo em 2008, as promoções e os incentivos da indústria do automóvel se tornaram insustentáveis (o mesmo havia acontecido na década de 1970). Nesse caso, o período no qual as manipulações poderiam produzir ganhos de curto prazo foi definido pelo tempo que a economia conseguiria sustentar a estratégia. A suposição de prosperidade sem fim é uma plataforma fundamentalmente frágil para a construção de um negócio. Embora os clientes fiéis sejam menos tentados por outras ofertas e incentivos, em tempos bons o fluxo livre dos negócios torna mais difícil reconhecer seu valor. É em épocas difíceis que os clientes fiéis têm mais importância.

Manipulações funcionam, mas custam caro. Muito caro. Quando não há dinheiro disponível para financiar essas táticas, não contar com seguidores fiéis realmente é sofrido. Depois do 11 de Setembro, alguns clientes enviaram cheques para a Southwest Airlines, para demonstrar seu apoio. Em um bilhete que veio com um cheque de mil dólares lia-se: "Vocês têm sido tão bons comigo em todos esses anos que neste momento difícil eu quis agradecer ajudando vocês." Os cheques que a Southwest Airlines recebeu com certeza não foram suficientes para impactar significativamente no resultado da companhia, mas simbolizaram o que os clientes sentiam pela marca. Eles se sentiam parceiros. O comportamento de lealdade por parte de quem não enviou dinheiro é quase impossível de medir, mas seu impacto foi inestimável no longo prazo e ajudou a Southwest a manter sua posição como a linha aérea mais lucrativa na história.

Saber que tem clientes e uma base de funcionários fiéis não apenas reduz custos como também proporciona paz de espírito. Como amigos leais, você sabe que seus clientes e funcionários estarão lá por você quando mais precisar deles. É o sentimento de "estamos nisso juntos", compartilhado por cliente e companhia, eleitor e candidato, patrão e empregado, que define os grandes líderes.

Por outro lado, confiar em manipulações cria um grande estresse tanto para o comprador quanto para o vendedor. Para o comprador, fica cada vez mais difícil saber qual produto, serviço, marca ou companhia é o melhor. Ironizei a variedade de pasta de dentes e a dificuldade de escolher a certa, mas a pasta de dentes é apenas uma metáfora. Quase toda decisão que somos instados a tomar todos os dias é como escolher uma pasta de dentes. Decidir qual firma de advogados contratar, qual faculdade frequentar, qual carro comprar, para qual companhia trabalhar, qual candidato eleger – são muitas escolhas. A publicidade, as promoções e a pressão para nos seduzir de um jeito ou de outro, as tentativas de nos empurrar algo com mais força do que o concorrente em busca de nosso dinheiro ou apoio por fim resultam apenas em estresse.

Também para as companhias, cuja obrigação é nos ajudar a decidir, desempenhar essa tarefa tem sido cada vez mais difícil. Todo dia a concorrência faz algo novo, melhor. Ter que vir constantemente com uma nova promoção, uma nova tática de marketing de guerrilha, um novo recurso a apresentar, é um trabalho árduo. Combinado com os efeitos no longo prazo de anos de decisões de curto prazo que corroem margens de lucro, também eleva os níveis de estresse dentro das organizações. Quando manipulações são a norma, ninguém sai ganhando.

Não é por acaso que fazer negócios e estar empregado na atualidade é mais estressante do que costumava ser. Peter Whybrow, em seu livro *American Mania: When More Is Not Enough* (Mania americana: quando mais não é suficiente), alega que muitas das doenças das quais sofremos hoje têm pouco a ver com a nossa alimentação ruim ou as gorduras parcialmente hidrogenadas em nossa dieta. Em vez disso, diz Whybrow, a maneira como o mundo corporativo americano se desenvolveu aumentou nosso estresse a níveis tão altos que estamos ficando doentes por causa dele. Os americanos estão sofrendo de úlceras, depressão, hipertensão arterial, ansiedade e câncer em níveis recorde. Segundo Whybrow, todas essas promessas estão sobrecarregando os circuitos de recompensa do nosso cérebro. Os ganhos de curto prazo que hoje impulsionam os negócios estão, na verdade, destruindo nossa saúde.

Só porque funciona não quer dizer que é o certo

O perigo das manipulações é que elas funcionam. E porque funcionam, tornaram-se a norma praticada pela grande maioria das companhias e organizações, independentemente de tamanho ou tipo de atividade. O fato por si só cria uma pressão de grupo sistêmica. Com uma ironia perfeita, nós, os manipuladores, temos sido manipulados por nosso próprio sistema. Com cada redução de preço, promoção, mensagem baseada no medo ou em aspirações e novidades que usamos para alcançar nossos objetivos, vemos nossas companhias, nossas organizações, nossos sistemas, ficando cada vez mais fracos.

A crise econômica que se iniciou em 2008 é só mais um exemplo, ainda que extremo, do que pode acontecer quando se permite que uma suposição equivocada prevaleça por tempo demais. O colapso do mercado imobiliário e subsequentemente o da atividade bancária deveram-se a decisões tomadas dentro dos bancos, com base em uma série de manipulações. Funcionários foram manipulados com bônus que estimularam uma visão míope na tomada de decisões. O descrédito público de quem se pronunciasse de forma contrária desencorajou uma dissidência responsável. Um falso fluxo de empréstimos incentivou compradores de imóveis a comprar mais do que poderiam, em todos os níveis de preço. Houve muito pouca fidelidade. Tudo não passou de uma série de decisões transacionais – eficazes, mas a um custo alto. Poucos trabalharam pelo bem do todo. Por que deveriam? Não se oferecia nenhum motivo para fazer isso. Não havia causa ou crença que estivesse além de uma gratificação imediata. Os banqueiros não foram os primeiros a ser levados pelo próprio sucesso. Fabricantes de automóveis americanos conduziram seus negócios da mesma forma durante décadas – manipulação após manipulação, decisões de curto prazo em cima de decisões de curto prazo. Um estrangulamento ou mesmo um colapso é a única conclusão lógica quando a manipulação é a principal ação em curso.

A verdade é que, no mundo de hoje, a manipulação é a norma.

Mas existe uma alternativa.

PARTE II

Uma visão alternativa

CAPÍTULO 3

O Círculo Dourado

Existem uns poucos líderes que, para motivar pessoas, preferem inspirar a manipular. Sejam indivíduos ou organizações, todos esses líderes inspiradores pensam, agem e se comunicam exatamente da mesma forma. E é o oposto do que o restante de nós faz. Quer tenham consciência ou não, eles agem assim seguindo um padrão que surge naturalmente, que eu chamo de O Círculo Dourado.

O conceito do Círculo Dourado foi inspirado na proporção áurea – uma simples relação matemática que fascinou matemáticos, biólogos, arquitetos, artistas, músicos e naturalistas desde o início da história. Dos egípcios a Pitágoras e Leonardo da Vinci, muitos consideraram que a proporção áurea oferecia uma fórmula matemática para a proporção perfeita e até para a beleza. Isso também sustenta a ideia de que há na natureza mais ordem do que pensamos, como na simetria das folhas e na perfeição geométrica dos flocos de neve.

No entanto, o que acho atraente na proporção áurea é o fato de ela ter tantas aplicações em tantos campos. E o que é ainda mais significativo: oferece uma fórmula capaz de produzir resultados repetíveis e previsíveis em situações nas quais se suporia que esses resultados seriam aleatórios ou golpes de sorte. Até a Mãe Natureza - para a maioria das pessoas um símbolo de imprevisibilidade - exibia mais ordem do que se conhecia. Assim como a proporção áurea, que oferece evidência de ordem na aparente desordem da natureza, O Círculo Dourado acha ordem e previsibilidade no comportamento humano. Em outras palavras, ele ajuda a compreender por que fazemos o que fazemos. O Círculo Dourado fornece uma evidência convincente de quanto podemos alcançar se nos lembrarmos de começar tudo o que fazemos perguntando primeiro por quê.

O Círculo Dourado é uma visão alternativa para as suposições existentes acerca do motivo de alguns líderes e algumas organizações terem atingido um grau tão desproporcional de influência. Ele oferece uma percepção clara de como a Apple é capaz de inovar em muitos e diversos campos de atividade sem jamais perder a capacidade de continuar fazendo isso. Explica por que pessoas tatuam logos da Harley-Davidson no corpo. Fornece uma compreensão mais clara não só de como a Southwest Airlines criou a mais lucrativa companhia aérea da história, mas também da razão por que as coisas que fez funcionaram. E até confere alguma clareza quanto ao motivo pelo qual as pessoas seguiram o Dr. Martin Luther King em um movimento que mudou uma nação e por que os americanos aderiram ao desafio de John F. Kennedy - mesmo depois de sua morte - de levar um homem à Lua. O Círculo Dourado mostra como esses líderes foram capazes de inspirar ação em vez de manipular as pessoas para que agissem.

Essa visão alternativa não é útil apenas para mudar o mundo; também existem aplicações práticas para a capacidade de inspirar. Ela pode ser usada como guia para aprimorar de modo amplo a liderança, a cultura corporativa, as contratações, o desenvolvimento de produto, as vendas e o marketing. Explica até a fidelidade e como criar o ímpeto necessário para transformar uma ideia em um movimento social.

E tudo isso começa de dentro para fora. Tudo começa pelo porquê.

Antes que possamos explorar suas aplicações, deixe-me primeiro definir os termos, começando com o exterior do círculo e indo para o interior.

O QUÊ: toda companhia e toda organização no planeta sabe O QUE faz. Não importa se é grande ou pequena nem o campo de atividade. Todo mundo é facilmente capaz de descrever os produtos ou serviços que sua companhia vende ou a função do cargo que desempenha dentro daquele sistema. O QUÊ é fácil de identificar.

COMO: algumas companhias e algumas pessoas sabem COMO elas fazem O QUE fazem. Quer você os chame de "proposta de valor diferenciada", "processo patenteado" ou "proposição exclusiva de venda", os COMOs são apresentados com frequência para explicar o modo pelo qual alguma coisa é diferente ou melhor. Não tão óbvio quanto O QUÊ, muitos acham que esses são os fatores diferenciadores ou motivadores em uma decisão. Seria equivocado supor que isso é tudo que é necessário. Falta um detalhe:

POR QUÊ: muito poucas pessoas ou companhias conseguem articular com clareza POR QUE fazem O QUE fazem. Quando falo do PORQUÊ, não estou me referindo a ganhar dinheiro – isso é uma consequência. Com o PORQUÊ, refiro-me a qual é seu propósito, sua causa ou sua crença. POR QUE sua companhia existe? POR QUE você sai da cama toda manhã? E POR QUE alguém deveria se importar?

Quando a maioria das organizações ou pessoas pensa, age ou se comunica, elas o fazem de fora para dentro, de O QUÊ para POR QUÊ, e por um bom motivo – vão do que é mais claro para o que é mais obscuro. Nós dizemos O QUE fazemos, às vezes dizemos COMO o fazemos, mas raramente dizemos POR QUE fazemos O QUE fazemos.

Mas não as companhias inspiradas. Não os líderes inspirados. Cada um deles, seja qual for seu tamanho ou sua atividade, pensa, age e se comunica de dentro para fora.

Eu costumo usar a Apple Inc. como exemplo apenas porque eles são muito reconhecidos e seus produtos são fáceis de comparar com outros.

Mais do que isso, o sucesso da Apple ao longo do tempo não é típico. Sua capacidade de continuar a ser uma das companhias mais inovadoras ano após ano, combinada com sua misteriosa habilidade de atrair seguidores nò que parece ser uma seita, faz dela um grande case para demonstrar muitos dos princípios do Círculo Dourado.

Começarei com um exemplo de marketing simples.

Se a Apple fosse como a maioria das outras empresas, uma mensagem de marketing dela iria se mover de fora para dentro no Círculo Dourado. Começaria com alguma declaração de O QUE a companhia faz ou fabrica, seguida de COMO eles acham que são diferentes ou melhores do que a concorrência e por fim concluiria com alguma chamada à ação. Com isso, esperariam ter em retorno algum comportamento, no caso uma compra. Uma mensagem de marketing da Apple, se eles fossem iguais a todos os outros, poderia soar assim:

Fazemos ótimos computadores.
São lindamente projetados, simples de usar e intuitivos para o usuário.
Quer comprar um?

Não é um discurso de vendas muito convincente, mas é assim que a maioria das companhias vende seus produtos. Essa é a norma. Começam primeiro com O QUE fazem – "Eis nosso novo carro". Depois nos dizem COMO fazem isso ou COMO são melhores – "Tem bancos de couro, faz muitos quilômetros por litro de combustível e oferecemos um bom financiamento". Depois eles pedem uma ação e esperam um comportamento.

Você vê este modelo tanto em mercados voltados para o cliente final quanto em ambientes de negócios entre empresas: "Esta é nossa firma de advocacia. Nossos advogados se formaram nas melhores faculdades e nós representamos os maiores clientes. Contrate-nos." Esse modelo também é utilizado na política – "Eis o(a) candidato(a), eis sua posição quanto a impostos e imigração. Está vendo como é diferente? Vote nele(a)." Em todos os casos, organiza-se a comunicação como uma tentativa de convencer alguém de uma diferença ou de um valor maior.

Mas não é isso que fazem líderes e organizações inspiradores.

Vamos observar de novo o exemplo da Apple e reescrevê-lo na ordem em que a empresa *efetivamente* se comunica. Desta vez, o exemplo começa pelo PORQUÊ.

> Em tudo o que fazemos, acreditamos em desafiar o status quo. Acreditamos em pensar de modo diferente.
>
> A maneira como desafiamos o status quo é criando produtos lindamente projetados, simples de usar e intuitivos para o usuário.
>
> E o resultado disso são ótimos computadores.
>
> Quer comprar um?

Trata-se de uma mensagem completamente diferente. De fato *percebe-se* que é diferente desde a primeira afirmação. Ficamos muito mais ansiosos por comprar um computador da Apple depois de ler a segunda versão – e apenas inverti a ordem das informações. Não há truques, nem manipulação, nem brindes, tampouco mensagens explorando aspirações ou celebridades.

A Apple não apenas inverte a ordem das informações; sua mensagem começa pelo PORQUÊ, pelo propósito, pela causa ou crença que nada tem a ver com O QUE eles fazem. O QUE eles fazem – os produtos que fabricam, de computadores a pequenos dispositivos eletrônicos – não serve mais como a razão para comprar, serve como a prova tangível de sua causa. O design e a interface para o usuário de produtos da Apple, ainda que importantes, não são em si mesmos suficientes para criar essa fidelidade tão impressionante de seus clientes. Esses importantes elementos ajudam a tornar a causa tangível e racional. Outros podem contratar os melhores designers e engenheiros brilhantes e fabricar produtos bonitos e fáceis de usar ou mesmo copiar as coisas que a Apple faz; podem até roubar funcionários da Apple para isso, mas os resultados não serão os mesmos. Simplesmente copiar O QUE a Apple faz ou COMO faz não vai funcionar. Há algo mais, algo difícil de descrever e quase impossível de copiar que confere a ela um nível tão desproporcional de influência no mercado. O exemplo começa a provar que as pessoas não compram O QUE você faz, mas POR QUE você o faz.

A capacidade da Apple de criar produtos tão inovadores de forma consistente e inspirar uma fidelidade tão espantosa não tem a ver apenas com

O QUE eles fazem. O problema é que organizações usam recursos e benefícios tangíveis para construir um argumento racional de por que sua companhia, produto ou ideia é melhor do que os outros. Algumas vezes essas comparações são feitas de modo explícito, em outras usam-se analogias ou metáforas, mas o efeito é o mesmo. Companhias tentam nos vender O QUE elas fazem, mas nós compramos POR QUE elas o fazem. É a isso que me refiro quando digo que elas se comunicam de fora para dentro; elas lideram com O QUÊ e COMO.

Quando se comunica de dentro para fora, porém, o PORQUÊ é oferecido como o motivo para a compra, e os O QUÊs servem como a prova tangível dessa crença. As coisas que podemos apontar para racionalizar ou explicar as razões de sermos atraídos para um produto, uma companhia ou uma ideia, e não para outros.

O QUE companhias fazem são fatores externos, mas POR QUE fazem é algo mais profundo. Em termos práticos, não há nada de especial na Apple. Trata-se de uma companhia como qualquer outra. Não existe uma real diferença entre a Apple e qualquer uma de suas concorrentes – Dell, HP, Gateway, Toshiba. Escolha uma, não importa. Todas são estruturas corporativas. É tudo o que uma companhia é: uma estrutura. Todas fabricam computadores. Todas têm alguns sistemas que funcionam e outros que não. Todas têm igual acesso ao mesmo talento, aos mesmos recursos, às mesmas agências, aos mesmos consultores e à mesma mídia. Todas têm alguns bons gestores, alguns bons designers e engenheiros inteligentes. Todas fazem alguns produtos que funcionam bem e outros que não... mesmo a Apple. Por que, então, a Apple tem um nível de sucesso tão desproporcional? Por que são mais inovadores? Por que são, consistentemente, mais lucrativos? E como conseguem uma legião de seguidores cuja fidelidade parece a de uma seita – algo que muito poucas companhias são capazes de alcançar?

As pessoas são atraídas pelo propósito. Essa é a razão pela qual a Apple adquiriu um nível notável de flexibilidade. Está evidente que as pessoas se sentem confortáveis ao comprar um computador da Apple. Mas também se sentem perfeitamente confortáveis comprando dela um iPod, um iPhone ou um Apple TV. Consumidores e investidores estão completamente à vontade com o fato de a Apple oferecer tantos produtos diferentes em tantas categorias diferentes. Não é O QUE a Apple faz que a diferencia. É POR QUE ela o faz. Seus produtos dão vida à sua causa.

Não sou imprudente a ponto de sugerir que seus produtos não importam; claro que importam. Mas o motivo pelo qual importam é o contrário do que diz a sabedoria tradicional. Os produtos, em si mesmos, não são a razão de a Apple ser considerada superior; seus produtos, O QUE a Apple faz, servem de prova tangível daquilo em que a companhia acredita. É essa clara correlação entre O QUE eles fazem e POR QUE o fazem que a leva a se destacar. É o motivo pelo qual percebemos a Apple como uma marca autêntica. Tudo o que eles fazem funciona para demonstrar seu PORQUÊ, o de desafiar o status quo. Quaisquer que sejam os produtos que fabricam ou a atividade em que operam, está sempre claro que a Apple "pensa diferente".

Quando a Apple lançou o Macintosh, com um sistema operacional baseado em uma interface gráfica para o usuário, não em uma linguagem complicada de computador, ela estava desafiando o modo como os computadores funcionavam na época. Mais do que isso, enquanto a maioria das companhias de tecnologia via sua maior oportunidade de marketing no mercado corporativo, a Apple quis dar ao indivíduo sentado em casa o mesmo poder de qualquer companhia. O PORQUÊ de a Apple desafiar o status quo e empoderar o indivíduo é um padrão que se repete em tudo o que eles dizem e fazem. Ele ganha vida em seu iPod e ainda mais no iTunes, um serviço que desafiou o status quo do modelo de distribuição da indústria fonográfica e era mais adequado ao modo como indivíduos consumiam música.

A indústria fonográfica estava organizada em torno de vender discos, um modelo que evoluiu durante uma época na qual ouvir música era uma atividade que geralmente fazíamos em casa. A Sony mudou isso em 1979, quando introduziu o Walkman. Mas até o Walkman – e mais tarde o Discman – era limitado ao número de fitas cassete ou CDs que se podia carregar. O desenvolvimento do formato de música MP3 mudou tudo isso. A compressão digital permitia que uma quantidade muito grande de canções fosse armazenada em dispositivos musicais relativamente baratos e portáteis. O fato de podermos sair de casa com apenas um dispositivo fácil de carregar transformou a música em algo que se ouvia fora de casa. E o tocador de MP3 não mudou somente onde ouvíamos música, transformou também uma cultura de coleção de álbuns em uma cultura de coleção de canções. Enquanto a indústria fonográfica ainda estava ocupada tentando nos vender álbuns, um modelo que não era mais compatível com o comportamento do consumidor, a Apple introduziu seu iPod, oferecendo "1.000 canções em seu bolso". Com o iPod e o iTunes a Apple fez um trabalho muito melhor em divulgar o valor do MP3 e do tocador de MP3 no que diz respeito à maneira como vivíamos. Sua publicidade não apresentava descrições exaustivas dos detalhes do produto; não era sobre eles, era sobre nós. E nós compreendemos POR QUE o queríamos.

A Apple não inventou o formato MP3 nem a tecnologia que daria origem ao iPod, no entanto divide com os seus reais inventores o crédito por ter transformado a indústria fonográfica. O tocador de música portátil com disco rígido de muitos gigabytes foi inventado pela Creative Technology Ltd., uma companhia com base em Cingapura que ganhou proeminência ao desenvolver a tecnologia de áudio Sound Blaster, que permite que PCs domésticos tenham som. Na verdade, a Apple só introduziu o iPod 22 meses depois da entrada da Creative no mercado. Apenas esse detalhe já põe em xeque a suposição de que o primeiro a surgir com uma ideia sempre leva vantagem. Considerando sua história no ramo de som digital, a Creative era mais qualificada do que a Apple para introduzir um produto de música digital. O problema é que eles anunciaram seu produto como um "tocador de MP3 com 5GB". Essa é exatamente a mesma mensagem da Apple com seu "1.000 canções em seu bolso". A diferença é que a Creative nos dizia O QUE era seu produto e a Apple nos dizia POR QUE precisávamos dele.

Só depois, uma vez que já havíamos decidido que tínhamos que ter um iPod, é que o O QUÊ passou a importar – e escolhíamos a versão com 5GB, 10GB e assim por diante; ou seja, os detalhes tangíveis que provavam que poderíamos ter mil canções em nosso bolso. Nossa decisão começou com o PORQUÊ, assim como a oferta da Apple.

Quantos de nós podem dizer com certeza que um iPod é de fato melhor do que um Zen da Creative? iPods, por exemplo, ainda têm os problemas da duração e da substituição da bateria. Elas costumam morrer. Talvez um Zen seja melhor. Mas a verdade é que não nos importamos se é melhor ou não. E é a clareza da Apple quanto ao PORQUÊ que lhe confere uma capacidade tão notável de inovar, não raro competindo com companhias que parecem até mais bem qualificadas do que ela, e de ter sucesso em atividades que estão fora de seu *core business*, isto é, seu negócio principal.

Não se pode dizer o mesmo de companhias com uma noção confusa do PORQUÊ. Quando uma organização se define de acordo com O QUE faz, isso é tudo que ela sempre será capaz de fazer. As concorrentes da Apple, tendo se definido com seus produtos ou serviços e qualquer que seja sua "proposta de valor diferenciada", não terão a mesma liberdade que ela. A Gateway, por exemplo, começou vendendo aparelhos de TV com tela plana em 2003. Como já fabricavam monitores de tela plana havia anos, eram totalmente qualificados para produzir e vender televisões. Mas a companhia não conseguiu construir um nome confiável entre as marcas de eletrônicos e abandonou o negócio dois anos depois para se concentrar em seu "negócio principal". A Dell lançou palmtops em 2002 e tocadores de MP3 em 2003, mas permaneceu apenas alguns anos em cada um desses mercados. A Dell fabrica produtos de boa qualidade e é absolutamente qualificada para produzir essas tecnologias. O problema foi que a companhia havia se definido com O QUE fazia; eles fabricavam computadores, e o fato é que não fazia sentido para nós comprar deles um palmtop ou um tocador de MP3. Não parecia ser o certo. Quantas pessoas você acha que ficariam na fila durante seis horas para comprar um novo celular da Dell, como fizeram no lançamento do iPhone da Apple? Elas não conseguiam ver na Dell nada mais do que uma fabricante de computadores. Simplesmente não fazia sentido. O fraco desempenho nas vendas logo acabou com o desejo da Dell de entrar no mercado de dispositivos eletrônicos pequenos; em vez disso, a empresa optou por "se concentrar em seu negócio principal". A menos que a Dell, como tantas outras, consiga redescobrir seu propósito, causa ou crença original e comece pelo PORQUÊ no que quer que diga e faça, tudo o que fará será vender computadores.

A Apple, ao contrário das concorrentes, definiu POR QUE faz coisas, não O QUE faz. Não é uma fabricante de computadores, mas uma companhia que desafia o status quo e oferece alternativas individuais mais simples. A Apple até mudou sua razão social em 2007, de Apple Computer, Inc. para Apple Inc., a fim de expressar o fato de que era mais do que apenas uma fabricante de computadores. Na prática, não importa qual é a razão social de uma companhia. Para a Apple, no entanto, ter a palavra "Computador" no nome não limitava O QUE ela era capaz de fazer. Limitava o modo como pensavam sobre si mesmos. A mudança não foi prática, foi filosófica.

O PORQUÊ da Apple foi formado em sua fundação, no fim da década de 1970, e não mudou até hoje. Quaisquer que sejam os produtos que fabrica ou as atividades para as quais migrou, seu PORQUÊ permanece o mesmo. E a intenção da Apple de desafiar o modo de pensar vigente se provou profética. Como fabricante de computadores, ela redirecionou o curso da indústria da computação pessoal. Como fabricante de dispositivos eletrônicos pequenos, desafiou o tradicional domínio de companhias como a Sony e a Philips. Como fornecedora de telefones móveis, obrigou as companhias mais experientes – Motorola, Ericsson e Nokia – a reexaminar os próprios negócios. A capacidade da Apple de entrar em – e dominar – tantas atividades diferentes desafiou até a ideia de o que significa ser uma fabricante de computadores, para começo de conversa. Independentemente de O QUE ela faz, sabemos POR QUE a Apple existe.

Não se pode dizer o mesmo das concorrentes. Embora todas tenham tido em algum momento uma percepção clara do PORQUÊ – esse foi um dos fatores principais que ajudaram cada uma delas a se tornar companhias de um bilhão de dólares –, com o passar do tempo a perderam. Agora todas essas companhias se definem por O QUE fazem: fabricamos computadores. Passaram de companhias com uma causa para companhias que vendem produtos. E quando isso acontece, preço, qualidade, serviço e recursos tornam-se a principal moeda que motiva uma decisão de compra. A essa altura, é notório que a companhia e seus produtos se tornaram commodities. Como pode atestar qualquer companhia obrigada a competir apenas em preço, qualidade, serviço ou recursos, é muito difícil ser diferente durante qualquer período de tempo ou construir fidelidade com base somente nesses fatores. Além disso, custa dinheiro e é estressante acordar todo dia tentando competir apenas nesse nível. Saber o PORQUÊ é essencial para um sucesso duradouro e para a capacidade de evitar ser confundido com outros.

Qualquer companhia que enfrenta o desafio de se diferenciar em seu mercado é basicamente uma commodity, não importa O QUE faz e COMO faz. Pergunte a um produtor de leite, por exemplo, e ele lhe dirá que há variações reais entre as marcas de leite. O problema é que você tem de ser um especialista para compreender as diferenças. Para o resto do mundo, todo leite é mais ou menos a mesma coisa, então nós juntamos todas as marcas e chamamos isso de commodity. Em resposta, é assim que o setor age. Este é em grande parte o padrão para quase todo produto ou serviço no mercado hoje, seja de empresa para consumidor (B2C ou *business to consumer*) ou de empresa para empresa (B2B ou *business to business*). As companhias se concentram em O QUE fazem e em COMO o fazem, sem considerar o PORQUÊ; nós as juntamos em uma coisa só e elas se comportam como commodities. Quanto mais as tratamos como commodities, mais elas se voltam para O QUE e COMO fazem. É um círculo vicioso. Mas apenas as companhias que atuam como commodities acordam todo dia com o desafio de se diferenciar. Companhias e organizações com uma noção clara do PORQUÊ nunca se preocupam com isso. Não pensam em si mesmas como sendo iguais a qualquer outra e não precisam "convencer" ninguém de seu valor. Não precisam de complexos sistemas de recompensas e punições. Elas *são* diferentes, e todos sabem disso. Elas começam pelo PORQUÊ em tudo que dizem e fazem.

Há quem ainda acredite que a diferença da Apple vem de sua habilidade no marketing. A Apple "vende um estilo de vida", dirão os marqueteiros profissionais. Então como é que esses profissionais do marketing ainda não conseguiram repetir esse sucesso e essa longevidade em outra companhia? Chamar isso de "estilo de vida" é reconhecer que pessoas que vivem de certa maneira optaram por incorporar a Apple em suas vidas. Ela não inventou nem vende um estilo de vida. A Apple é simplesmente uma das marcas para as quais são atraídos os que vivem segundo certo estilo de vida. Essas pessoas usam determinados produtos ou marcas ao ter aquele estilo de vida; e em parte é assim que reconhecemos o estilo de vida delas, em primeiro lugar. Os produtos que escolhem se tornam um prova de POR QUE elas fazem o que fazem. É só porque o PORQUÊ da Apple é tão evidente que os que acreditam no que ela acredita são atraídos para ela. Quando a Harley-Davidson se encaixa no estilo de vida de certo grupo e os sapatos Prada se encaixam no estilo de vida de outro grupo, é o estilo de vida que vem em primeiro lugar. Assim como os produtos que uma empresa produz servem como prova de seu PORQUÊ, uma marca ou produto serve como prova do PORQUÊ de um indivíduo.

Outras pessoas, inclusive algumas que trabalham para a própria Apple, dirão que o que de fato a distingue é a qualidade de seus produtos. É evidente que ter produtos de boa qualidade é importante. Não importa quão claro seja seu PORQUÊ, se O QUE você vende não funciona tudo desaba. Mas uma companhia não precisa ter o melhor produto, ele só precisa ser bom ou muito bom. "Melhor que" ou "o melhor" são comparações relativas. Sem primeiro compreender o PORQUÊ, a comparação em si mesma não tem valor para o tomador da decisão.

O conceito de "melhor" suscita a pergunta: com base em qual padrão? Um carro esportivo Ferrari F430 é melhor do que uma minivan Honda Odyssey? Depende de por que você precisa do carro. Se tiver uma família de seis pessoas, uma Ferrari com dois lugares não é melhor. No entanto, se está procurando uma boa maneira de impressionar alguém, uma minivan Honda provavelmente não é a melhor opção. Primeiro deve ser considerado por que o produto existe, e o porquê de alguém desejá-lo tem que combinar com essa resposta. Eu poderia discorrer sobre todas as maravilhas da engenharia do Honda Odyssey, e algumas podem ser mesmo melhores do que as da Ferrari. Com certeza roda mais quilômetros por litro de combustível. Mas é pouco provável que eu convença alguém que queira um carro esportivo a comprar outro modelo. O fato de algumas pessoas serem atraídas de um jeito tão intenso para uma Ferrari mais do que para um Honda Odyssey diz mais sobre a pessoa do que sobre a engenharia dos carros. A engenharia, por exemplo, seria apenas um dos pontos que um amante de Ferrari apontaria para demonstrar o que ele sente em relação ao carro. A obstinada defesa da superioridade da Ferrari feita por alguém cuja personalidade o deixa predisposto a favor dos recursos e benefícios dessa marca não tem como ser uma conversa objetiva. Por que você acha que a maioria das pessoas que compram Ferraris está disposta a pagar mais para que seja vermelha, ao passo que a maioria das que compram Hondas Odyssey provavelmente não se importa muito com a cor?

Não sou capaz de contestar um só argumento daqueles que vão tentar convencê-lo de que os computadores da Apple são apenas melhores. Tudo o que posso dizer é que a maioria dos fatores que os faz acreditar serem esses os melhores computadores coincide com seu padrão de como deveria ser um computador. Tendo isso em mente, os Macintosh, na prática, só são melhores para quem acredita naquilo em que a Apple acredita. Essas pessoas que compartilham o PORQUÊ da Apple acreditam que os produtos da companhia são objetivamente melhores e qualquer tentativa de convencê-los do contrário é inútil. Mesmo tendo em mãos parâmetros objetivos, todo argumento quanto a qual é melhor ou pior, sem estabelecer primeiro um critério, não levará a nada mais que um debate. Os que são fiéis a cada uma das marcas apontarão vários recursos e benefícios que para eles importam (ou não importam) na tentativa de convencer o outro. E essa é uma das principais razões por que muitas companhias sentem a necessidade de ser diferentes, em primeiro lugar, baseadas na equivocada suposição de que só um dos grupos pode estar com a razão. Mas e se os dois estiverem com a razão? E se um Apple for o computador certo para um grupo e um PC o computador certo para o outro? Não é mais um debate sobre qual é melhor ou pior, é uma discussão sobre necessidades diferentes. E antes mesmo que possa surgir uma discussão, é preciso estabelecer os PORQUÊS de cada um.

Uma simples alegação de que um computador é melhor, mesmo com uma evidência racional para sustentá-la, pode criar o desejo e até motivar uma decisão de compra, mas não cria fidelidade. Se um consumidor se sentir inspirado a comprar um produto, e não manipulado, ele será capaz de verbalizar os motivos pelos quais pensa que o que está comprando é melhor. Boa qualidade e recursos importam, mas não são o bastante para produzir a obstinada fidelidade que todas as companhias e os líderes mais inspiradores são capazes de mobilizar. É a causa representada pela companhia, pela marca, pelo produto ou pela pessoa que inspira fidelidade.

Não é a única maneira, é apenas uma das maneiras

Conhecer o seu PORQUÊ não é a única forma de ser bem-sucedido, mas a única de manter um sucesso duradouro e ter uma mescla melhor de inovação e flexibilidade. Quando um PORQUÊ fica confuso, torna-se muito mais difícil manter o crescimento, a fidelidade e a inspiração que ajudaram a impulsionar o sucesso original. Quando digo “difícil”, estou querendo dizer que manipulação em vez de inspiração torna-se rapidamente a estratégia escolhida para motivar comportamento. Como vimos, isso é eficaz no curto prazo, mas tem um alto custo no longo prazo.

Considere o clássico caso que se estuda nas faculdades de administração americanas: o das ferrovias. No fim da década de 1800, as companhias ferroviárias eram as maiores empresas do país. Tendo alcançado sucesso tão monumental, até mudando a paisagem dos Estados Unidos, relembrar o PORQUÊ deixou de ser importante para elas. Em vez disso, ficaram obcecadas com O QUE faziam – estavam no negócio ferroviário. Esse estreitamento de perspectiva influenciou seu processo de tomada de decisões: elas investiram todo o dinheiro em trilhos, dormentes e motores. Porém, no início do século XX, uma nova tecnologia foi introduzida: o avião. E todas aquelas grandes companhias ferroviárias acabaram saindo do negócio. E se tivessem se definido no negócio do transporte de massas? Talvez seu comportamento tivesse sido diferente. Talvez vissem oportunidades que, de outra forma, teriam deixado passar. Talvez fossem hoje os donos de todas as linhas aéreas.

A comparação levanta a questão da possibilidade de sobrevivência no longo prazo de muitas outras companhias que definiram a si mesmas e às suas atividades por O QUE faziam. Elas têm feito isso da mesma forma durante tanto tempo que sua capacidade de vencer uma nova tecnologia ou enxergar uma nova perspectiva tornou-se uma tarefa assustadora. A história das ferrovias guarda estranhas semelhanças com o caso da indústria fonográfica já mencionado. Este é outro setor que não fez um bom trabalho ao adaptar seu modelo de negócio para que fosse compatível com a mudança de comportamento deslanchada por uma nova tecnologia. Mas outros ramos cujos modelos de negócio evoluíram em uma outra época apresentaram rupturas semelhantes – os jornais, as indústrias de publicidade e a da televisão, para mencionar apenas três. Essas são as ferrovias da atualidade, que lutam para definir seu valor enquanto observam os clientes se voltarem para companhias de outros setores a fim de satisfazer suas necessidades. Talvez se as gravadoras possuíssem uma noção mais clara do PORQUÊ, teriam visto a oportunidade de inventar um equivalente ao iTunes em vez de deixar isso para uma aguerrida companhia de computadores.

Em todos os casos, retornar ao propósito, causa ou crença inicial vai ajudar esses setores a se adaptar. Em vez de perguntar "O QUE deveríamos fazer para competir?", as perguntas devem ser "POR QUE começamos a fazer O QUE estamos fazendo e O QUE podemos fazer para reviver nossa causa considerando todas as tecnologias e oportunidades de mercado disponíveis hoje em dia?". Mas não leve em conta o que eu digo. Nada disso é opinião minha. Tudo está firmemente fundamentado nos princípios da biologia.

CAPÍTULO 4

Não é opinião, é biologia

Os Sneetches barriga-de-estrela tinham barriga estrelada.
Os Sneetches barriga-lisa, na deles não tinham nada.
A estrela não era grande. Na verdade era pequena.
Talvez você pense que assim não valia a pena.

Então, bem depressa, Sylvester McMacaco McFeijão
Montou uma máquina que não era simples, não.
E disse: “Quer estrelas como um Sneetch barriga-de-estrela?
Meus amigos, podem tê-las por 3 dólares cada!”

Nessa história de 1961 sobre os Sneetches, o Dr. Seuss nos apresentou a dois grupos de Sneetches: um com estrelas na barriga e o outro sem. Os sem estrela queriam desesperadamente arranjar estrelas para se encaixar. Estavam dispostos a tudo e a pagar cada vez mais caro só para se sentirem parte de um grupo. No entanto, apenas Sylvester McMacaco McFeijão, a criatura cuja máquina punha estrelas na barriga, lucrou com o desejo dos Sneetches de se encaixar.

Como com tantas coisas, a explicação do Dr. Seuss foi ótima. Os Sneetches representam uma necessidade humana muito básica – a de pertencimento. Nossa necessidade de pertencer não é racional, mas uma constante que existe em todos os indivíduos de todas as culturas. É um sentimento que temos quando as pessoas à nossa volta compartilham nossos valores e nossas crenças. Quando vemos que pertencemos, nos sentimos conectados e seguros. Como humanos, ansiamos e buscamos esse sentimento.

Às vezes, nosso sentimento de pertencimento é fortuito. Não somos amigos de todo mundo da nossa cidade natal, mas, se viajarmos pelo estado e encontrarmos alguém de nossa cidade, estabeleceremos de imediato uma conexão com essa pessoa. Não somos amigos de todos do nosso estado, mas se viajarmos pelo país sentiremos uma ligação especial com alguém de nosso estado que encontrarmos pelo caminho. Viaje para o exterior e criará laços instantâneos com os compatriotas que encontrar.

Durante uma viagem à Austrália, ouvi alguém falar com sotaque americano dentro do ônibus em que eu estava. Eu me virei e entrei na conversa. Imediatamente senti uma conexão. Podíamos falar a mesma língua, compreender a mesma gíria. Como um estranho em uma cidade estranha, por aquele breve momento senti que pertencia a alguma coisa, e por isso confiei mais naqueles estranhos no ônibus do que em qualquer um dos outros passageiros. De fato, passamos algum tempo juntos mais tarde. Não importa aonde vamos, confiamos naqueles nos quais somos capazes de perceber valores ou crenças comuns.

Nosso desejo de sentir que pertencemos é tão poderoso que faremos esforços, coisas irracionais e com frequência gastaremos dinheiro para atendê-lo. Como os Sneetches, queremos estar com pessoas e organizações que são como nós e compartilham nossas crenças. Quando as empresas falam sobre O QUE fazem e como seus produtos são avançados, podem ser atraentes, mas não representam necessariamente algo a que vamos querer pertencer. No entanto, quando uma empresa comunica com clareza o seu PORQUÊ, no que ela acredita, caso compartilhemos essa crença, então iremos extraordinariamente longe para incluir esses produtos e essas marcas em nossas vidas. Não porque sejam melhores, mas porque se tornaram símbolos dos valores e das crenças que estimamos. Esses produtos e essas marcas nos fazem sentir que pertencemos a algo e passamos a ter afinidade com outros que compram as mesmas coisas.

Não raro, fã-clubes de clientes são criados sem qualquer iniciativa da própria companhia. Essas pessoas formam comunidades, presenciais ou on-line, não apenas para compartilhar com os outros seu amor pelo produto, mas para estar com pessoas parecidas com elas. Suas decisões não têm nada a ver com a companhia ou seus produtos; têm a ver com os próprios indivíduos.

Nossa necessidade natural de pertencimento também nos faz sermos bons em identificar aquilo que não pertence. É um sentimento que adquirimos. Algo lá no nosso íntimo que não podemos expressar com palavras permite que sintamos como certas coisas simplesmente se encaixam e outras não.

A Dell vendendo tocadores de MP3 não parece encaixar, pois ela se define como uma fabricante de computadores, e, assim, as únicas coisas pertinentes são computadores. A Apple se define como uma companhia com uma missão e, assim, qualquer coisa que ela faça e que se encaixe nessa definição é percebida como pertinente. Em 2004, a Apple produziu um iPod promocional em parceria com a banda de rock U2. Faz sentido. A Apple nunca teria produzido um iPod com Celine Dion, mesmo ela tendo vendido muito mais discos do que U2 e talvez possuindo uma audiência maior. U2 e Apple têm a mesma pertinência, porque compartilham os mesmos valores e as mesmas crenças. Ambas alargam fronteiras.

Não é preciso ver mais do que os comerciais da Apple "Eu sou um Mac e eu sou um PC" para ter uma representação perfeita de quem um usuário do Mac precisa ser para sentir esse pertencimento. No comercial, o usuário de Mac é um sujeito jovem, vestindo jeans e camiseta, relaxado e com senso de humor, fazendo piada com "o sistema". O PC, como definido pela Apple, veste terno. É mais velho. Antiquado. Para combinar com um

Mac, você tem que ser como um Mac. A Microsoft respondeu à Apple com a própria campanha "Eu sou um PC", que descreve pessoas de todos os estilos de vida identificando-se como "PC". A Microsoft incluiu em seu anúncio muito mais gente – professores, cientistas, músicos e crianças. Como era de esperar de uma companhia que fornece 95% dos sistemas operacionais para computadores, para pertencer a essa multidão você tem que ser todos os outros. Não se é melhor ou pior; depende de a qual lugar você sente que pertence. Você é um agitador ou está com a maioria?

Somos atraídos por líderes e organizações que são bons em comunicar no que acreditam. Sua capacidade de nos fazer sentir especiais, seguros e menos sozinhos nos inspira. Todos aqueles que consideramos grandes líderes têm a aptidão de nos atrair e manter nossa fidelidade. E nós sentimos uma forte ligação com aqueles que são atraídos pelos mesmos líderes e organizações que nós. Os usuários de Mac sentem-se ligados uns aos outros. Motociclistas donos de uma Harley sentem-se ligados uns aos outros. Aqueles que foram atraídos para ouvir Martin Luther King fazer seu discurso "Eu tenho um sonho", independentemente de raça, religião ou gênero, estavam juntos naquela multidão como irmãos e irmãs, unidos por crenças e valores compartilhados. Sabiam que pertenciam a algo maior e podiam senti-lo em seu âmago.

As boas decisões não acontecem em seu coração

Os princípios do Círculo Dourado são muito mais do que uma hierarquia de comunicação. Eles estão profundamente fundamentados na evolução do comportamento humano. O poder do PORQUÊ não é opinião, é biologia. Se você olhar para uma seção transversal do cérebro humano, de cima para baixo, verá que os níveis do Círculo Dourado correspondem com precisão aos três principais níveis do cérebro.

A área mais nova do cérebro do *Homo sapiens* é o neocórtex, que corresponde ao nível de O QUÊ. O neocórtex é responsável pelo pensamento racional e analítico e também pela linguagem.

As duas seções do meio compreendem o sistema límbico, que é responsável por todos os nossos sentimentos, como confiança e lealdade. É res-

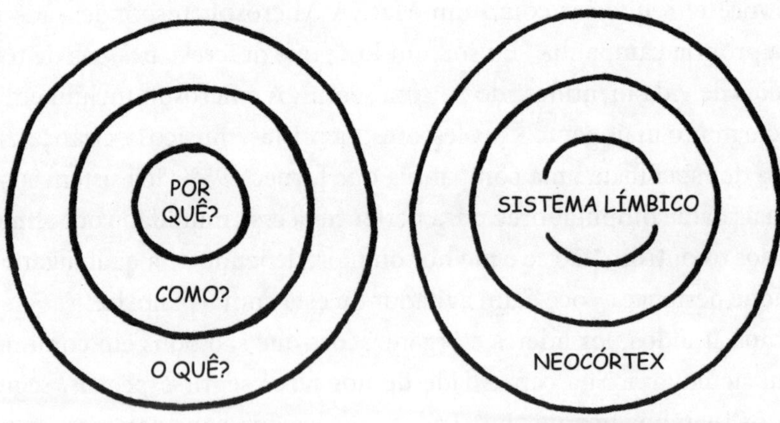

ponsável também por todo o comportamento humano e por nossa tomada de decisão, mas não tem aptidão para a linguagem.

Quando nos comunicamos de fora para dentro, quando comunicamos primeiro O QUE fazemos, as pessoas conseguem entender grandes quantidades de informação complicada, como fatos e características, mas isso não suscita comportamento. No entanto, quando nos comunicamos de dentro para fora, estamos falando diretamente para a área do cérebro que controla a tomada de decisões, e a parte da linguagem nos permite racionalizar essas decisões.

A parte do cérebro que controla nossos sentimentos não tem capacidade para a linguagem. É essa desconexão que torna tão difícil expressar nossos sentimentos em palavras. Temos dificuldade para explicar, por exemplo, por que nos casamos com a pessoa com quem nos casamos. Lutamos para pôr em palavras as razões pelas quais as amamos e, dessa forma, ou somos vagos ou racionalizamos. "Ela é divertida, ela é inteligente", começamos. Mas há muitas pessoas divertidas e inteligentes no mundo, e não as amamos nem queremos nos casar com elas. É claro que há mais fatores que fazem alguém se apaixonar do que só personalidade e competência. Racionalmente, sabemos que a explicação não expressa o motivo real – que é como nossos amados nos fazem sentir, mas esses sentimentos são bastante difíceis de colocar em palavras. Assim, quando solicitados, começamos a falar de forma vaga. Somos até capazes de dizer coisas que não fazem sentido do ponto de vista racional. "Ela me completa", dizemos, por exemplo. O que isso significa? E como você vai buscar uma pessoa que realmente faça isso para poder se casar com ela? Este é o problema com o amor: só sabemos quando o encontramos porque "simplesmente sentimos que é o certo".

O mesmo vale para outras decisões. Quando se sente que uma decisão é a certa, temos dificuldade para explicar por que fizemos o que fizemos. De novo, a parte do cérebro que controla a tomada de decisões não controla a linguagem, e assim nós racionalizamos. Isso torna complicado o valor de enquetes e pesquisas de mercado. Perguntar às pessoas por que escolheram você, e não outro, pode fornecer evidências maravilhosas de como elas racionalizaram a decisão, mas não lança muita luz sobre o verdadeiro motivo para a escolha. Não é que as pessoas não saibam, é que elas têm dificuldade de explicar por que fazem o que fazem. A tomada de decisão e a capacidade de explicar essas decisões estão em partes separadas no cérebro.

É daí que vêm as "decisões do fundo do coração". Sentimos que são a coisa certa a fazer. Não existe uma parte do coração que controla a tomada de decisão, tudo acontece no sistema límbico. E também não é por acaso que usamos o verbo "sentir" para explicar essas escolhas. O motivo para as decisões do fundo do coração serem entendidas como certas é que a parte do cérebro que as controla também controla nossos sentimentos. Quer você esteja seguindo seu coração ou sentindo que a decisão "vem de dentro", não importa: a verdade é que ela está no seu sistema límbico.

Nosso sistema límbico é tão poderoso a ponto de acionar comportamentos que às vezes contradizem nossa compreensão racional e analítica da situação. É comum confiarmos no coração mesmo quando a decisão não se sustenta diante de fatos e números. Richard Restak, um conhecido neurocientista, fala sobre isso em seu livro *The Naked Brain* (O cérebro nu). Quando as pessoas são obrigadas a tomar decisões usando só a parte racional do cérebro, quase invariavelmente acabam "pensando demais". Essas decisões racionais costumam levar mais tempo para serem tomadas, diz Restak, e com frequência podem ser de pior qualidade. Por outro lado, decisões tomadas com o sistema límbico, decisões do fundo do coração ou intuitivas, tendem a ser decisões mais rápidas e de melhor qualidade. Essa é uma das principais razões para professores dizerem a seus alunos para seguirem seu primeiro instinto ao fazer um teste de múltipla escolha. Quanto mais tempo passarem pensando sobre a resposta, maior o risco de marcar a alternativa errada. Nosso sistema límbico é esperto e muitas vezes sabe o que deve fazer. É nossa inabilidade em verbalizar as razões que pode nos fazer duvidar de nós mesmos ou confiar na evidência empírica, quando nosso coração diz para não fazermos isso.

Considere a experiência de comprar uma TV de tela plana em uma loja de produtos eletrônicos. Você fica no corredor ouvindo um especialista explicar a diferença entre os modelos. O vendedor lhe apresenta todas as características e os benefícios racionais, mas você ainda não sabe o bastante para avaliar qual seria o melhor para você. Depois de uma hora, você continua sem ter ideia do que fazer. Sua mente está sobrecarregada, porque você está repensando que decisão tomar. Faz então sua escolha e sai da loja, ainda não totalmente convencido de que fez a escolha certa. Depois, na casa de um amigo, descobre que ele comprou "a outra". Ele fica dizendo o tempo todo como gosta da TV. De repente você fica com inveja, mesmo não sabendo se essa TV é melhor do que a sua. Você se pergunta: "Será que comprei a TV errada?"

Companhias que não transmitem uma noção do PORQUÊ nos obrigam a tomar decisões com base apenas em evidências empíricas. É por isso que essas decisões são mais demoradas, parecem mais difíceis ou nos deixam em dúvida. Nessas condições, estratégias manipulativas que exploram desejos, medos, dúvidas ou fantasias funcionam muito bem. Somos obrigados a fazer escolhas que não são nada inspiradas, por uma simples razão – as companhias não nos oferecem nada mais do que fatos e números, recursos e benefícios sobre os quais embasar nossas decisões. As companhias não nos apontam o PORQUÊ.

Já sabemos que as pessoas não compram O QUE você faz, elas compram POR QUE você o faz. O fato de não nos comunicar o PORQUÊ não cria nada senão estresse e dúvida. Por outro lado, muitas pessoas que são levadas a comprar computadores Apple ou motocicletas Harley-Davidson, por exemplo, não precisam conversar com ninguém sobre qual marca escolher. Elas confiam nas decisões que tomaram e a única pergunta que fazem é qual Mac ou qual Harley. Neste nível, os recursos e benefícios racionais têm importância absoluta, mas não para conduzir a decisão de dar dinheiro ou fidelidade para a companhia ou a marca. Essa decisão já foi tomada. Os recursos tangíveis servem simplesmente para direcionar a escolha para o produto que melhor atende às nossas necessidades. Nesses casos, as decisões acontecem na perfeita ordem, de dentro para fora. Elas começaram com o PORQUÊ – o componente emocional da decisão – e depois os componentes racionais permitiram ao comprador verbalizar ou racionalizar os motivos de sua decisão.

É a isso que nos referimos quando falamos sobre conquistar corações e mentes. O coração representa o sistema límbico, a parte do sentimento no cérebro, e a mente é o centro racional, da linguagem. A maior parte das companhias prefere conquistar mentes; não é preciso nada mais que uma comparação entre todos os recursos e benefícios. Conquistar corações, no entanto, dá mais trabalho. Considerando a evidência da ordem natural da tomada de decisão, não posso deixar de me perguntar se a ordem das palavras na expressão "corações e mentes" é uma coincidência. Por que ninguém se dispõe a conquistar "mentes e corações"?

A habilidade de conquistar corações antes de mentes não vem fácil. Demanda um equilíbrio entre arte e ciência – outra coincidência na construção gramatical. Por que não se fala de um equilíbrio entre ciência e arte, e sempre se coloca a arte antes da ciência? Talvez isso seja uma dica sutil que nosso sistema límbico deficiente de linguagem envia para nos ajudar a ver que a arte da liderança tem a ver com seguir nosso coração. Talvez nosso cérebro esteja tentando nos dizer que o PORQUÊ tem que vir em primeiro lugar.

Na ausência de um PORQUÊ, é mais difícil tomar uma decisão. E quando estamos em dúvida vamos buscar na ciência, em dados, um guia para as decisões. As companhias vão dizer que começam com O QUE elas fazem ou com COMO elas fazem porque seus clientes pediram isso. Qualidade. Serviço. Preço. Recursos. É isso que os dados indicam. Mas em virtude do fato de que a parte do cérebro que controla a tomada de decisão é diferente da parte do cérebro que é capaz de informar qual foi a decisão, seria uma conclusão perfeitamente válida dar às pessoas o que elas pedem. Infelizmente, existem mais evidências de que as vendas e a fidelidade não aumentam de forma significativa quando companhias dizem ou fazem tudo o que seus clientes pedem. Henry Ford foi quem melhor resumiu tudo isso: "Se eu perguntasse às pessoas o que elas queriam elas responderiam 'um cavalo mais rápido'."

Esta é a genialidade de uma grande liderança. Grandes líderes e grandes organizações são bons em enxergar o que maioria de nós não é capaz. São bons em nos dar coisas que nunca pensaríamos em pedir. Quando a revolução do computador estava em andamento, os usuários não seriam capazes de pedir uma interface gráfica. Mas foi isso que a Apple nos deu. Diante da crescente concorrência na indústria do transporte aéreo, a maioria dos passageiros nunca pensaria em pedir menos, em vez de mais. Mas foi o que a Southwest Airlines fez. E diante de tempos difíceis e grandes adversidades, poucos perguntariam a seu país o que posso fazer por você, em vez de o que você pode fazer por mim. Justamente a bandeira com a qual John F. Kennedy iniciou seu mandato de presidente. Grandes líderes são aqueles que confiam em sua intuição. São os que compreendem que a arte vem antes da ciência. Eles conquistam corações antes de conquistar mentes. São aqueles que começam pelo PORQUÊ.

Tomamos decisões o dia inteiro, e muitas delas são impulsionadas pela emoção. Raramente filtramos todas as informações disponíveis para ter certeza de que conhecemos cada fato. E não precisamos. Tudo tem a ver com graus de certeza. "Posso tomar uma decisão com 30% da informação", disse o ex-secretário de Estado dos Estados Unidos Colin Powell. "Qualquer coisa além de 80% é demais." Sempre há um nível no qual confiamos ser guiados por nós mesmos ou pelos que estão à nossa volta, e nem sempre *sentimos* que precisamos de todos os fatos e números. Às vezes simplesmente ainda não confiamos em nós mesmos para tomar certa decisão. Isso pode explicar por que nos *sentimos* (eis esta palavra de novo) tão incomodados quando outros nos pressionam a tomar uma decisão que ainda não está bem assentada em nosso íntimo. Confiamos em nossa intuição para nos ajudar a decidir em quem votar ou qual xampu comprar. Como nossa biologia complica nossa capacidade de verbalizar os verdadeiros motivos pelos quais tomamos as decisões que tomamos, racionalizamos com base em fatores mais tangíveis, como o design, o serviço ou a marca. Essa é a base para a falsa suposição de que preço ou recursos importam mais do que de fato importam. Eles fornecem as coisas tangíveis que podemos apontar para racionalizar nossa tomada de decisão, mas não estabelecem o rumo nem inspiram comportamento.

É o que você não é capaz de ver que importa

"Deixa o branco mais branco e as cores vivas mais vivas", diz o comercial de TV do sabão em pó. Durante muitos anos, essa foi a proposta de valor do negócio de sabão em pó para roupas. Uma alegação perfeitamente legítima. Foi o que as pesquisas de mercado revelaram quanto ao que os consumidores queriam. Os dados eram reais, mas a verdade quanto ao que as pessoas queriam era diferente.

Os fabricantes de sabão em pó perguntaram aos consumidores O QUE eles queriam, e eles disseram que queriam brancos mais brancos e cores vivas mais vivas. Pensando bem, não é uma descoberta tão notável assim que as pessoas ao lavar suas roupas quisessem que o sabão ajudasse a deixar as roupas não apenas limpas, mas muito limpas. E, assim, as marcas buscaram diferenciar COMO conseguiam deixar brancos mais brancos e cores vivas mais vivas, tentando convencer os consumidores de que determinado aditivo era mais eficaz do que os outros. Proteína, disse uma marca. Intensificadores de cor, apresentou outra. Ninguém perguntou aos consumidores POR QUE eles queriam as roupas limpas. Esse detalhe só foi revelado muitos anos depois quando um grupo de antropólogos contratados por uma companhia de bens de consumo não duráveis revelou que todos esses aditivos não estavam induzindo comportamentos. Observaram que quando as pessoas tiravam as roupas da secadora, elas não seguravam na luz para ver quão branca estava ou a comparavam com itens novos para ver quão viva a cor estava. A primeira coisa que as pessoas faziam quando tiravam a roupa da secadora era cheirá-la. Foi uma descoberta incrível. *Parecer* estar limpa era mais importante para as pessoas do que estar limpa de fato. Havia a pressuposição de que todos os sabões deixam as roupas limpas. É isso que se espera que um sabão em pó faça. Mas ter roupas cheirosas importava muito mais do que as pequenas diferenças, ainda que mensuráveis, quanto a qual sabão efetivamente deixa as roupas mais limpas.

O fato de uma suposição falsa ter levado todo um setor a seguir na direção errada não é uma exclusividade dos fabricantes de sabão em pó. Companhias de telefones celulares acreditavam que as pessoas queriam mais opções e botões até que a Apple lançou seu iPhone, com menos opções e apenas um botão. Os fabricantes de automóveis alemães acreditavam que a mecânica dos carros era tudo o que importava para os consumidores americanos. Eles ficaram perplexos ao descobrir que uma ótima engenharia não era suficiente. Uma a uma, as montadoras alemãs acrescentaram, a contragosto, porta-copos em seus automóveis de luxo. Essa era uma característica de grande importância para a mentalidade do consumidor americano, mas raramente mencionada em pesquisas sobre fatores que influenciavam a decisão de compra. Não estou sugerindo em nenhum momento que porta-copos fazem as pessoas serem fiéis aos BMWs. Tudo que estou sugerindo é que, mesmo para compradores de carro de mentalidade racional, há mais em uma tomada de decisão do que aquilo que salta aos olhos.

O poder do sistema límbico é espantoso. Ele não só controla nossas decisões intuitivas, mas também é capaz de nos influenciar a fazer coisas que parecem ilógicas ou irracionais. Deixar a segurança do lar para explorar lugares distantes. Atravessar oceanos para ver o que existe no outro lado. Largar um emprego estável para começar um negócio próprio na garagem sem dinheiro nenhum no banco. Muitos de nós olham para essas decisões e dizem: "Isso é tolice, você está maluco. Vai perder tudo. Pode acabar morrendo. O que está pensando?" Não se trata de lógica ou fatos, mas de esperanças e sonhos, nossos corações nos impelindo a tentar coisas novas.

Se todos fôssemos racionais, não haveria pequenos negócios, não haveria exploração de novos campos, haveria muito pouca inovação e não haveria grandes líderes para inspirar todas essas coisas. É a crença imortal em algo maior e melhor que impulsiona esse tipo de comportamento. Mas também pode controlar o comportamento oriundo de outras emoções, como o ódio e o medo. Por que outro motivo alguém iria tramar para machucar uma pessoa que nunca viu na vida?

A quantidade de pesquisas de mercado que revelam que as pessoas querem fazer negócio com a companhia que lhes oferece os produtos de melhor qualidade, com mais recursos, o melhor serviço e a um bom preço é impressionante. No entanto, considere as companhias que contam com a maior fidelidade – raramente elas têm todas essas coisas. Se você quisesse comprar uma Harley-Davidson customizada teria que esperar seis meses para a entrega (e olha que reduziram a espera, que era de um ano). É um serviço ruim! Nos Estados Unidos, os computadores da Apple são pelo menos 25% mais caros do que um PC equivalente. Há menos softwares disponíveis para seu sistema operacional. Eles têm menos periféricos. As máquinas às vezes são mais lentas do que um PC equivalente. Se as pessoas tomassem somente decisões racionais e pesquisassem antes de fazer uma compra, ninguém jamais levaria um Mac para casa. Mas é claro que pessoas compram Macs. E algumas não apenas os compram – elas os amam, sentimento que vem direto do coração. Ou do sistema límbico.

Todos conhecemos alguém que é um irredutível amante de Mac. Pergunte a eles POR QUE gostam de seu Mac. Eles não vão dizer: "Bem, eu me considero alguém que gosta de desafiar o status quo, e para mim é importante estar cercado de gente, produtos e marcas que mostrem ao mundo quem eu acredito que sou." Biologicamente, foi isso que aconteceu. No entanto, aquela decisão foi tomada na parte do cérebro que controla o comportamento, mas não a linguagem. Por isso eles oferecem uma racionalização: "É a interface do usuário. É a simplicidade. É o design. É a alta qualidade. São os melhores computadores. Eu sou uma pessoa criativa." Na verdade, sua decisão de compra e sua fidelidade são profundamente pessoais. Eles não se importam com a Apple; importam-se consigo mesmos.

O mesmo pode ser dito das pessoas que adoram trabalhar para a Apple. Mesmo os funcionários que não são capazes de expressar isso em palavras. No caso deles, seu trabalho é um dos O QUÊs para seu PORQUÊ. Eles também estão convencidos de que por trás do sucesso da companhia há apenas a qualidade dos produtos. Mas, no fundo, todos gostam de ser parte de algo maior do que eles mesmos. Os mais fiéis funcionários da Apple, como os mais fiéis clientes da Apple, adoram uma boa revolução. Um grande aumento de salário e de benefícios não convenceria um funcionário fiel à Apple a trabalhar para a Dell, e nenhum incentivo em forma de retorno em dinheiro e em descontos poderia convencer um usuário fiel à Apple a mudar para um PC (muitos já estão pagando o dobro do preço). Isso está além do âmbito racional. Isso é crença. Não é por acaso que a cultura na Apple costuma ser descrita como uma seita. É mais do que simples produtos, é uma causa a se apoiar. É uma questão de fé.

Lembra-se do Honda e da Ferrari? Produtos não são apenas símbolos daquilo em que a companhia acredita, servem também como símbolos daquilo em que os compradores fiéis acreditam. Pessoas que têm um notebook da Apple, por exemplo, adoram abri-lo quando estão na sala de espera de um aeroporto. Gostam que todos saibam que estão usando um Mac. É um emblema, um símbolo do que são. Aquele logo brilhante da Apple diz alguma coisa sobre eles e sobre como veem o mundo. Alguém nota quando alguém abre seu computador HP ou Dell? Não! Nem mesmo a pessoa que está usando o computador se importa. HP e Dell têm uma noção nebulosa do PORQUÊ, portanto seus produtos e suas marcas não simbolizam nada sobre seus usuários. Para o usuário de Dell ou HP, seu computador, não importa quão rápido ou elegante seja, não é um símbolo de propósito, causa ou crença mais elevados. É somente um computador. De fato, por muito tempo o logo na tampa de um computador Dell estava de frente para o usuário, e assim, quando ele o abria, ficava de cabeça para baixo para todos os outros.

Produtos que têm uma noção clara do PORQUÊ oferecem às pessoas um modo de dizer ao mundo quem elas são e no que acreditam. Se uma companhia não tem uma noção clara do PORQUÊ, então é impossível que o mundo lá fora perceba algo além de O QUE a companhia faz. E quando isso acontece, manipulações que se baseiam em preço, recursos, serviço ou qualidade tornam-se a principal moeda de diferenciação.

CAPÍTULO 5

Clareza, disciplina e consistência

A natureza abomina o vazio. Para poder promover a vida, a Mãe Natureza tenta encontrar equilíbrio sempre que possível. Quando vida é destruída por causa de um incêndio na floresta, por exemplo, a natureza irá introduzir vida nova para substituí-la. Em qualquer ecossistema, a existência de uma cadeia alimentar, na qual cada espécie existe como alimento para outra, é um modo de manter o equilíbrio. O Círculo Dourado, ancorado em princípios da biologia, também obedece à necessidade de equilíbrio. Como tenho comentado, quando o PORQUÊ está ausente, produz-se um desequilíbrio e as manipulações prosperam. E quando as manipulações prosperam, aumentam a incerteza para os compradores, a instabilidade para os vendedores e o estresse para todos.

Começar pelo PORQUÊ é apenas o início. Ainda há trabalho a fazer antes de uma pessoa ou uma organização obter o direito ou a capacidade de inspirar. Para que o Círculo Dourado funcione, cada uma das peças tem que estar em equilíbrio e na ordem correta.

Clareza do PORQUÊ

Tudo começa pela clareza. Você precisa saber POR QUE faz O QUE faz. Se pessoas não compram O QUE você faz, mas POR QUE o faz e você mesmo não sabe qual é o seu propósito, como qualquer outra pessoa vai saber? Se o líder de uma organização não é capaz de formular claramente POR QUE ela existe em termos que vão além de seus produtos ou serviços, como pode esperar que os funcionários saibam POR QUE ir para o trabalho? Se um político não é capaz de formular POR QUE busca um cargo público, uma formulação que esteja além de "para servir ao povo" (o padrão racional mínimo para todos os políticos), então por que os eleitores deveriam saber em quem votar? Manipulações podem motivar o resultado de uma eleição, mas não ajudam a escolher quem deveria liderar. Liderar requer que haja aqueles que voluntariamente seguem o líder. Requer que haja aqueles que acreditam em algo maior do que uma única questão. A ação de inspirar começa com a clareza do PORQUÊ.

Disciplina do COMO

Uma vez que você sabe POR QUE você faz o que faz, a questão é COMO você vai fazê-lo. Os COMOs são os valores ou princípios que guiam como dar vida à sua causa. COMO fazemos coisas manifesta-se nos sistemas e nos processos dentro de uma organização e em sua cultura. Compreender COMO você faz as coisas e, mais importante, ter a disciplina de manter a organização e todos os funcionários responsáveis por esses princípios diretores reforça a capacidade de uma organização de trabalhar em prol daquilo em que é naturalmente forte. Compreender o COMO proporciona uma habilidade maior para, por exemplo, contratar pessoas ou encontrar parceiros que vão prosperar sem dificuldade ao trabalhar com você.

Ironicamente, a pergunta mais importante com a resposta mais evasiva – POR QUE você faz o que faz? – na verdade é bem simples e eficiente de se descobrir (e vou compartilhar isso nos últimos capítulos). É a disciplina de nunca se desviar de sua causa, manter-se responsável por COMO você faz as coisas; esta é a parte mais difícil. Para tornar ainda mais difícil, lembramos a nós mesmos de nossos valores escrevendo-os na parede... como substantivos. Integridade. Honestidade. Inovação. Comunicação, por exemplo. Mas substantivos não são ações. São coisas. Não se pode construir sistemas ou desenvolver incentivos em torno deles. É quase impossível fazer as pessoas serem responsáveis por substantivos. "Bob, um pouco mais de inovação hoje, por favor." E se você tiver que escrever "honestidade" na parede para se lembrar dela, provavelmente terá problemas maiores de qualquer maneira.

Para que valores ou princípios orientadores sejam de fato eficazes, devem ser verbos. Não é "integridade", é "fazer sempre a coisa certa". Não é "inovação", é "olhar o problema de um ângulo diferente". A formulação de nossos valores como verbos nos dá uma ideia clara de como agir em qualquer situação. Podemos considerar cada um responsável por nossos valores, avaliá-los ou mesmo construir incentivos em torno deles. Dizer às pessoas que tenham integridade não assegura que tomarão decisões sempre com os interesses de consumidores ou clientes em mente; dizer a eles que façam sempre a coisa certa, sim. Eu me pergunto quais foram os valores que a Samsung escreveu na parede quando inventou que o retorno em dinheiro não era aplicável a pessoas que moravam em prédios.

O Círculo Dourado oferece uma explicação para o sucesso no longo prazo, mas a natureza inerente de fazer coisas de longo prazo frequentemente inclui investimentos ou custos de curto prazo. É por isso que a disciplina de se manter focado no PORQUÊ e fiel a seus valores é tão importante.

A consistência de O QUÊ

Tudo o que você diz e faz tem que provar aquilo em que acredita. Um PORQUÊ é apenas uma crença. Os COMOs são as ações que você empreende para realizar essa crença. E os O QUÊs são o resultado dessas ações – tudo o que você diz e faz: produtos, serviços, marketing, ações de relações públicas, cultura e quem você contrata. Se as pessoas compram não O QUE você faz, mas POR QUE você o faz, então todas essas coisas devem ser consistentes. Com consistência, as pessoas verão e ouvirão, sem sombra de dúvida, aquilo em que você acredita. Afinal, vivemos em um mundo tangível. A única maneira de as pessoas saberem no que você acredita é por meio das coisas que você diz e faz, e se você não for consistente nisso, ninguém saberá no que você acredita.

É no nível do O QUÊ que a autenticidade acontece. "Autenticidade" é aquela palavra usada e abusada nos mundos corporativo e político. "Você tem que ser *autêntico*", dizem os entendidos. "Todos os dados sobre tendências demonstram que as pessoas preferem fazer negócio com marcas *autênticas*." "As pessoas votam no candidato *autêntico*." O problema é que essa instrução de ser autêntico é totalmente inexequível.

Como é que você entra no escritório de alguém e diz: "A partir de agora, por favor, um pouco mais de autenticidade." "Sobre essa peça de publicidade na qual você está trabalhando", poderia um CEO instruir, "por favor, faça com que seja um pouco mais autêntica." O que as companhias devem fazer para que seu marketing ou suas vendas ou seja lá em que estiverem trabalhando seja autêntico?

A solução mais comum é hilária. Elas vão e fazem pesquisa com consumidores e perguntam: "O que deveríamos lhe dizer para sermos autênticos?" Isso é uma total falta de compreensão do que se trata. Você não pode perguntar aos outros o que deve fazer para ser autêntico. Ser autêntico significa que você já sabe. O que diz um político quando o instruem a ser "mais autêntico"? Como um líder age de maneira mais "autêntica"? Sem uma compreensão clara do PORQUÊ, essa instrução é inútil.

Autenticidade significa que seu Círculo Dourado está em equilíbrio. Significa que você acredita *efetivamente* em tudo o que diz e faz. Isso vale para os gestores e também para os funcionários. Só quando isso acontece é que as coisas que você diz e faz podem ser consideradas autênticas. A Apple acreditava que seu computador Apple original e seus Macintosh iam desafiar a plataforma dominante do DOS da IBM. A Apple acredita que seus produtos iPod e iTunes estão desafiando o status quo na indústria da música. E todos nós compreendemos POR QUE a Apple faz o que faz. É por causa dessa compreensão mútua que consideramos esses produtos da Apple autênticos. A Dell lançou tocadores de MP3 e PDAs em uma tentativa de entrar no negócio dos pequenos dispositivos eletrônicos. Não sabemos qual é o PORQUÊ da Dell, não temos certeza quanto àquilo em que a companhia acredita ou POR QUE ela fabrica esses produtos, além de ganhos para si mesma e um desejo de capitalizar em um novo segmento de mercado. Esses produtos não são autênticos. Não que a Dell não pudesse entrar em outros mercados – ela certamente tem o conhecimento e a capacidade de fazer bons produtos –, mas essa capacidade sem uma clara compreensão do PORQUÊ é que torna tudo muito mais difícil e dispendioso. Só o fato de fazer produtos de alta qualidade e criar um marketing para eles não garante o sucesso. Não se pode adquirir autenticidade sem clareza do PORQUÊ. E autenticidade importa.

Pergunte aos melhores vendedores o que é preciso para ser um grande vendedor. Eles sempre vão dizer que ajuda muito quando se acredita de verdade no produto que se está vendendo. O que uma *crença* tem a ver com vender? Simples. Quando vendedores acreditam de verdade naquilo que estão vendendo, as palavras que saem de sua boca são autênticas. Quando a crença entra na equação, o vendedor exala paixão. É esta autenticidade que produz os relacionamentos nos quais se baseiam as melhores organizações de venda. Relacionamentos também constroem confiança. E com a confiança vem a fidelidade. A ausência de um Círculo Dourado equilibrado significa ausência de autenticidade, o que por sua vez significa que os relacionamentos não são fortes e que não há confiança. E você está de volta ao ponto de partida, vendendo com base em preço, serviço, qualidade ou recursos. Voltou a ser como todos os outros. Pior, sem aquela autenticidade, as companhias recorrem à manipulação: redução de preço, promoções, pressão de grupo, medo, é só escolher. É eficaz? Claro, mas apenas no curto prazo.

Ser autêntico não é requisito para o sucesso, mas passa a ser se você quiser que o sucesso seja duradouro. Mais uma vez, isso nos leva de volta ao PORQUÊ. Autenticidade é quando você diz e faz coisas em que efetivamente acredita. Mas se não sabe POR QUE a organização ou o produto existem em um nível além de O QUE você faz, então é impossível saber se as coisas que diz ou faz são consistentes com seu PORQUÊ. Sem o PORQUÊ, toda tentativa de autenticidade quase sempre será inautêntica.

A ordem correta

Depois que você tem clareza no que tange ao PORQUÊ, é disciplinado e responsável quanto aos próprios valores e aos princípios que o guiam, e é consistente em tudo o que diz e faz, o passo final é pôr tudo isso na ordem correta. Como naquele exemplo do marketing da Apple citado antes, a simples mudança na ordem da informação, começando pelo PORQUÊ, muda o impacto da mensagem. Os O QUÊs são importantes – fornecem a demonstração tangível do PORQUÊ –, mas o PORQUÊ deve vir primeiro. O PORQUÊ fornece o contexto para tudo o mais. Como você verá repetidas vezes em todos os casos e exemplos deste livro, seja na liderança, na tomada de decisão ou na comunicação, começar pelo PORQUÊ tem um profundo e duradouro impacto no resultado. Começar pelo PORQUÊ inspira as pessoas a agir.

Se você não sabe POR QUÊ, não é capaz de saber COMO

Rollin King, um homem de negócios da cidade americana de San Antonio, teve a ideia de pegar o que a Pacific Southwest estava fazendo na Califórnia e levar para o Texas – fundar uma companhia aérea de voos de curta distância entre Dallas, Houston e San Antonio. Fazia pouco tempo que ele havia passado por um longo e complicado divórcio e decidiu então procurar o homem no qual confiava para ajudá-lo a tirar a ideia do papel: seu advogado no divórcio, Herb Kelleher.

King e Kelleher eram diferentes em quase tudo. King, um homem de exatas, era notoriamente rude e desajeitado, ao passo que Kelleher era sociável e afável. No início, Kelleher disse que a ideia de King era tola, mas ao final da noite havia sido inspirado por sua visão e concordou em embarcar no projeto. Levaria quatro anos, porém, para a Southwest Airlines realizar seu primeiro voo de Dallas a Houston.

A Southwest não inventou o conceito de voos de baixo custo. A Pacific Southwest Airlines foi a pioneira no setor – a Southwest até copiou o nome. A Southwest também não chegou primeiro na região, pois a Braniff International Airways, a Texas International Airlines e a Continental Airlines já operavam no mercado do Texas e nenhuma delas estava disposta a abrir mão de qualquer território. Mas a Southwest não foi pensada para ser uma companhia aérea. Foi pensada para defender uma causa. A companhia aérea era apenas um meio para isso.

No início da década de 1970, apenas 15% das pessoas viajavam pelo ar. Nessa proporção, o mercado era pequeno o bastante para afugentar a maioria dos possíveis concorrentes das grandes linhas aéreas. Só que a Southwest não estava interessada em competir com ninguém por 15% da população de viajantes. Estava interessada nos outros 85%. Naquela época, se você perguntasse à Southwest com quem competiam, eles teriam dito: "Competimos com o carro e o ônibus." Mas o que queriam dizer era: "Somos o paladino do cidadão comum." Isso era o PORQUÊ de terem criado a companhia. Essa era a causa, o propósito, a razão de existir. COMO procederam para construir sua empresa não foi uma estratégia desenvolvida por uma consultoria de gerenciamento cara. Não foi uma coleção das melhores práticas adotadas por outras companhias. Os princípios e os valores que os guiavam provinham diretamente de seu PORQUÊ e eram mais uma questão de bom senso do que qualquer outra coisa.

Na década de 1970, uma viagem aérea era cara, e, se a Southwest quisesse ser o paladino do cidadão comum, teria que cobrar barato. Isso era imperativo. E em um momento em que a viagem aérea era elitista – as pessoas usavam roupas sociais para viajar de avião –, como o paladino do homem comum, a Southwest tinha que ser divertida. Isso também era imperativo. Em uma época em que a viagem aérea era complicada, com preços diferenciados dependendo de quando você a reservasse, a Southwest tinha que ser simples. Se ela queria ser acessível aos outros 85%, a simplicidade era outro imperativo. Na época, a Southwest tinha duas categorias de preço: noturno/fim de semana e diurno. E só.

Barato, divertido e simples. Foi COMO eles fizeram. Esse foi o caminho para serem o paladino do cidadão comum. O resultado de suas ações foi tornado tangível nas coisas que diziam e faziam – seu produto, as pessoas que contratavam, sua cultura e seu marketing. "Agora você está livre para se movimentar pelo país", dizia a publicidade. Isso é muito mais do que um mote ou *teaser*. É uma causa. E é uma causa em busca de seguidores. Aqueles que podiam se relacionar com a Southwest, os que se consideravam cidadãos comuns, tinham agora uma alternativa para as grandes companhias aéreas. E os que acreditaram no que a Southwest acreditava demonstravam uma fidelidade ferrenha a ela. Achavam que a Southwest falava diretamente com eles e por eles. Mais importante, sentiam que voar pela empresa dizia algo sobre quem eram. A fidelidade que desenvolveu em seus clientes não tinha nada a ver com preço. O preço era apenas um dos caminhos pelos quais ela deu vida à sua causa.

Howard Putnam, um dos ex-presidentes da Southwest, gosta de contar uma história sobre um executivo sênior de uma grande empresa que o abordou depois de um evento. O executivo disse que sempre voava com uma das grandes companhias aéreas quando viajava a negócios, por exigência de seu empregador. Embora tivesse acumulado muitas milhas com seus voos frequentes em outra companhia e dinheiro não fosse um problema, quando viajava por conta própria ou com a família sempre voava com a Southwest. "Ele adora a Southwest", diz Putnam com um sorriso, quando conta a história. O fato de ser mais barata não significa que só atrai quem tem menos dinheiro. Isso é só uma das coisas entre as que a companhia faz que ajuda a compreender no que ela acredita.

O que a Southwest conseguiu é lendário no mundo dos negócios. Como resultado do PORQUÊ de eles fazerem o que fazem e por serem muito disciplinados em COMO o fazem, ela é a companhia aérea mais lucrativa da história. Nunca houve um ano no qual não tivesse lucro, inclusive durante as crises do petróleo da década de 1970 e início de 2000 e após o 11 de Setembro. Tudo o que a Southwest diz e faz é autêntico. Tudo o que diz respeito a ela reflete a causa original que King e Kelleher se dispuseram a defender décadas antes.

Vamos avançar cerca de 30 anos. A United Airlines e a Delta Airlines viram o sucesso da Southwest e decidiram que precisavam de um produto barato para competir nesse mercado e participar do mesmo sucesso. "Precisamos ter um produto assim", pensaram. Em abril de 2003, a Delta lançou sua alternativa de baixo custo, Song. Menos de um ano depois, a United lançou Ted. Em ambos os casos, copiaram o COMO da Southwest. Garantiram que Song e Ted fossem baratas, divertidas e simples. E para quem voou alguma vez com Ted ou Song, elas eram mesmo baratas, divertidas e simples. Mas as duas fracassaram.

A United e a Delta eram veteranas no negócio do transporte aéreo e estavam totalmente qualificadas para lançar quaisquer produtos que quisessem para se adaptar às condições do mercado ou aproveitar oportunidades. O problema não estava em O QUE fizeram, o problema foi que ninguém sabia POR QUE Song ou Ted existiam. Elas talvez fossem ainda melhores do que a Southwest, mas não importava. Claro, passageiros voavam nessas companhias, mas sempre há motivos para as pessoas fazerem negócios com você que não têm nada a ver com você. A questão não era se os passageiros podiam ser motivados para usar seu produto; o problema era que muito poucos se tornavam fiéis às marcas. Sem um senso do PORQUÊ, Song e Ted eram apenas outras duas companhias aéreas. Sem uma noção clara do PORQUÊ, todas as pessoas só poderiam julgá-las pelos critérios de preço e conveniência. Eram commodities que tinham que se basear em manipulações para construir seu negócio, uma proposta dispendiosa. A United abandonou a participação no negócio do transporte aéreo de baixo custo apenas quatro anos depois de ter começado, assim como a Song da Delta.

É falsa a suposição de que a diferenciação acontece em COMO e O QUE você faz. Apenas oferecer um produto de alta qualidade com mais recursos, um serviço melhor ou um preço melhor não cria diferença. Não é isso que garante o sucesso. A diferenciação acontece em POR QUE e COMO você o faz. A Southwest não é a melhor companhia aérea do mundo. Nem sempre é a mais barata. Tem menos rotas do que muitas de suas concorrentes e não voa fora dos Estados Unidos. O QUE fazem nem sempre é significativamente melhor. Mas POR QUE o fazem é claro e cristalino, e tudo o que fazem prova isso. Há muitas maneiras de motivar pessoas a fazerem coisas, mas a fidelidade vem da capacidade de inspirá-las. Só quando o PORQUÊ está claro e os clientes acreditam naquilo em que você acredita é que se pode desenvolver uma verdadeira relação de fidelidade.

Manipulação e inspiração são ações parecidas, mas não iguais

Tanto a manipulação quanto a inspiração fazem cócegas no sistema límbico. Mensagens que despertam aspirações, medo ou pressão do grupo nos impelem a decidir de um jeito ou de outro, apelando para nossos desejos irracionais ou jogando com nossos medos. Mas é quando os sentimentos vão mais fundo do que a insegurança, a incerteza ou os sonhos que a reação emocional se alinha com a maneira como nos vemos. É nesse momento que o comportamento deixa de ser motivado para ser inspirado. Quando estamos inspirados, as decisões que tomamos têm mais a ver com quem somos do que com as companhias ou os produtos que estamos comprando.

Quando *sentimos* que nossas decisões estão certas, ficamos dispostos a pagar um extra ou aceitar uma inconveniência por esses produtos ou serviços. Isso nada tem a ver com preço ou qualidade. Preço, qualidade, recursos e serviço são importantes, mas são o custo para se entrar no negócio na atualidade. São os sentimentos límbicos viscerais que criam a fidelidade. E é essa fidelidade que confere à Apple – à Harley-Davidson, à Southwest Airlines, a Martin Luther King ou a qualquer outro grande líder – uma vantagem tão imensa. Sem uma forte base de seguidores fiéis, aumenta a pressão por manipular, por competir ou "se diferenciar" com base em preço, qualidade, serviço ou recursos. Fidelidade, como valor emocional real, existe no cérebro do comprador, não no do vendedor.

É difícil convencer alguém de que os produtos ou os serviços da sua companhia são importantes na vida dessa pessoa com base em fatores racionais externos que *você* definiu como valiosos (lembre-se do caso da Ferrari contra o Honda). No entanto, se os PORQUÊs do vendedor e o PORQUÊ do comprador coincidirem, o cliente verá os produtos e serviços como maneiras tangíveis de demonstrar algo no qual *ele* acredita. Quando o PORQUÊ, o COMO e o O QUÊ estão equilibrados, chega-se à autenticidade, e o comprador se sente realizado. Quando estão em desequilíbrio, o que existe é estresse e incerteza, e, nesse cenário, as decisões também serão desequilibradas. Sem um PORQUÊ, o comprador é facilmente motivado por aspiração ou medo. A essa altura, é o comprador quem corre o maior risco de acabar sendo inautêntico. Se comprar algo que não incorpora claramente seu próprio senso do PORQUÊ, haverá pouca evidência para que os outros tracem um retrato claro e preciso de quem ele é.

O ser humano é um animal social. Somos muito bons em perceber sutilezas em comportamentos e julgar pessoas de acordo com isso. Nutrimos bons e maus sentimentos em relação a companhias, assim como nutrimos bons e maus sentimentos em relação a pessoas. Há certas pessoas nas quais sentimos que podemos confiar e outras em que não. Esses sentimentos também se manifestam quando organizações tentam nos cortejar. Nossa capacidade para sentir desta ou de outra maneira em relação a uma pessoa é a mesma em relação a uma organização. Só muda quem está falando; quem ouve - nós - não muda. Mesmo quando uma companhia transmite sua mensagem pela TV, por exemplo, não importa quantas pessoas estão vendo o comercial, cada um vai receber a mensagem individualmente. Este é o valor do Círculo Dourado; ele oferece um meio de se comunicar consistente com o modo como indivíduos recebem informação. Por este motivo, uma organização tem que ser clara quanto a seu propósito, sua causa ou sua crença, e se assegurar de que tudo o que diz e faz é consistente e autêntico. Se os níveis do Círculo Dourado estiverem em equilíbrio, todos aqueles que compartilham a visão de mundo da organização serão atraídos para ela e para seus produtos como uma mariposa para uma lâmpada.

Fazer negócio é como namorar

Eu gostaria de apresentar você a nosso amigo imaginário Brad. Brad vai sair hoje à noite. É um primeiro encontro e ele está bem animado. Ele acha a mulher que está prestes a encontrar muito bonita e que tem uma boa chance de o namoro dar certo. Brad se senta à mesa no jantar e começa a falar.

"Sou muito rico."
"Tenho uma casa grande e dirijo um carrão."
"Conheço muita gente famosa."
"Estou o tempo todo na TV, o que é ótimo, porque é divertido."
"Eu realmente sou um cara de muito sucesso."

A pergunta é: será que Brad vai conseguir marcar um segundo encontro?

A maneira como nos comunicamos e nos comportamos é uma questão de biologia. Isso quer dizer que podemos fazer comparações entre coisas que fazemos em nossa vida social e coisas que fazemos em nossa vida profissional. Afinal, pessoas são pessoas. Para aprender como aplicar o PORQUÊ a uma situação de negócios basta olhar o modo como agimos em um encontro. Porque, na verdade, não há diferença entre vendas e um encontro romântico. Nas duas circunstâncias, você está sentado à mesa diante de alguém e espera dizer coisas certas para fechar um acordo.

Claro, você sempre poderá optar por uma ou duas manipulações – um jantar elegante, menções ocasionais às entradas que você tem para um determinado evento ou às pessoas que conhece. Dependendo de quanto quer fechar o acordo, seria capaz de dizer o que a pessoa quer ouvir. Prometa o mundo e serão grandes as chances de sucesso. Uma vez. Talvez duas. Com o tempo, porém, manter esse relacionamento vai custar cada vez mais. Não importa quais manipulações você escolha, esse não é o caminho para construir uma relação de confiança.

No caso de Brad, é claro que o encontro não deu certo. Não são boas as probabilidades de ele ter um segundo encontro, e certamente ele não se saiu bem na apresentação dos fundamentos para a construção de um bom relacionamento. Por pura ironia, o interesse inicial da mulher pode ter sido por causa daqueles elementos. Ela concordou em ir ao encontro porque seus amigos lhe disseram que Brad era bonito, tinha um bom emprego e conhecia muita gente famosa. Mesmo que todas essas coisas fossem verdade, os O QUÊs não propiciam tomadas de decisão. Os O QUÊs deveriam ser usados como demonstração do PORQUÊ, e o encontro foi um fracasso completo.

Vamos marcar outro encontro para Brad, mas desta vez ele vai começar com o PORQUÊ.

"Sabe o que eu adoro na minha vida?", é como ele começa desta vez. "Procuro me levantar todo dia para fazer alguma coisa que amo. Tento inspirar pessoas para que elas realizem as coisas que as inspiram. É a coisa mais maravilhosa do mundo. Na verdade, a melhor parte é tentar imaginar todas as maneiras diferentes pelas quais posso fazer isso. É mesmo incrível. E, acredite ou não, eu realmente consegui ganhar muito dinheiro com isso. Comprei uma casa grande e um carro legal. Conheci muitas pessoas famosas e estou na TV o tempo todo, o que é divertido. Tenho muita sorte de fazer algo de que gosto. Na verdade, consegui ser bastante bem-sucedido por causa disso."

Dessa vez as probabilidades de Brad ter um segundo encontro, supondo que a pessoa diante dele acredita naquilo em que ele acredita, aumentaram exponencialmente. Mais importante, a base para esse relacionamento agora é formada por valores e crenças. Ele mencionou as mesmas coisas que disse no primeiro encontro; a única diferença é que começou com o PORQUÊ, e todos os O QUÊs, os benefícios tangíveis, servem como uma prova daquele PORQUÊ.

Considere agora como a maior parte das companhias faz negócio. Alguém se senta à mesa diante de você, tendo ouvido dizer que você representa um bom cliente em potencial, e começa a falar.

"Nossa empresa é muito bem-sucedida."
"Temos ótimas instalações. Você deveria passar lá um dia para conhecer."
"Fazemos negócios com todas as grandes companhias e marcas."
"Estou certo de que você viu nossa propaganda."
"Estamos realmente nos saindo muito bem."

Nos negócios, como em um encontro ruim, muitas companhias trabalham duro para provar seu valor sem dizer POR QUE elas existem, para começo de conversa. No entanto, você tem que fazer mais do que exibir seu currículo para que alguém o ache atraente. Só que é exatamente isso que as empresas fazem. Elas lhe fornecem uma longa lista de sua experiência – O QUE fizeram, quem conhecem –, imaginando que você as achará tão desejáveis que abandonaria tudo para fazer negócio com elas.

Pessoas são pessoas e a biologia da tomada de decisão é a mesma quer se trate de uma decisão pessoal ou de negócios. Está claro que no cenário de um encontro foi um encontro ruim, então por que poderíamos esperar que fosse diferente no cenário dos negócios?

Como em um encontro, é imensamente difícil começar a construir um relacionamento baseado em confiança com um cliente ou consumidor em potencial tentando convencê-lo de todos os recursos e benefícios racionais. Essas coisas são importantes, mas servem apenas para dar credibilidade ao discurso de venda e permitir que os compradores racionalizem sua decisão de compra. Como em todas as decisões, as pessoas não compram O QUE você faz, elas compram POR QUE você o faz. Mas a menos que você comece pelo PORQUÊ, tudo o que as pessoas têm para considerar são os benefícios racionais. E as probabilidades são de que você não terá um segundo encontro.

Eis a alternativa:

"Sabe o que eu adoro em nossa empresa? Cada um de nós vem trabalhar todo dia para fazer algo de que gosta. Conseguimos inspirar pessoas a fazer coisas que as inspiram. É maravilhoso. De fato, a parte divertida é tentar imaginar todas as diferentes maneiras como podemos fazer isso. De quebra, também é bom para os negócios. Estamos realmente nos saindo bem. Temos ótimas instalações. Você deveria vir algum dia conhecer. Trabalhamos com algumas das melhores companhias. Tenho certeza de que você viu nossos anúncios. Estamos tendo bastante sucesso."

Agora, quanta certeza você tem de que a segunda conversa foi melhor do que a primeira?

Três graus de certeza

Quando podemos oferecer apenas uma base racional para uma decisão e só podemos apontar elementos tangíveis ou avaliações racionais, o mais alto nível de confiança que somos capazes de dar é "Eu *acho* que esta é a decisão certa". Isso seria biologicamente exato, porque estamos ativando o neocórtex, a parte "pensante" de nosso cérebro. Em nível neocortical, somos capazes de verbalizar nossos pensamentos. É isso que acontece quando passamos o tempo todo filtrando os prós e os contras, ouvindo quais são as diferenças entre modelos de TVs de tela plana, entre Dell e HP.

Quando tomamos decisões intuitivas, o mais alto nível de confiança que podemos oferecer é "Eu *sinto* que é a decisão certa", mesmo que não corresponda a todos os fatos e números. De novo, isso é biologicamente exato, porque decisões intuitivas ocorrem na parte do cérebro que controla nossas emoções, não a linguagem. Pergunte aos mais bem-sucedidos empreendedores e líderes qual é seu segredo e eles darão a mesma resposta:

"Eu confio na minha intuição." Nas vezes em que as coisas dão errado, eles dirão: "Eu ouvi o que os outros estavam falando, apesar de não sentir que era o certo. Devia ter confiado na minha intuição." É uma boa estratégia, exceto por não poder ser aplicada em grande escala. A decisão intuitiva só pode ser tomada por uma única pessoa. É uma boa estratégia para um indivíduo ou uma organização pequena, mas o que acontece quando o sucesso exige que mais pessoas estejam capacitadas a tomar decisões que eles *sentem* que são as certas?

É aí que o poder do PORQUÊ pode ser plenamente constatado. A capacidade de pôr um PORQUÊ em palavras oferece o contexto emocional para as decisões. Proporciona uma confiança maior do que "Eu *acho* que está certo". Admite uma escala maior do que "*Sinto* que está certo". Quando você sabe qual é seu PORQUÊ, o mais alto nível de confiança que você é capaz de oferecer é "Eu *sei* que está certo". Quando você *sabe* que a decisão é correta, ela não só parece a correta, mas você também é capaz de racionalizá-la e traduzi-la em palavras com facilidade. A decisão está totalmente equilibrada. O O QUÊ racional oferece uma prova para o sentimento do PORQUÊ. Se você for capaz de verbalizar o sentimento que impulsiona a decisão intuitiva, se for capaz de enunciar com clareza seu PORQUÊ, fornecerá um contexto claro para que as pessoas à sua volta compreendam a razão de aquela decisão ter sido tomada. Se a decisão for consistente com os fatos e os números, então esses fatos e números servirão para reforçar a decisão – isso é equilíbrio. E se a decisão não corresponder a todos os fatos e números, então vai destacar os outros fatores que precisam ser considerados. Isso pode fazer uma decisão controversa deixar de suscitar um debate e passar a suscitar uma discussão.

Meu ex-sócio, por exemplo, ficava contrariado quando eu recusava um negócio. Eu dizia a ele que *sentia* que aceitar aquele cliente potencial não parecia certo. Isso o frustrava muito porque, nas palavras dele, "o dinheiro daquele cliente era tão bom quanto o de qualquer outro". Ele não conseguia compreender o motivo da minha decisão, e, pior, eu não era capaz de explicar. Era só uma sensação. Por outro lado, hoje sou capaz de explicar com facilidade POR QUE estou no negócio – para inspirar pessoas a realizarem as coisas que as inspiram. Se eu tivesse que tomar a mesma decisão agora pelo mesmo motivo intuitivo, não haveria debate porque estaria claro para todos POR QUE a decisão foi tomada. Rejeitamos ofertas porque esses clientes em potencial não acreditam no que acreditamos e não estão interessados em nada que tenha a ver com inspirar pessoas. Com uma noção clara do PORQUÊ, o debate quanto a aceitar ou não um cliente inadequado torna-se uma discussão quanto a se o desequilíbrio de aceitá-lo é compensado pelo ganho de curto prazo que ele pode nos proporcionar.

O objetivo de uma empresa não deveria ser fazer negócio com qualquer um que simplesmente quer aquilo que você tem a oferecer. Deveria ser se concentrar em pessoas que acreditam no que você acredita. Quando somos seletivos quanto a fazer negócio apenas com quem acredita em nosso PORQUÊ, surge a confiança.

PARTE III

Líderes precisam de seguidores

CAPÍTULO 6

Quando surge a confiança

Dizer que a maioria dos funcionários da empresa se sentia constrangida ao trabalhar seria pouco. Não era segredo que se sentiam maltratados. E se uma empresa maltrata seu pessoal, imagine como os funcionários tratam os clientes. A bola de neve segue montanha abaixo e, se você estiver lá na base, recebe todo o impacto. E em uma empresa, essa pessoa geralmente é o cliente. Durante a década de 1980 era assim na Continental Airlines – considerada a pior companhia aérea em atividade.

"Consegui perceber qual era o maior problema no momento em que entrei pela porta, em fevereiro de 1994", escreveu Gordon Bethune em *From Worst to First* (Do pior ao melhor), o relato em primeira mão sobre a virada da Continental, por seu CEO. "Era um lugar deprimente de se trabalhar. Os funcionários eram grosseiros com os clientes, grosseiros uns com os outros e tinham vergonha da companhia. Não se pode ter um bom produto sem pessoas que gostem de vir trabalhar. Simplesmente não dá", declara ele.

Herb Kelleher, o presidente da Southwest durante 20 anos, era considerado um herege por postular a noção de que é responsabilidade da companhia zelar em primeiro lugar por seus funcionários. Funcionários satisfeitos garantem clientes satisfeitos, defendia ele. E clientes satisfeitos garantem acionistas satisfeitos – nessa ordem. Felizmente, Bethune compartilhava essa herética crença.

Alguns poderiam alegar que o motivo para a cultura reinante da Continental ser tão tóxica era o fato de a companhia estar em dificuldades. Eles diriam que, para um executivo, é difícil se concentrar em qualquer outra coisa além de sobrevivência quando uma companhia enfrenta tempos difíceis. "Quando voltarmos a ser lucrativos", dizia a lógica, "olharemos para todas as outras coisas." E sem dúvida, durante a década de 1980 e o início da de 1990, a Continental lutou. A companhia entrou em recuperação judicial duas vezes em oito anos – uma em 1983 e outra em 1991 – e teve 10 CEOs em uma década. Em 1994, ano em que Bethune assumiu como novo CEO, a companhia tinha perdido 600 milhões de dólares e estava em último lugar em todas as categorias de avaliação de desempenho.

Mas esse cenário não durou muito depois da chegada de Bethune. Logo no ano seguinte, a Continental teve lucro líquido de 250 milhões de dólares e foi ranqueada como uma das melhores companhias onde se trabalhar nos Estados Unidos. E embora Bethune tenha feito importantes mudanças para melhorar as operações, os maiores ganhos foram em uma categoria de desempenho quase impossível de medir: a confiança.

A confiança não surge simplesmente porque um vendedor traçou um quadro racional dos motivos pelos quais um cliente compraria um produto ou serviço, ou porque um executivo promete mudanças. A confiança não é uma lista de itens a serem conferidos. Cumprir com todas as suas responsabilidades não gera confiança. A confiança é um sentimento, não uma experiência racional. Confiamos em certas pessoas e companhias mesmo quando as coisas dão errado, e não confiamos em outras mesmo que tudo aconteça exatamente como deveria. Uma lista de itens verificados não garante que haja confiança. A confiança começa a surgir quando temos a sensação de que outra pessoa ou organização é movida por outras coisas que não seu próprio ganho.

Com a confiança vem um sentido de valor – um valor real, não apenas valor equacionado em dinheiro. Valor, por definição, é a transmissão de confiança. Você não pode convencer alguém de que tem valor, assim como não pode convencer alguém a confiar em você. Você tem que conquistar a confiança comunicando e demonstrando que compartilha os mesmos valores e crenças. Você tem que falar sobre seu PORQUÊ e demonstrá-lo com O QUE você faz. Reiterando, um PORQUÊ é só uma crença, COMO são as ações que adotamos para realizar essa crença e os O QUÊs são os resultados dessas ações. Quando os três estão em equilíbrio, a confiança é construída e o valor é percebido. Foi isso que Bethune conseguiu fazer.

Existem muitos executivos talentosos com aptidão para gerenciar operações, mas uma grande liderança não se baseia apenas em grande habilidade operacional. Liderar não é a mesma coisa que ser líder. Ser líder significa que você tem o posto mais alto na hierarquia, seja por tê-lo conquistado, por sorte ou por ter manobrado na política interna. Liderar, no entanto, significa que outros o seguem voluntariamente – não porque sejam obrigados, não porque são pagos para isso, mas porque querem. Frank Lorenzo, o CEO que antecedeu Bethune, pode ter sido o líder da Continental, mas Gordon Bethune soube como liderar a companhia. Os que lideram são capazes de fazer isso porque os que o seguem confiam que suas decisões são tomadas em prol do melhor e mais fundamental interesse do grupo. Em troca, os que confiam trabalham duro porque sentem como se estivessem trabalhando por algo maior que eles mesmos.

Antes da chegada de Bethune, o acesso ao 20º andar da sede da companhia, o andar dos executivos, era proibido à maioria das pessoas. As salas dos executivos ficavam trancadas. Apenas os vice-presidentes seniores ou executivos de hierarquia superior tinham permissão para subir. Era preciso ter um cartão-chave para entrar no andar, havia câmeras de segurança por toda parte e guardas armados percorriam o lugar para eliminar qualquer dúvida e deixar claro que a segurança não era brincadeira. Era óbvio que a companhia tinha problemas de confiança. Uma das histórias que corriam de boca em boca era que Frank Lorenzo não tomava nem um refrigerante nos aviões da Continental se ele mesmo não abrisse a lata. Ele não confiava em ninguém, por isso não é preciso recorrer à lógica para explicar por que ninguém confiava nele. É difícil liderar quando aqueles que você supostamente deveria estar liderando não estão inclinados a segui-lo.

Bethune era muito diferente. Ele compreendeu que, além de suas estruturas e sistemas, uma companhia não é nada mais que uma coleção de pessoas. "Você não mente para seu médico", diz ele, "e não pode mentir para seus funcionários." Bethune começou a mudar a cultura ao dar a cada um algo em que pudesse acreditar. E o que, especificamente, ele lhes deu para acreditarem que podiam transformar a pior companhia do setor na melhor empresa aérea com exatamente as mesmas pessoas e a mesma infraestrutura?

Na faculdade eu tive um companheiro de quarto chamado Howard Jeruchimowitz. Hoje um advogado em Chicago, Howard aprendera desde pequeno algo sobre um desejo humano muito simples. Crescendo nos subúrbios da cidade de Nova York ele jogava no pior time da liga infantil de beisebol. Eles perdiam quase todas as partidas que jogavam – e não por pequenas margens de pontos; eram aniquilados com regularidade. Seu técnico era um homem bom e queria incutir uma atitude positiva nos jovens. Depois de uma de suas derrotas mais constrangedoras, o técnico reuniu o time e lembrou-lhes: "Não importa quem ganha e quem perde, o que importa é como vocês jogam." A essa altura, o jovem Howard ergueu a mão e perguntou: "Então por que contamos os pontos?"

Ainda muito jovem, Howard compreendeu o desejo muito humano de vencer. Ninguém gosta de perder, e as pessoas mais saudáveis vivem para vencer. A única variação é o tipo de contagem que fazemos. Para alguns é o dinheiro, para outros, a fama ou os prêmios. Para alguns é poder, amor, uma família ou realização espiritual. O parâmetro é relativo, mas a vontade de vencer é a mesma. Um bilionário não precisa trabalhar. O dinheiro torna-se um modo de fazer a contagem – uma avaliação relativa de como as coisas estão indo. Mesmo um bilionário que perde milhões por causa de uma decisão ruim é capaz de ficar deprimido. Embora o impacto da perda do dinheiro seja zero em seu estilo de vida, ninguém gosta de perder.

O ímpeto para vencer não é, em si mesmo, algo ruim. Os problemas surgem, porém, quando o parâmetro se torna a única medida do sucesso, quando o que você conquista não está mais ligado ao PORQUÊ que levou você a se dispor a conquistá-lo para começo de conversa.

Bethune dispôs-se a provar a todos na Continental que, se quisessem, poderiam vencer. E a maioria dos funcionários ficou lá para descobrir se ele tinha razão. Houve algumas exceções. Um executivo que certa vez reteve um avião porque estava atrasado foi convidado a deixar a empresa, assim como outros 39 dos 60 executivos seniores, que não acreditaram. Não importa quanta experiência tinham ou os argumentos que apresentaram, todos foram convidados a se retirar caso optassem por não jogar com a equipe e não fossem capazes de se adaptar à nova cultura que Bethune estava tentando construir. Não havia lugar para os que não acreditavam na nova Continental.

Bethune sabia que montar uma equipe que saísse para o jogo e ganhasse exigia mais do que o blá-blá-blá de alguns discursos e bônus para os executivos seniores se atingissem determinadas metas de receita. Ele sabia que se quisesse um sucesso real e duradouro, as pessoas teriam que vencer, não por ele, não pelos acionistas, nem mesmo pelos clientes. Para que o sucesso durasse, os funcionários da Continental precisavam querer ganhar por eles mesmos.

Tudo o que Bethune falava era em termos de como isso beneficiaria os funcionários. Em vez de lhes dizer que mantivessem os aviões limpos para os clientes, ele salientava algo mais óbvio. Todos os dias eles vinham trabalhar nos aviões. Os passageiros iam embora depois do voo, mas muitos dos comissários tinham que ficar por pelo menos mais uma viagem. Seria muito mais agradável vir trabalhar se o ambiente de trabalho estivesse mais limpo.

Bethune também removeu todas as medidas de segurança no 20º andar e instituiu uma política de portas abertas. Ele se tornou incrivelmente acessível. Era comum ele aparecer no aeroporto e carregar bagagens com alguns dos carregadores. De agora em diante aquilo era uma família, e todos deviam trabalhar juntos.

Bethune se concentrou nas coisas que sabia serem importantes e, para uma companhia aérea, a coisa mais importante é manter os aviões operando no horário. No início da década de 1990, antes da chegada de Bethune, a Continental tinha o pior índice de pontualidade entre as 10 maiores companhias aéreas do país. Assim, Bethune disse aos funcionários que todo mês em que o índice de pontualidade da Continental estivesse entre os cinco melhores, todos os funcionários receberiam um cheque no valor de 65 dólares. Considerando que em 1995 a Continental tinha 40 mil funcionários, cada mês de pontualidade custava à companhia colossais 2,5 milhões de dólares. Mas Bethune sabia que estava fazendo um bom acordo: o atraso crônico custava 5 milhões de dólares por mês em despesas como perdas de conexão e consequente hospedagem noturna para os passageiros. Porém o mais importante para ele foi o que esse programa de bônus fez pela cultura da companhia: pôs dezenas de milhares de funcionários, inclusive gerentes, olhando na mesma direção pela primeira vez em anos.

Era o fim dos dias em que somente os executivos seniores usufruíam dos benefícios do sucesso. Todos recebiam seus 65 dólares quando a companhia se saía bem e ninguém recebia se ela não atingisse suas metas. Bethune até insistiu para que o cheque fosse enviado em separado. O valor não era simplesmente acrescentado ao salário. Esse era um pagamento diferente. Era um símbolo de vitória. E, em cada cheque, uma mensagem os lembrava de POR QUE vinham trabalhar: "Obrigado por ajudar a fazer da Continental uma das melhores."

"Nós dimensionamos coisas para que os funcionários pudessem realmente ter controle", disse Bethune. "Colocamos em jogo algo em que os funcionários pudessem ganhar ou perder juntos, não em separado."

Tudo o que faziam deixava as pessoas com o sentimento de que estavam naquilo juntas. E estavam.

A única diferença entre você e um homem das cavernas é o carro que você dirige

O motivo para a raça humana ter sido tão bem-sucedida não é o de sermos os animais mais fortes – longe disso. Tamanho e poder por si sós não garantem sucesso. Tivemos sucesso como espécie graças à nossa capacidade de formar culturas. Culturas são grupos de pessoas que se reúnem em torno de um conjunto comum de valores e crenças. Quando compartilhamos valores e crenças, criamos confiança. A confiança nos outros permite que confiemos na ajuda deles para proteger nossos filhos e assegurar nossa sobrevivência pessoal. A possibilidade de sair da toca para caçar ou explorar confiando que a comunidade vai proteger sua família e suas coisas até você voltar é um dos fatores mais importantes na sobrevivência e no avanço de nossa espécie.

Dizer que confiamos nas pessoas que têm valores e crenças em comum conosco não é, em si mesma, uma afirmação profunda. Existe um motivo para não sermos amigos de todas as pessoas que conhecemos. Somos amigos de pessoas que enxergam o mundo da mesma forma que nós, que compartilham nossas ideias e nosso conjunto de crenças. Não importa quanto alguém pareça, no papel, ser compatível com você; apenas isso não garante uma amizade. Pode-se pensar nisso em uma macroescala também. O mundo está cheio de culturas diferentes. Ser americano não é melhor do que ser francês. São culturas diferentes – nem melhores nem piores, apenas diferentes. A cultura americana valoriza fortemente ideais de empreendorismo, independência e autoconfiança. Chamamos esse PORQUÊ de Sonho Americano. A cultura francesa valoriza fortemente ideais de identidade unificada, confiança de grupo e *joie de vivre.* (Repare que usamos uma expressão em francês para descrever um estilo que prioriza a alegria de viver. Coincidência? Talvez.) Algumas pessoas se encaixam bem na cultura francesa e algumas pessoas se encaixam bem na cultura americana. Não é uma questão do que é melhor ou pior, são apenas diferentes.

A maioria das pessoas que nasce e é educada em uma cultura vai, por razões óbvias, acabar se encaixando razoavelmente bem nessa cultura, mas nem sempre é assim. Há pessoas que cresceram na França e nunca se sentiram pertencentes ao país; estão desajustados em sua própria cultura. Por isso se mudaram, talvez para os Estados Unidos. Movidos pelos sentimentos que têm em relação ao PORQUÊ daquela cultura, foram atrás do Sonho Americano e emigraram.

Diz-se sempre que os Estados Unidos são abastecidos em grande parte por imigrantes. Mas é falsa a noção de que todos os imigrantes têm espírito empreendedor – talvez apenas aqueles que são visceralmente atraídos para os Estados Unidos. É isso que faz um PORQUÊ. Quando é compreendido com clareza, atrai pessoas que acreditam na mesma coisa. E, presumindo que se encaixam bem naquilo em que os americanos acreditam e em como eles fazem coisas, esses imigrantes dirão: “Eu gosto daqui” ou “Eu amo este país”. Essa reação visceral tem pouco a ver com os Estados Unidos e mais a ver com as próprias pessoas. É como se sentem em relação à oportunidade e à capacidade de prosperar em uma cultura à qual sentem que pertencem, ao contrário daquela de onde vêm.

Dentro do grande PORQUÊ que são os Estados Unidos, isso se subdivide ainda mais. Algumas pessoas se adaptam melhor a Nova York e outras a Minneapolis. Uma cultura não é melhor ou pior do que a outra, é apenas diferente. Muitas pessoas sonham em se mudar para Nova York, por exemplo, atraídas pelo glamour ou por perceber na cidade uma oportunidade. Chegam com aspirações de alcançar grandes feitos, mas não consideram, antes de fazer a mudança, se vão se adaptar à cultura. Alguns conseguem. Muitos, não. Inúmeras vezes tenho visto pessoas virem a Nova York com grandes esperanças e sonhos, mas ou não encontram o trabalho que queriam ou o encontram mas não aguentam a pressão. Não são tolos, fracos ou ruins. Apenas não se encaixaram bem. Eles podem ficar em Nova York e se esforçar mais do que o necessário, odiando seus empregos e suas vidas, ou podem se mudar. Quando se mudam para uma cidade na qual se adaptam melhor – Chicago, São Francisco ou qualquer outro lugar –, não raro ficam mais felizes e são mais bem-sucedidos. Racionalmente, Nova York não é melhor ou pior do que outras cidades, apenas não é a ideal para todo mundo. Como todas as cidades, só é a certa para aqueles que se adaptam bem a ela.

O mesmo pode ser dito de qualquer lugar que tenha uma cultura forte ou uma personalidade reconhecível. Nós nos saímos melhor em culturas nas quais nos encaixamos, em lugares que refletem nossos próprios valores e nossas crenças. Assim como o objetivo não é fazer negócios com alguém que apenas quer o que você tem, mas com pessoas que acreditam no que você acredita, também é benéfico viver e trabalhar em um lugar onde você vai prosperar naturalmente porque seus valores e suas crenças se alinham aos valores e às crenças daquela cultura.

Pense um instante sobre o que é uma companhia. Uma companhia é uma cultura. Um grupo de pessoas que se reúnem em torno de um conjunto comum de valores e crenças. O que une uma companhia não são produtos ou serviços. O que a torna forte não é o tamanho ou a pujança, é a cultura – a noção de que há crenças e valores que todos, do CEO até o recepcionista, compartilham. Assim, segue-se a lógica: o objetivo não é contratar pessoas que apenas tenham uma coleção de aptidões de que você necessita, o objetivo é contratar gente que acredita naquilo em que você acredita.

Encontrando as pessoas que acreditam naquilo em que você acredita

No início do século XX, o aventureiro inglês Ernest Shackleton começou a explorar a Antártida. Roald Amundsen, um norueguês, acabava de se sagrar o primeiro explorador a chegar ao polo sul, deixando uma conquista remanescente: a travessia do continente pela ponta mais meridional da Terra.

A parte terrestre da expedição deveria começar no frígido mar de Wedell, abaixo da América do Sul, e atravessar 2.700 quilômetros, passando pelo polo, até o mar de Ross, abaixo da Nova Zelândia. O custo na época, na estimativa de Shackleton, seria de cerca de 250 mil dólares. "A travessia do continente polar do sul será a maior jornada polar já empreendida", disse Shackleton a um repórter do *The New York Times* em 29 de dezembro de 1913. "Os campos desconhecidos e ainda não conquistados no mundo estão diminuindo, mas ainda resta este grande trabalho."

Em 5 de dezembro de 1914, Shackleton e uma tripulação de 27 homens partiram para o mar de Wedell no *Endurance*, um navio de 350 toneladas que fora construído com recursos de doadores privados, do governo britânico e da Real Sociedade Geográfica. Àquela altura, a Primeira Guerra Mundial se intensificava na Europa e o dinheiro estava cada vez mais escasso. Doações feitas por crianças de escolas inglesas pagaram as matilhas de cães.

Mas a tripulação do *Endurance* nunca chegaria ao continente da Antártida.

Apenas poucos dias depois de deixar a ilha da Geórgia do Sul, no Atlântico Sul, o navio deparou, quilômetro após quilômetro, com blocos de gelo, e logo ficou preso, pois o inverno estava chegando adiantado e com grande fúria. O gelo se fechou em torno do navio e Shackleton e sua tripulação ficaram encalhados no oceano Antártico durante 10 meses, enquanto o *Endurance* se desviava lentamente para o norte, até que a pressão das banquisas de gelo acabou por esmagar o navio. Em 21 de novembro de 1915, a tripulação o viu afundar nas águas geladas do mar de Wedell.

Encalhados no gelo, a tripulação do *Endurance* embarcou em seus três botes salva-vidas e aportou na minúscula ilha Elefante. Lá, Shackleton deixou para trás todos menos cinco de seus homens e embarcou em uma arriscada jornada de 1.300 quilômetros de mar encapelado para buscar ajuda. Que eles, por fim, encontraram.

O que faz a história do *Endurance* ser tão notável não é a expedição em si, mas o fato de que no decorrer de todo esse martírio ninguém morreu. Não há histórias de pessoas precisando se alimentar de outras pessoas nem de motins.

Não foi sorte. Foi porque Shackleton contratou quem se encaixava no projeto. Encontrou as pessoas certas para o trabalho. Quando você preenche os quadros de uma organização com gente que se encaixa nela, que acredita naquilo em que você acredita, o sucesso é consequência natural. E como foi que Shackleton achou essa incrível tripulação? Com um simples anúncio no *The Times* de Londres.

Compare isso com a maneira como contratamos pessoas. Da mesma forma que Shackleton, postamos anúncios. Às vezes contratamos um recrutador para que ele encontre alguém para nós, mas, de forma geral, o processo é o mesmo. Apresentamos uma lista de qualificações para o trabalho e nossa expectativa é que o melhor candidato será aquele que se encaixar melhor nesses requisitos.

A questão é como redigimos esse anúncio. Todos mencionam o O QUÊ e se esquecem do PORQUÊ. Um anúncio de "precisa-se" diria: "Precisa-se de executivo de contas com no mínimo cinco anos de experiência e conhecimento do setor. Venha trabalhar para uma companhia fantástica e em rápida ascensão, com salários acima do mercado e muitos benefícios." Haverá montanhas de candidatos, mas como saberemos quem se encaixa melhor?

O anúncio de Shackleton para membros da tripulação foi diferente. Ele não disse O QUE estava procurando. Seu anúncio não foi: "Precisa-se de pessoas para uma expedição. Mínimo de cinco anos de experiência. Obrigatório saber içar uma vela mestra. Venha trabalhar para um fantástico capitão."

Em vez disso, o que Shackleton estava buscando eram aqueles que tivessem algo mais. Procurava uma tripulação que pertencesse a uma expedição como aquela. Seu anúncio real foi assim:

"Precisa-se de homens para uma jornada arriscada. Salários baixos, muito frio, longos meses no escuro total, perigo constante, retorno seguro duvidoso. Honra e reconhecimento em caso de sucesso."

As únicas pessoas que se candidataram ao emprego foram as que leram o anúncio e o acharam fantástico. Elas amavam desafios intransponíveis. Os únicos candidatos eram sobreviventes. Shackleton só contratou gente que acreditava no que ele acreditava. A capacidade de sobreviver estava assegurada. Quando funcionários se identificam com a sua causa, eles garantem seu sucesso. E não vão trabalhar duro e buscar soluções inovadoras por você; farão isso por eles mesmos.

O que todos os grandes líderes têm em comum é a habilidade de encontrar pessoas compatíveis para se juntarem às suas organizações – aquelas que acreditam naquilo em que eles acreditam. A Southwest Airlines é um grande exemplo de companhia que tem o dom de contratar pessoas compatíveis com ela. A capacidade de achar profissionais que incorporam sua causa torna muito mais fácil para ela fornecer um ótimo serviço. Como afirma o famoso ditado de Herb Kelleher: "Você não contrata pelas competências, contrata pela postura. Competências sempre podem ser aprendidas." Tudo bem, mas qual postura? E se a postura deles não for a que se encaixa em nossa cultura?

Adoro perguntar às companhias quem elas gostam de contratar, e uma das respostas mais comuns que me dão é: "Só contratamos pessoas que demonstram paixão." Mas como você sabe se alguém demonstra paixão na entrevista mas nem tanto no trabalho? A verdade é que quase todos têm paixão, apenas não temos paixão pelas mesmas coisas. Começar pelo PORQUÊ na hora de contratar aumenta significativamente a possibilidade de atrair quem tem paixão por aquilo em que você acredita.

Contratar pessoas com um sólido currículo ou grande ética no trabalho não é garantia de sucesso. Talvez o melhor engenheiro da Apple, por exemplo, fosse infeliz na Microsoft. Da mesma forma, é provável que o melhor engenheiro da Microsoft não prosperasse na Apple. Ambos são altamente experientes e trabalham duro. Ambos podem ter sido muito bem recomendados. No entanto, nenhum se encaixa na cultura da outra companhia. O objetivo é contratar aqueles que têm paixão pelo seu PORQUÊ, por seu propósito, sua causa ou sua crença e cuja postura se encaixa em sua cultura. Uma vez que isso esteja estabelecido, só então deverão ser avaliados seu conjunto de habilidades e sua experiência. Shackleton poderia ter a tripulação mais experiente que o dinheiro conseguisse comprar, mas se eles não estivessem aptos a se conectar em um nível muito mais profundo que o de suas capacidades, sua sobrevivência não teria sido uma conclusão inevitável.

Durante anos, a Southwest não teve um departamento de reclamações – não precisava. Embora Kelleher, com razão, falasse da necessidade de contratar pelo critério da postura, a companhia aérea merece de fato um crédito maior por contratar pessoas compatíveis com a companhia e responsáveis por oferecer um ótimo serviço. Kelleher não era o único a tomar as decisões de contratação, e pedir a todos que simplesmente confiassem na própria intuição seria arriscado demais. A genialidade deles vinha de descobrir por que certas pessoas eram boas contratações e depois desenvolver sistemas para encontrar mais dessas pessoas.

Na década de 1970, a Southwest Airlines decidiu que shortinhos e botas brancas seriam parte dos uniformes das comissárias de bordo. A ideia não era deles; a Pacific Southwest, a companhia aérea com base na Califórnia que lhe servira de modelo, tinha feito o mesmo, e a Southwest apenas copiou. No entanto, ao contrário da concorrente, a Southwest descobriu algo que se mostraria inestimável. Eles constataram que as únicas pessoas que se candidatavam ao emprego de comissária eram líderes de torcida e balizas de bandas de música. Isso porque eram as únicas que não se incomodavam com o novo figurino e ficavam à vontade para usar os novos uniformes. No entanto, líderes de torcida e balizas se encaixavam perfeitamente na Southwest. Não só tinham uma ótima postura, como grande disposição para animar as pessoas. Elas distribuíam otimismo. Levavam multidões a acreditar que "nós podemos vencer". Ajustavam-se com perfeição em uma companhia que era o paladino do homem comum. Ao se dar conta disso, a Southwest começou a recrutar apenas líderes de torcida e balizas.

Grandes empresas não contratam pessoas talentosas e as motivam; elas contratam pessoas já motivadas e as inspiram. As pessoas ou são motivadas ou não são. A menos que você dê às pessoas motivadas algo em que acreditar, algo maior do que o próprio emprego como objetivo de seu trabalho, elas motivarão a si mesmas para achar um novo emprego e deixarão você estagnado com quem sobrar.

Dê às pessoas uma catedral

Pense na história dos dois pedreiros. Você vai até o primeiro deles e pergunta: "Você gosta do seu emprego?" Ele olha para você e responde: "Estou construindo esta parede desde que me lembro. O serviço é monótono. Trabalho o dia inteiro sob um sol abrasador. A pedras são pesadas e carregá-las dia após dia pode acabar com as costas. Nem tenho certeza de que esse projeto será terminado enquanto eu estiver vivo. Mas é um emprego. Paga as contas." Você lhe agradece e continua seu caminho.

Dez metros adiante depara com um segundo pedreiro. Você lhe faz a mesma pergunta: "Você gosta do seu emprego?" Ele ergue os olhos e responde: "Eu adoro meu emprego. Estou construindo uma catedral. Claro, estou trabalhando nesta parede desde que me lembro, e sim, o serviço às vezes é monótono. Trabalho o dia inteiro sob um sol abrasador. As pedras são pesadas e carregá-las dia após dia pode acabar com as costas. Nem tenho certeza de que esse projeto será terminado enquanto eu estiver vivo. Mas estou construindo uma catedral."

O QUE esses dois pedreiros estão fazendo é exatamente a mesma coisa; a diferença é que um deles tem a noção de um propósito, um senso de pertencimento. Trabalha para participar de algo maior que a tarefa que está executando. Ter um senso do PORQUÊ muda por completo a visão que tem de seu emprego. Isso o faz ser mais produtivo e sem dúvida mais leal. Enquanto o primeiro pedreiro provavelmente iria para outro emprego por um salário maior, o pedreiro inspirado trabalha mais horas e provavelmente recusaria um emprego mais fácil e mais bem remunerado para ficar e ser parte de uma causa mais elevada. O segundo pedreiro não se considera mais ou menos importante do que o sujeito que está fazendo as janelas com vitrais ou mesmo do que o arquiteto. Todos estão trabalhando juntos para construir a catedral. É essa ligação que cria a camaradagem. E é essa camaradagem e a confiança que trazem o sucesso: pessoas trabalhando juntas por uma causa comum.

Empresas com um forte senso do PORQUÊ são capazes de inspirar seus funcionários. Esses funcionários são mais produtivos e inovadores, e o espírito com que executam o trabalho atrai outras pessoas, ansiosas por trabalhar lá também. Não é muito difícil perceber por que as companhias com as quais gostamos de fazer negócios são também as melhores empregadoras. Quando os funcionários sabem POR QUE saem de casa para trabalhar, é muito maior a probabilidade de que as pessoas de fora compreendam POR QUE essa empresa é especial. Nessas organizações, da direção até a base, ninguém é mais ou menos valorizado do que qualquer outro. Todos precisam uns dos outros.

Quando se está motivado por um PORQUÊ, o sucesso simplesmente acontece

Foi como uma versão do boom das companhias pontocom na virada do século. A promessa de uma nova e revolucionária tecnologia estava mudando a maneira como as pessoas imaginavam o futuro. E havia uma corrida para ver quem seria capaz de fazer primeiro. Era o final do século XIX, e a nova tecnologia era o avião. Como já foi comentado na Introdução, um dos homens mais conhecidos na área era Samuel Pierpont Langley. Como muitos outros inventores de sua época, ele estava tentando construir a primeira máquina voadora mais pesada do que o ar. O objetivo era ser o primeiro a conseguir fazer um voo tripulado e controlado em uma máquina com autopropulsão. A boa notícia era que Langley tinha todos os elementos necessários para a enorme tarefa.

Langley havia conquistado algum renome na comunidade acadêmica como astrônomo, o que lhe fez alcançar cargos de alto nível e prestígio. Foi secretário do Instituto Smithsoniano. Tinha sido assistente no Observatório da Faculdade Harvard e professor de matemática na Escola Naval dos Estados Unidos. Langley era muito bem relacionado. Entre seus amigos estavam alguns dos homens mais poderosos no governo e nos negócios, incluindo Andrew Carnegie e Alexander Graham Bell. Também contava com um ótimo financiamento. O Departamento de Guerra, precursor do Departamento da Defesa, tinha lhe dado 50 mil dólares para o projeto – o que era muito dinheiro naquela época. Portanto, recursos financeiros não eram problema.

Langley reuniu algumas das melhores e mais brilhantes mentes da época. Seu time dos sonhos incluía o piloto de testes Charles Manly, um brilhante engenheiro mecânico formado em Cornell, e Stephan Balzer, desenvolvedor do primeiro carro em Nova York. Langley e sua equipe usavam os melhores materiais. As condições do mercado eram perfeitas e as ações de relações públicas eram ótimas. O *The New York Times* o seguia por toda parte. Todos sabiam quem era Langley e torciam por seu sucesso.

Porém havia um problema.

Langley tinha um objetivo ousado, mas não tinha uma noção clara do PORQUÊ. Seu propósito, ao querer construir o avião, era definido em termos de O QUE estava fazendo e O QUE seria capaz de conseguir. Ele nutria uma paixão por aeronáutica desde que era muito jovem, mas não tinha uma causa pela qual lutar. Mais do que qualquer outra coisa, Langley queria ser o primeiro. Queria ser rico e queria ser famoso. Essa era a motivação que o impulsionava.

Embora já fosse muito respeitado em seu próprio campo, ele ansiava pela fama de um Thomas Edison ou um Alexander Graham Bell, do tipo que só se adquire inventando algo muito grande. Langley via no avião seu ingresso para a fama e a fortuna. Era inteligente e estava motivado. Tinha aquilo que ainda supomos ser a receita para o sucesso: muito dinheiro, as melhores pessoas e condições de mercado ideais. Mas poucos de nós ouvimos falar alguma vez de Samuel Pierpont Langley.

A algumas centenas de quilômetros de distância, em Dayton, Ohio, Orville e Wilbur Wright também estavam construindo uma máquina voadora. Ao contrário de Langley, os irmãos Wright não tinham a receita para o sucesso. Pior, pareciam ter a receita para o fracasso. Não havia financiamento para a aventura deles. Nem subvenções do governo ou contato com pessoas influentes. Os irmãos Wright financiaram seu sonho com os rendimentos de sua loja de bicicletas. Nenhuma das pessoas que trabalhavam no projeto, incluindo Orville e Wilbur, tinha cursado faculdade; alguns nem mesmo o ensino médio. O que os irmãos Wright estavam fazendo não era diferente do que faziam Langley ou todos os outros que tentavam construir uma máquina voadora. Mas os irmãos Wright tinham algo muito especial.

Tinham um sonho. Eles sabiam POR QUE era importante construir aquela coisa. Acreditavam que se conseguissem conceber essa máquina voadora, isso mudaria o mundo. Imaginavam os benefícios para todos os outros se fossem bem-sucedidos.

"Wilbur e Orville eram cientistas de verdade, profunda e genuinamente preocupados com o problema de física que estavam tentando resolver – o problema de equilíbrio e voo", disse James Tobin, biógrafo dos irmãos Wright. Langley, por outro lado, estava focado em adquirir o nível de prestígio de seus colegas, como Alexander Graham Bell, fama que, ele sabia, só viria de um grande avanço científico. Langley, disse Tobin, "não tinha a paixão dos Wright pelo voo; ele buscava uma conquista".

Orville e Wilbur pregavam aquilo em que acreditavam e inspiravam outros na comunidade a se juntarem à sua causa. A prova de seu comprometimento era evidente. Com um fracasso atrás do outro, a maioria já teria desistido, mas não a equipe dos irmãos Wright. Estavam tão inspirados que, não importava quantos reveses sofressem, estariam lá para mais tentativas. Toda vez que se dispunham a fazer um teste de voo, assim se conta, levavam cinco conjuntos de peças, porque sabiam que aquele era o número de vezes em que provavelmente fracassariam antes de acabar o dia e voltarem para casa.

Então, aconteceu. Em 17 de dezembro de 1903, em um campo em Kitty Hawk, na Carolina do Norte, os irmãos Wright conquistaram o céu. Um voo de 59 segundos a uma altitude de 40 metros à velocidade de uma corrida foi o que bastou para anunciar uma nova tecnologia que mudaria o mundo.

Por mais notável que fosse essa conquista, ela passou relativamente despercebida. O *The New York Times* não estava lá para cobrir a história. Movidos por algo maior do que fama e glória, os irmãos Wright não se incomodaram em esperar para contar ao mundo. Compreenderam o verdadeiro significado daquilo.

Langley e os irmãos Wright estavam tentando criar exatamente a mesma coisa; estavam construindo o mesmo produto. Tanto os irmãos Wright quanto Langley estavam muito motivados. Ambos tinham uma sólida ética de trabalho. Mentes científicas afiadas. O que os irmãos Wright possuíam e Langley não possuía não era sorte. Era inspiração. Um era motivado pela perspectiva de fama e riqueza, os outros por uma crença. Os irmãos Wright incitavam o espírito humano de quem os cercava. Langley pagava por talentos que o ajudassem a ficar rico e famoso.

Os irmãos Wright começaram pelo PORQUÊ. Como mais uma prova de que Langley era motivado pelo O QUÊ, poucos dias após Orville e Wilbur terem voado, Langley desistiu. Saiu do negócio. Ele poderia ter dito: "É incrível! Agora vou aprimorar a tecnologia deles." Mas não foi o que fez. Ele considerou a derrota humilhante - seu teste de voo tinha ido parar no rio Potomac e todos os jornais o ridicularizaram. Ele se incomodava muito com o que outros pensavam dele, tão preocupado estava em ficar famoso. Não fora o primeiro, então, simplesmente desistiu.

A inovação acontece no limite

Um time dos sonhos nem sempre é tão onírico. Quando uma equipe de especialistas se reúne, com frequência cada um trabalha para si mesmo e não para o bem geral. É isso que acontece quando as empresas sentem necessidade de pagar megassalários para "conseguir os maiores talentos". Essas pessoas não estão necessariamente se apresentando porque acreditam no PORQUÊ de seu empregador, mas pelo dinheiro - uma manipulação clássica.

Pagar muito a alguém e lhe pedir que venha com grandes ideias oferece pouca garantia de resultados. No entanto, juntar uma equipe de pessoas com a mesma mentalidade e lhe dar uma causa a perseguir é garantia de um senso maior de trabalho em equipe e camaradagem. Langley reuniu um time dos sonhos e prometeu riqueza. Os irmãos Wright inspiraram um grupo de pessoas a se juntar a eles em busca de algo maior do que cada um deles. Companhias medianas dão a seu pessoal algo em que trabalhar. Em contraste, as organizações mais inovadoras dão ao pessoal algo em prol do que trabalhar.

O papel de um líder não é ter todas as grandes ideias, mas criar um ambiente no qual as grandes ideias possam surgir. São as pessoas dentro da empresa, aquelas que estão na linha de frente, as mais qualificadas para descobrir novos caminhos para fazer as coisas. Aquele que atende ao telefone e conversa com clientes, por exemplo, pode dizer mais sobre o tipo de problemas que surgem do que qualquer executivo em uma sala distante. Se uma empresa disser às pessoas para irem trabalhar e simplesmente realizarem o próprio trabalho, é isso que todas vão fazer. No entanto, se elas sempre estiverem sendo lembradas do PORQUÊ de a companhia ter sido fundada e forem estimuladas a buscar caminhos para dar vida àquela causa enquanto cumprem suas tarefas, elas farão mais do que seu trabalho.

Não foi Steve Jobs, por exemplo, quem concebeu o iPod, o iTunes ou o iPhone. Outros integrantes da companhia o fizeram. Jobs deu às pessoas um filtro, um contexto, um propósito mais elevado em torno do qual inovar: buscar os setores existentes e já estabelecidos, aqueles nos quais as empresas lutam para proteger seus modelos antiquados de negócios, e desafiá-los. Isto é o PORQUÊ de a Apple ter sido fundada; foi o que Jobs e Wozniak fizeram quando deram início à companhia e o que o pessoal e os produtos da Apple têm feito desde então. É um modelo repetitivo. Os funcionários da Apple simplesmente buscam caminhos para dar vida à sua causa em tudo. E funciona.

Não é isso que acontece em muitas outras empresas. Aquelas que se definem por O QUE fazem, e não POR QUE o fazem, instruem seu pessoal a ser inovador quanto a um produto ou um serviço. "Tornem isso melhor", é a orientação que recebem. Os funcionários dos concorrentes da Apple, companhias que se definiram como "fabricantes de computadores", vão trabalhar para desenvolver computadores "mais inovadores". O melhor que podem fazer é acrescentar mais memória RAM e um ou dois recursos, ou, como fez um fabricante de PCs, dar às pessoas a opção de customizar a cor do produto. Isso dificilmente se qualifica como uma ideia que tenha o potencial de mudar o rumo do setor. É um bom recurso, claro, mas não é uma inovação. Se você quer saber por que a Colgate se vê agora com 32 tipos diferentes de pasta de dentes, é porque seu pessoal vem trabalhar todos os dias para desenvolver uma pasta de dentes melhor, não, por exemplo, para buscar maneiras de ajudar pessoas a se sentirem mais confiantes.

A Apple não tem exclusividade quanto a boas ideias; há muita gente inteligente e inovadora em outros lugares. Mas as melhores empresas dão a seu pessoal um propósito ou um desafio que sirvam de base para o desenvolvimento de ideias, em vez de se limitarem a instruí-los a criar uma ratoeira melhor. Companhias que estudam seus concorrentes na esperança de acrescentar os recursos e benefícios que tornarão seus produtos "melhores" estão apenas trabalhando para entrincheirar a companhia em O QUE ela faz. Aquelas com um claro senso de PORQUÊ tendem a ignorar seus concorrentes, ao passo que aquelas com uma noção confusa do próprio propósito ficam obcecadas com o que as outras estão fazendo.

A capacidade de inovação de uma empresa não é útil somente para desenvolver novas ideias; é inestimável também para enfrentar períodos de dificuldade. Quando os funcionários vão trabalhar com uma noção maior de propósito, consideram mais fácil enfrentar tempos difíceis e podem até encontrar oportunidades nesses momentos. Quem trabalha com um claro senso de PORQUÊ está menos propenso a desistir depois de alguns fracassos, pois enxerga a causa mais elevada. Thomas Edison, um homem definitivamente movido por uma causa mais elevada, disse: "Eu não descobri um modo de fazer uma lâmpada. Descobri mil modos de como não fazê-la."

A Southwest Airlines é famosa por ter sido pioneira no tempo reduzido de permanência em solo – a capacidade de fazer o desembarque, preparar o avião e fazer o embarque em apenas 10 minutos. Essa capacidade ajuda uma companhia aérea a aumentar a receita, pois quanto mais tempo os aviões estiverem no ar, melhor será o resultado financeiro. O que poucas pessoas se dão conta é de que essa inovação nasceu de uma luta para superar uma dificuldade. Em 1971, a Southwest estava com problemas no fluxo de caixa e teve que vender uma aeronave para continuar no negócio. Isso os deixou com três aviões para cumprir uma agenda que exigia quatro. Eles tinham duas opções: ou reduziam a escala de suas operações ou descobriam um jeito de fazer o reabastecimento e a recarga de um avião em 10 minutos. E assim nasceu o tempo em solo de 10 minutos.

Enquanto a maioria das outras companhias aéreas teria dito que isso era impossível, o pessoal da Southwest tratou de descobrir como realizar essa tarefa sem precedente e aparentemente impossível. Hoje, essa inovação ainda rende dividendos. Por conta do congestionamento cada vez maior nos aeroportos e de aviões com capacidade de carga maior, na atualidade o tempo em solo da Southwest é de 25 minutos. No entanto, se quisessem manter sua agenda de voos, mas acrescentando cinco minutos ao tempo de reposição, precisariam ter 18 aviões a mais na frota, a um custo de cerca de 1 bilhão de dólares.

A notável capacidade que a Southwest tem de resolver problemas, o dom que a Apple tem para inovar e a capacidade dos irmãos Wright de desenvolver uma tecnologia com a equipe que tinham foram todos possíveis pela mesma razão: eles acreditaram que eram capazes e confiaram em seu pessoal para fazer isso.

A definição de confiança

Fundado por Francis Baring em 1762, o Banco Barings era o mais antigo banco de investimentos da Inglaterra. A instituição, que sobrevivera às guerras napoleônicas e à Primeira e à Segunda Guerras Mundiais, não conseguiu sobreviver à predileção pelo risco de um autoproclamado especulador vigarista. Nick Leeson, sozinho, quebrou o banco em 1995 ao realizar alguns negócios desautorizados e de altíssimo risco. Se os proverbiais bons ventos tivessem continuado a soprar na direção certa, Leeson teria ganhado para si mesmo e para o banco uma fortuna – e teria sido aclamado como um herói.

Mas essa é a natureza das coisas imprevisíveis, como o clima e o mercado financeiro. Pouca gente discorda de que Leeson estava fazendo nada mais do que apostas. E apostar é muito diferente de assumir riscos calculados. Riscos calculados admitem a possibilidade de grandes perdas, mas medidas são tomadas tanto para se precaver quanto para reagir a resultados improváveis porém possíveis. Ainda que um pouso de emergência na água seja "improvável", como as companhias aéreas afirmam, elas disponibilizam coletes salva-vidas. E nem que seja só por desencargo de consciência, ficamos contentes que façam isso. Agir de outra forma seria uma aposta que poucas companhias aéreas gostariam de fazer, mesmo que as estatísticas estejam muito inclinadas a seu favor.

Leeson, estranhamente, acumulava dois cargos no Barings, atuando tanto como operador quanto como seu próprio supervisor, mas esse fato não é relevante, dada a matéria em questão. Que um homem seja tão tolerante com o risco de causar tamanho dano tampouco é muito relevante. Ambos são fatores de curto prazo. Ambas as situações teriam terminado se Leeson deixasse a companhia ou mudasse de cargo – ou se o Barings tivesse designado outro supervisor para controlar as operações dele. O que é mais relevante é a cultura do banco, que propiciou o surgimento de tais condições. Barings tinha perdido o PORQUÊ da instituição.

A cultura no Barings não permitia mais que as pessoas fossem para o trabalho inspiradas. Motivadas, sim, mas não inspiradas. Manipuladas pela promessa de remunerações enormes por desempenho, com certeza, mas não inspiradas a trabalhar pelo interesse geral. De acordo com Leeson em seu próprio relato de como se safou por tanto tempo mesmo se comportando de forma tão arriscada, não é que os outros não reconhecessem que o que ele estava fazendo era potencialmente perigoso. Era pior do que isso. Havia um estigma contra se pronunciar. "As pessoas na sede do Barings em Londres", explicou Leeson, "eram todas do tipo sabe-tudo a ponto de ninguém ousar fazer uma pergunta idiota para não ser considerado um tolo." A falta de um conjunto claro de valores e crenças, somada à fraca cultura resultante disso, criou as condições para um ambiente de cada um por si, cujo impacto no longo prazo não poderia levar a nada mais que um desastre. É coisa de homem das cavernas. Se as pessoas não cuidam do que é comum a todos, os benefícios da comunidade são corroídos. Muitas companhias têm funcionários de primeira, vendedores de primeira, etc., mas poucas têm uma cultura que produza essas pessoas como regra, não como exceção.

A confiança é algo notável. Ela permite que contemos com os outros. Esperamos um conselho que nos ajude a tomar decisões. A confiança é o alicerce para o avanço de nossas próprias vidas, de nossas famílias, nossas companhias, nossa sociedade e nossa espécie. Confiamos que pessoas de nossa comunidade tomem conta de nossos filhos para podermos jantar fora. Ao escolher entre duas babás, é mais provável que confiemos naquela com pouca experiência mas que seja da vizinhança do que em uma com muita experiência de algum lugar afastado. Não confiaríamos em alguém de fora porque não sabemos nada sobre ela, afirmamos. Na verdade, também não sabemos nada sobre a babá da redondeza além do fato de que é da vizinhança. Neste caso, confiamos mais na familiaridade do que na experiência para algo muito importante – a segurança de nossos filhos. Confiamos que alguém que vive na comunidade e que provavelmente compartilha nossos valores e crenças é mais qualificado para cuidar daquilo que é mais valioso para nós do que alguém com um longo currículo, mas de um lugar que não nos é familiar. Isso chama muita atenção; nos faz parar e pensar em como contratamos pessoas: o que é mais importante, o currículo e a experiência, ou saber se elas encaixam em nossa comunidade? Provavelmente nossos filhos são mais importantes para nós do que o cargo que queremos preencher na organização, mas parece que adotamos um padrão muito diferente em cada caso. Estará em ação aqui uma falsa suposição quanto a quem será o melhor funcionário?

Historicamente, a confiança tem exercido um papel maior no avanço de companhias e sociedades do que apenas as habilidades e o talento. Como o casal que deixa seus filhos quando sai à noite, muitos grupos de uma sociedade sairiam com confiança, sabendo que suas casas e sua família estarão seguras até seu retorno. Se não houvesse confiança, ninguém assumiria riscos. Nenhum risco significa nenhuma exploração, nenhuma experimentação e nenhum avanço de sociedade. Este é um conceito notável: somente quando indivíduos são capazes de confiar na cultura ou na organização eles assumirão riscos pessoais para fazer avanços naquela cultura ou organização. Não é por outra razão, afinal, que isso é bom para seu próprio bem-estar individual e sua sobrevivência.

Não importa quanta experiência tenha, não importa quão competente seja, um trapezista não vai tentar um salto mortal totalmente novo sem primeiro testá-lo com uma rede estendida debaixo dele. E, dependendo de quão perigoso seja o salto, ele poderá insistir em ter sempre aquela rede quando o executar. Além da vantagem óbvia de protegê-lo se ele cair, a rede também proporciona um benefício psicológico. Saber que ela está lá dá ao trapezista a confiança para tentar algo que nunca fez ou para saltar repetidas vezes. Retire-a e ele só fará os saltos seguros, aqueles que sabe que pode concluir com sucesso. Quanto mais confiar na qualidade da rede, mais riscos pessoais vai assumir para melhorar seu número. A segurança que a direção do circo lhe dá ao estender a rede provavelmente é oferecida a outros artistas também. Logo todos vão se sentir confiantes para tentar coisas novas e ousar mais em seus números. Essa combinação de confiança e risco resulta em todo o circo apresentando um espetáculo melhor. Um espetáculo melhor significa mais espectadores. E assim o sistema prospera. Mas isso não acontece se não houver confiança. Aqueles que estão em uma comunidade, ou uma organização, têm que confiar que seus líderes lhes fornecerão uma rede – prática ou emocional. Com esse sentimento de apoio, é mais provável que os membros da organização façam um esforço extra que, no fim, beneficiará o grupo inteiro.

Devo admitir que sempre existem aqueles que vão assumir o risco, pela primeira vez ou repetidas vezes, sem a rede. Sempre haverá aqueles que vão explorar o desconhecido, independentemente de quem está em casa mantendo a fortaleza. Essas pessoas às vezes merecem ser consideradas inovadoras. São as que seguiram adiante, as que fizeram coisas que ninguém mais faria. Algumas fazem avançar um negócio ou mesmo a sociedade. Outras acabam morrendo antes de alcançar alguma coisa.

Existe uma grande diferença entre saltar de um avião com um paraquedas e saltar sem nada. As duas são experiências extraordinárias, mas só uma delas aumenta a probabilidade de se repetir o feito. Um trapezista predisposto a assumir riscos extraordinários sem uma rede embaixo de si pode ser a grande estrela em um show que sem isso seria medíocre. Mas se ele morrer ou for para outro circo, o que acontece? Esse é o paradigma no qual alguém é motivado por um ganho próprio sem considerar as consequências ou os benefícios para a organização. Nesse caso, o esforço pode ser bom para o indivíduo e pode ser bom para o grupo, mas os benefícios, sobretudo para o grupo, têm um prazo limitado. Com o tempo, o sistema vai ruir, em geral em detrimento da organização. Desenvolver confiança para encorajar pessoas que não tenham predileção pelo risco, como Nick Leeson, é a melhor estratégia no longo prazo.

As grandes organizações tornaram-se grandes porque as pessoas dentro delas se sentem protegidas. A forte percepção de uma cultura cria um sentimento de pertencimento e funciona como uma rede. As pessoas vão trabalhar sabendo que gestores, colegas e a organização como um todo zelarão por eles. Isso resulta em um comportamento recíproco – decisões individuais, esforços e comportamentos que amparam, beneficiam e protegem os interesses de longo prazo da organização.

A Southwest Airlines, uma companhia famosa por seu foco nos clientes, não acredita, segundo sua política, que o cliente tem sempre razão. A Southwest não vai tolerar clientes que desrespeitem seu pessoal. Vai preferir que esses voem com outra companhia aérea. É uma ironia sutil o fato de que uma das melhores companhias do país em serviço ao cliente priorize os funcionários. É a confiança existente entre a direção e os funcionários, não um dogma, o que produz o excelente serviço aos clientes. É um pré-requisito, portanto, que alguém confie na cultura na qual trabalha para compartilhar os valores e as crenças dessa cultura. Sem isso, o funcionário é só alguém que não se encaixa e que provavelmente vai trabalhar em prol do próprio ganho, sem considerar um bem maior. Mas se as pessoas dentro da organização se encaixam bem, a oportunidade de ir além, de explorar, inventar, inovar, avançar e, o mais importante, fazer isso várias vezes, aumenta significativamente. Apenas com confiança mútua uma organização pode se tornar grande.

A verdadeira confiança vem de coisas que você não consegue ver

"Rambo 2", diz a voz no rádio do general de brigada Jumper, referindo-se a ele com seu código de chamada. "Seu grupo 180, 40 quilômetros, aproximando-se rapidamente."

"Contato de radar no celeiro", responde Rambo 2, relatando que localizou o grupo inimigo no próprio radar. General com uma estrela, John Jumper era um experiente piloto de F-15 com milhares de horas de voo e mais de mil horas de combate. Por todos os critérios, era um dos melhores. Nascido em Paris, no estado americano do Texas, tivera uma carreira exemplar. Voara em todo tipo de aeronave da Força Aérea dos Estados Unidos, desde aviões de carga até caças a jato. Detentor de condecorações e distinções, comandante de seu próprio regimento de combate, ele era a personificação do que significa ser um piloto de combate. Inteligente e confiante.

Mas, naquele dia, a reação de Jumper não correspondeu à situação que enfrentava. A 40 quilômetros, era de se esperar que disparasse ou fizesse algum outro movimento ofensivo. Temendo que Jumper estivesse sintonizado com algum contato errado em seu radar, a capitã Lori Robinson repetiu calmamente o que conseguia ver a quilômetros de distância: "Rambo 2, confirme contato radar. SEU grupo agora 190, 36 quilômetros."

Como controladora de artilharia aérea observando a ação em sua tela de radar em um centro de comando e controle próximo, a missão de Lori Robinson era direcionar o piloto para a aeronave inimiga a fim de que pudesse usar suas armas para interceptá-la e destruí-la. Ao contrário do controle de tráfego aéreo, cuja missão é manter os voos separados uns dos outros, o controlador de armas tem de fazer os aviões se aproximarem. Somente ele tem a visão geral na tela do radar, pois o sistema de navegação do piloto mostra apenas o que está diretamente à frente da aeronave.

A capitã Robinson, no entanto, entendia sua missão como algo maior do que apenas olhar para o radar, algo mais profundo do que somente ser os olhos e os ouvidos de pilotos que estavam voando de encontro ao perigo a 2.400 quilômetros por hora. Ela sabia POR QUE seu trabalho era importante. E se considerava responsável por abrir caminho para os pilotos, cuidando para que fossem capazes de realizar seu trabalho, para que pudessem seguir em frente com suas aeronaves com maior confiança. E, por essa razão, ela era particularmente boa. Robinson não podia cometer erros. Se cometesse, perderia a confiança dos pilotos e, pior, eles perderiam a confiança em si mesmos. Como é possível ver, é a confiança que faz pilotos de combate serem tão bons em seu trabalho.

Então, aconteceu. A capitã Robinson percebeu na calma que havia na voz de Jumper que ele não tinha noção da ameaça que se aproximava. Em um dia de céu sem nuvens, 6 mil metros acima da areia do deserto, um alarme soou com estardalhaço no ultramoderno caça de 25 milhões de dólares de Rambo 2. Ele ergueu os olhos de sua tela de radar e viu o inimigo o enquadrando. "VIRE À DIREITA! VIRE À DIREITA!", gritou ela em seu rádio. Em 9 de outubro de 1988, o general de brigada John P. Jumper foi morto.

A capitã Robinson esperou. Houve uma calma estranha. Não passou muito tempo e Jumper adentrou na sala de avaliação na Base Aérea de Nellis. "Você me fez ser morto!", gritou para ela. Situada no deserto de Nevada, Nellis é a sede da Air Force Fighter Weapons School, a escola da Força

Aérea dos Estados Unidos para pilotos de caça, e naquele dia o general John Jumper havia sido diretamente atingido por um míssil de outro jato da Força Aérea que fazia o papel de um combatente inimigo.

"Senhor, não foi culpa minha", respondeu calmamente a capitã Robinson. "Cheque o vídeo e verá." O general Jumper, então comandante do 57º Grupo, formado pela Força Aérea dos Estados Unidos e ex-instrutor em Nellis, tinha como rotina avaliar cada detalhe de toda missão de treinamento na qual voava. Os pilotos costumavam aprender com base em seus exercícios gravados. O vídeo revelou que o erro de fato fora dele, e não da capitã Robinson. Era um erro clássico. Ele havia se esquecido de que fazia parte de uma equipe e que o que o possibilitava ser tão bom em seu trabalho não era apenas sua habilidade. Jumper era um dos melhores porque havia outros que zelavam por ele. Uma infraestrutura sólida de pessoas que ele não podia ver.

Sem dúvida, o general Jumper tinha recebido o melhor equipamento, a melhor tecnologia e o melhor treinamento que o dinheiro pode comprar. Mas foram os mecânicos, os professores, colegas pilotos, a cultura da Força Aérea e a capitã Robinson que lhe garantiram poder confiar em si mesmo para fazer o trabalho. O general Jumper se esqueceu de POR QUE ele era tão bom e, em uma fração de segundo, tomou uma decisão que lhe custara a vida. Mas é para isso que serve o treinamento e as simulações, para aprender essas lições.

Cerca de 16 anos depois dessa lição aprendida sobre o deserto de Nevada, o general Jumper chegara a uma posição da maior relevância. General de quatro estrelas reformado, serviu como chefe do Estado-Maior da Força Aérea de 2001 a 2005, o mais alto posto da Força Aérea, responsável pela organização, pelo treinamento e pelo equipamento de cerca de 700 mil pessoas no serviço ativo, na guarda, na reserva e nas forças civis que servem nos Estados Unidos e no exterior. Como membro do Estado-Maior conjunto, ele era, ao lado dos chefes de serviço de outras armas, conselheiro do secretário da Defesa, do Conselho de Segurança Nacional e do presidente.

Esta não é, porém, uma história sobre o general Jumper. É uma história sobre Lori Robinson. Agora, ela mesma general de brigada na Força Aérea, não fica mais olhando para baixo, para um visor. Em sua vida não há mais "*bogeys*" e "*bandits*", apelidos na Força Aérea para "mocinhos e bandidos". Apesar de seu trabalho ter mudado, a general Robinson ainda começa seu dia lembrando a si mesma do PORQUÊ de ir trabalhar.

Ela sente saudades de "seus meninos", como chamava a quem servia sob seu comando, mas ainda busca maneiras de abrir caminho para outros, para que sejam eles mesmos capazes de evoluir e também a organização. "O tempo de pensar em si mesmo passou, não se trata de você, mas dos tenentes que estão por trás de você", ela lembrava aos alunos quando era instrutora na escola para pilotos de caça. "Se um número suficiente de nós fizer isso", continuava, referindo-se a POR QUE ela faz o que faz, "deixaremos esta organização militar e este país melhores do que os encontramos. E não é disso que se trata?" É esta noção de propósito, a ideia clara de POR QUE ela vem trabalhar, que tem sido a pedra fundamental do sucesso da general Robinson. E isso, aliás, foi algo notável.

O fato de ela trabalhar duro para abrir caminho para outros de modo que pudessem, com confiança, evoluir e alcançar posições maiores e melhores, inspirou outros a, por sua vez, abrirem caminho à general Robinson para fazer exatamente o mesmo. Como mulher no mundo muito masculino dos militares, ela constitui um exemplo de como liderar. Grandes lideranças não têm a ver com imposição e intimidação; grandes líderes, como ela demonstra, lideram com um PORQUÊ. Eles personificam uma noção de propósito que inspira os que estão à sua volta.

Confiava-se tanto na general Robinson como controladora de armas que não era incomum pilotos solicitarem que fosse ela a controlar seu treinamento. "O maior elogio para mim era quando as pessoas diziam: 'Quando eu for para a guerra, quero que Lori esteja no rádio'", diz ela. Ela é a primeira mulher na história da Força Aérea dos Estados Unidos a comandar o 52º Grupo de Controle do Ar, na Base Tinker, um dos maiores grupos no Comando do Combate Aéreo (o grupo que usa as aeronaves AWACS de controle no ar – esquadrão de Boeings 707 com enormes discos de radar rotativos no topo). Ela é a primeira comandante de um regimento de combate que não saiu das fileiras de pilotos. Foi também a primeira instrutora mulher a ensinar na Air Force Fighter Weapons School, onde a Força Aérea americana treina todos os seus *top guns*, os pilotos de elite. Lá ela se tornou a mais celebrada instrutora, ganhando o título de melhor professora em sete turmas seguidas. É a primeira mulher diretora na secretaria da Força Aérea e chefe de Estado-Maior do Grupo de Ação Executivo da Força Aérea. Em 2000, o presidente do Estado-Maior Conjunto disse, referindo-se à general Robinson, então ainda capitã, que ela havia influenciado de forma excepcional suas ideias sobre o poder aéreo.

Sob qualquer aspecto, a general Robinson é uma líder notável. Algumas pessoas, quando em posições de gerenciamento, agem como se estivessem em uma árvore repleta de macacos. Asseguram-se de que todos que estejam no topo da árvore olhando para baixo vejam apenas os sorrisos dos que olham para cima. Mas com muita frequência, os que estão embaixo olhando para cima veem apenas traseiros. Grandes líderes como a general Robinson são respeitados tanto por quem está em cima quanto por quem está embaixo. Os que estão sob seu comando confiam de forma tácita nela porque sabem que ela tem o compromisso de zelar por eles. "Não há nada que você possa fazer que eu não possa corrigir", costumava-se ouvi-la dizer aos alunos na escola para pilotos de caça. E aqueles aos quais ela se reporta demonstram ter notável deferência em relação a ela. "Não sei como ela consegue dar conta nem de metade das coisas que faz", dizem os que a conhecem. E o mais importante é que isso é dito com um sorriso e com respeito.

A habilidade da general Robinson para a liderança desenvolveu-se não porque ela é a mais inteligente ou a mais simpática. Ela é uma grande líder porque compreende que ganhar a confiança de uma organização não passa por tentar impressionar todo mundo, passa por se dispor a servir aqueles que a servem. É essa confiança invisível que dá a um líder os seguidores de que precisa para que as coisas sejam feitas. E no caso de Lori Robinson, as coisas são feitas.

Usei militares como exemplo porque isso exagera a questão. A confiança importa. A confiança vem de ser parte de uma cultura ou organização com um conjunto de valores e crenças comuns. A confiança é mantida quando os valores e as crenças são ativamente gerenciados. Se as companhias não trabalharem de forma ativa para manter seu Círculo Dourado em equilíbrio – clareza, disciplina e consistência – a confiança começa a desmoronar. Uma companhia, na verdade qualquer organização, tem que trabalhar ativamente para lembrar a todos POR QUE existe. POR QUE foi fundada, em primeiro lugar. Em que acredita. Ela precisa tornar todos na companhia responsáveis pelos valores e pelos princípios que lhes servem de guia. Não basta apenas escrevê-los na parede – isso é uma atitude passiva. Bônus e incentivos devem orbitar em torno deles. A companhia tem que servir àqueles que ela quer que a sirvam.

Quando há equilíbrio, os que se encaixam bem na companhia podem confiar que todos estão a bordo pelas mesmas razões. É também a única forma pela qual cada indivíduo no sistema pode confiar que os outros estão agindo para "deixar a organização melhor do que era quando a encontraram", para citar novamente a general Robinson. Essa é a raiz da paixão. A paixão vem de você sentir que é parte de algo em que acredita, algo maior do que você mesmo. Se as pessoas não confiarem que a companhia está organizada de modo a fazer avançar o PORQUÊ, a paixão se dilui. Sem uma confiança gerenciada, as pessoas vão se preocupar basicamente consigo mesmas. Esta é a raiz de políticas de escritório – pessoas agindo em benefício próprio, muitas vezes à custa de outros, até da companhia. Se uma empresa não gerencia a confiança, os que trabalham para ela não confiarão nela, e o interesse individual torna-se a motivação predominante. Isso pode ser bom no curto prazo, mas com o tempo a organização ficará cada vez mais fraca.

Herb Kelleher, o visionário por trás da Southwest Airlines, compreendeu isso mais do que a maioria. Reconheceu que para obter o melhor de seus funcionários precisava criar um ambiente no qual eles sentissem que a companhia zelava por eles. Sabia que eles se superariam naturalmente se sentissem que o trabalho que realizavam fazia diferença. Quando um jornalista perguntou a ele o que, em sua opinião, vinha em primeiro lugar – os acionistas ou os funcionários –, sua resposta foi, na época, uma heresia (e em grande medida ainda é): "Bem, isso é fácil", disse ele, "funcionários vêm em primeiro lugar e, se são bem tratados, eles tratam bem todo mundo, então todo mundo volta a usar o produto da companhia, e isso faz os acionistas ficarem felizes. Essa é realmente a maneira como isso funciona, e não é nenhum segredo."

A influência dos outros

Em quem você confia mais: em alguém que conhece ou em alguém que não conhece? No que você confia mais: em uma propaganda ou na recomendação de um amigo? Em quem você confia mais: no garçom que lhe diz "Tudo que está no cardápio é bom" ou no garçom que lhe avisa para evitar o frango? São perguntas fáceis de responder? Então que tal esta: por que alguém deveria confiar em você?

Recomendações pessoais são muito úteis. Confiamos no juízo de outros. Isso é parte do tecido que constitui as culturas fortes. Mas não confiamos no juízo de qualquer um. É mais provável que confiemos naqueles que compartilham nossos valores e nossas crenças. Quando acreditamos que alguém tem em mente nossos interesses porque isso também o beneficia, o grupo todo se beneficia. Os avanços das sociedades basearam-se em grande parte na confiança existente entre aqueles que compartilham um conjunto de valores e de crenças.

O sentimento de confiança fica alojado no mesmo lugar do PORQUÊ – o sistema límbico – e costuma ser poderoso o bastante para suscitar uma pesquisa empírica, ou ao menos semear dúvidas. Esse é o motivo de tantas manipulações serem eficazes; acreditamos que, para o bem ou para o mal, os outros sabem mais do que nós. É claro que quatro entre cinco dentistas sabem escolher uma goma de mascar melhor do que nós (mas e quanto ao quinto dentista... o que ele sabe que os outros não sabem?). É claro que confiamos no endosso de celebridades. Essas pessoas são ricas e podem usar o produto que quiserem. Deve ser bom, se elas estão pondo sua reputação em risco para promovê-lo, certo?

É provável que você já tenha respondido mentalmente a essa pergunta. É claro que elas estão endossando o produto porque foram pagas para fazer isso. Mas se o endosso por celebridades não funcionasse, as companhias não fariam uso dele. Ou talvez o medo de que "possam" funcionar seja o que abastece a piscadela de 1 milhão de dólares e o sorriso que nos estimula a comprar um carro em vez de outro ou esse batom em vez daquele. O fato é que nenhum de nós está imune ao efeito que alguém que conhecemos ou em quem *sentimos* que confiamos exerce sobre nós, influenciando nossas decisões.

O endosso de celebridades é usado por causa desse conceito. Supõe-se que usando um rosto ou um nome reconhecíveis as pessoas vão confiar no que está sendo afirmado. A falha nessa suposição é que o status de celebridade por si só possa ser usado para influenciar o comportamento, mas nesse nível consiste apenas em pressão de grupo. Para que funcione, a celebridade precisa representar alguma causa ou crença muito clara. Um atleta conhecido por sua ética pode ter algum valor para uma companhia que tenha a mesma crença, por exemplo. Ou um ator conhecido por seu trabalho de caridade seria compatível com uma companhia conhecida por boas ações. Nesses casos, fica claro que tanto a companhia quanto a celebridade estão trabalhando juntas em prol da mesma causa. Vi recentemente um anúncio da TD Ameritrade com Regis Philbin e Kelly Ripa, apresentadores de um *talk show* matinal. Ainda estou tentando descobrir a causa que esses apresentadores representam e que importância isso tem na hora de escolher este banco e não aquele. Quando uma companhia diz que uma celebridade representa "o tipo de qualidades que gostaríamos que nossos clientes associassem a nós", ela não entendeu nada. A celebridade é outro O QUÊ para o PORQUÊ da companhia. A celebridade tem que personificar as qualidades que já existem na companhia. Sem ter primeiro a clareza quanto ao PORQUÊ, qualquer benefício consistirá apenas em aumentar o reconhecimento.

Muitas decisões (e mesmo negociação de contratos) baseiam-se em um critério da indústria da publicidade chamado *Q-score* – um quociente que representa quanto uma celebridade é conhecida, ou sua popularidade. Quanto mais alto o quociente, maior o conhecimento espontâneo de uma celebridade. Essa informação, sozinha, não é suficiente. Quanto maior a clareza do PORQUÊ desse porta-voz, melhor embaixador ele poderá ser para uma marca ou companhia com a mesma mentalidade. Mas não existe atualmente um índice do PORQUÊ de uma celebridade, portanto o resultado é óbvio. O valor de tantos endossos de celebridades é apenas o do apelo da fama em si. A menos que o público que se está tentando atingir tenha uma noção daquilo em que o porta-voz acredita, a menos que o porta-voz seja "um dos nossos", o endosso pode motivar reconhecimento e até impulsionar as vendas no curto prazo, mas não conseguirá construir confiança.

Uma recomendação na qual se confie é poderosa o bastante para suscitar fatos e números e até orçamentos de marketing de muitos milhões de dólares. Imagine um jovem pai que quer fazer tudo certo para seu filho recém-nascido. Ele decide que vai comprar um carro novo – que seja seguro, que proteja o bebê. Passa uma semana lendo todas as revistas e análises, já viu todos os anúncios e decide que no sábado vai comprar um Volvo. Os fatos estão considerados e a decisão, tomada. Sexta-feira à noite ele e sua mulher vão a um jantar. No evento está seu amigo, um entusiasta de automóveis. Nosso intrépido novo pai vai até o amigo e anuncia com orgulho que decidiu comprar um Volvo. Sem pensar um só instante seu amigo replica: "Por que você faria isso? O Mercedes é o carro mais seguro na estrada. Se você está pensando em seu filho, compre um Mercedes."

Desejando ser um bom pai, mas também confiando na opinião do amigo, uma de três coisas acontece. Nosso jovem pai vai mudar de ideia e comprar um Mercedes; vai manter sua decisão inicial, mas não sem alguma dúvida quanto a se está mesmo fazendo a coisa certa; ou voltará à prancheta para refazer todas as suas pesquisas e ter certeza quanto à sua decisão. Não importa quantas informações racionais tenha a seu alcance, a menos que aquela escolha também pareça ser a certa, o estresse vai aumentar e a confiança, diminuir. Mesmo que você a relativize, a opinião dos outros importa. E as opiniões daqueles em quem confiamos importam mais.

A questão não é como as fabricantes de automóveis deveriam falar ao pai que compra o carro. A questão não é nem mesmo como pedir a opinião altamente influente de seu amigo, o entendido em carros. O conceito de compradores e influenciadores não é novo. A questão é: como conseguir influenciadores suficientes falando sobre você de modo que possa fazer o sistema chegar ao ponto de virada?

CAPÍTULO 7

Como chegar ao ponto da virada

Se eu lhe dissesse que sei de uma empresa que inventou uma nova tecnologia incrível que vai mudar o modo como consumimos televisão, isso despertaria seu interesse? Talvez você se interessasse em comprar o produto deles ou investir na tal companhia. Mas a coisa melhora. Eles têm o melhor produto disponível. A qualidade é muito superior a qualquer outro no mercado. E seus esforços de relações públicas têm sido tão notáveis que seu nome se tornou muito familiar. Interessado?

Esse é o caso da TiVo. Uma companhia que parecia ter tudo a seu favor mas acabou sendo um fracasso comercial e financeiro. Como parecia que tinha a receita para o sucesso, o baque da TiVo desafiou a sabedoria convencional. Suas dificuldades, no entanto, são compreendidas com facilidade se considerarmos que ela pensou que O QUE estava fazendo importava mais do que o PORQUÊ. A companhia também ignorou a Lei da Difusão da Inovação.

No ano 2000 Malcolm Gladwell criou seu próprio ponto da virada, ou *tipping point*, quando nos explicou como acontecem pontos da virada nos negócios e na sociedade. No livro *O ponto da virada*, Gladwell identifica grupos necessários que ele chama de comunicadores. Não há dúvida de que as ideias de Gladwell estão corretas. Mas ainda suscitam a pergunta: por que um comunicador deveria falar com qualquer pessoa sobre você? Os marqueteiros estão sempre tentando influenciar os comunicadores, mas poucos sabem realmente como fazer isso. Não podemos contestar que pontos da virada acontecem e que as condições que Gladwell articula estão corretas, mas será que um desses pontos da virada pode acontecer de forma intencional? Não é possível que sejam simplesmente fenômenos casuais. Se existem, deveríamos ser capazes de projetar um; e se pudermos projetar um, deveríamos ser capazes de projetar um que perdure além da indicação (*tip*) inicial. Essa é a diferença entre uma modinha e uma ideia que muda um setor ou uma sociedade para sempre.

Em seu livro de 1962 *Diffusion of Innovations* (Difusão das inovações), Everett M. Rogers foi o primeiro a descrever formalmente como as inovações se difundem na sociedade. Trinta anos depois, no livro *Atravessando o abismo*, Geoffrey Moore expandiu as ideias de Rogers para aplicar o princípio ao marketing de produtos de alta tecnologia. Mas a Lei da Difusão da Inovação explica muito mais do que apenas a difusão de inovação ou tecnologia. Explica a difusão de ideias.

Mesmo que você não conheça essa lei, é possível que já esteja familiarizado com algumas de suas terminologias. Nossa população está dividida em cinco segmentos de uma curva em forma de sino: inovadores, adotantes iniciais, maioria inicial, maioria tardia e retardatários.

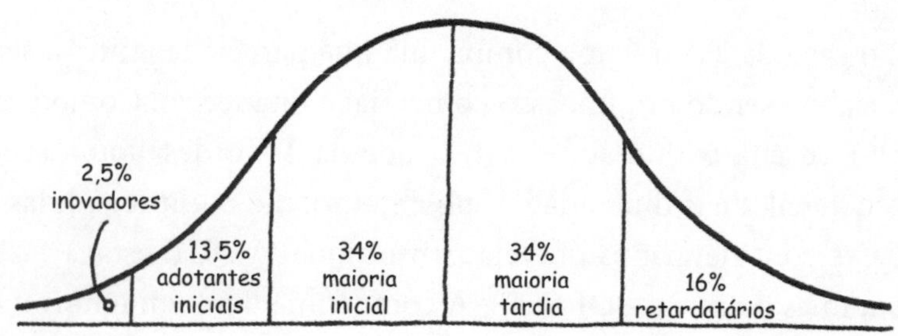

Como declara a lei, os primeiros 2,5% da população são os inovadores e os 13,5% seguintes são adotantes iniciais. Os inovadores, segundo Moore, buscam novos produtos ou ideias de modo intenso e se interessam por qualquer avanço elementar; ser os primeiros é parte central de suas vidas. Como seu nome sugere, os inovadores são o pequeno percentual da população que desafia o restante de nós a ver o mundo e a pensar nele de um jeito um pouco diferente.

Os adotantes iniciais são semelhantes aos inovadores na medida em que apreciam as vantagens trazidas por novas ideias ou novas tecnologias. Reconhecem logo o valor de novidades e estão dispostos a tolerar uma imperfeição porque conseguem ver o potencial por trás daquilo. Embora sejam rápidos em perceber o potencial e aceitem assumir riscos para testar novas tecnologias ou ideias, os adotantes iniciais não são geradores de ideias como os inovadores. Mas os dois grupos se assemelham, como diz Moore, no sentido de confiarem muito na própria intuição.

Os adotantes iniciais – como os inovadores, mas em um grau menor – estão dispostos a pagar o preço ou a se sujeitar a algum nível de inconveniência para adotar uma ideia ou ter um produto que eles sentem que é certo. Os que estão no lado esquerdo da curva de difusão são aqueles dispostos a ficar durante seis horas em uma fila para ser um dos primeiros a adquirir o iPhone – produto que marcou a entrada da Apple no mercado de telefones móveis –, ainda que pudessem ir a uma loja uma semana depois e comprar um aparelho sem ter que esperar. Sua disposição a sofrer um desconforto ou pagar um preço alto tem menos a ver com a qualidade do produto e mais a ver com a própria percepção de quem eles são. Eles queriam ser os primeiros.

Existem também os tipos de personalidade dos que compraram televisores de tela plana assim que foram lançadas, ainda que custassem mais de 40 mil dólares e sua tecnologia estivesse longe de ser perfeita. Meu amigo Nathan se encaixa nesse perfil. Certa vez, contei nada menos que 12 fones de ouvido Bluetooth para celular espalhados por sua casa. "Todos quebraram?", perguntei. "Não", respondeu, "eles lançaram novos." (Havia também cinco notebooks, vários modelos de smartphones Blackberry e caixas com outros dispositivos que nunca funcionaram muito bem.) Nathan é um adotante inicial.

Os 34% seguintes da população constituem a maioria inicial, seguida pela maioria tardia e, por fim, pelos retardatários, na extremidade direita do espectro. Retardatários são os que compram telefone com teclas só porque pararam de fabricar telefones de disco. As maiorias inicial e tardia têm mentalidade mais pragmática. Para eles, os fatores racionais pesam mais. A maioria inicial sente-se um pouco mais confortável com novas ideias e tecnologias, ao passo que a maioria tardia, não.

Quanto mais para a direita você segue na curva, mais vai encontrar os clientes e consumidores que podem até precisar do que você tem, mas não necessariamente acreditam no que você acredita. Como clientes, são aqueles para quem não importa quanto você trabalhe, nunca será o bastante. Com eles, é comum que tudo se reduza ao preço. É raro se tornarem fiéis. É raro fazerem indicações e às vezes você pode até se perguntar por que ainda faz negócios com eles. "Eles simplesmente não entendem", nossa intuição nos diz. É importante identificar esse grupo para você poder evitar fazer negócios com ele. Por que investir tanto dinheiro e energia para ir atrás de pessoas que só vão fazer negócios com você se você atender às suas exigências práticas, mas nunca serão fiéis caso não o façam? Não é difícil identificar onde as pessoas estão nesse espectro quando se tem um relacionamento com elas; é a oportunidade para concluir quem é o quê antes de decidir trabalhar com elas.

Todos nós estamos em lugares diferentes desse espectro, dependendo do produto ou da ideia. A maioria de nós é fortemente fiel a certos produtos e ideias em vários momentos, demonstrando um comportamento típico do lado esquerdo da curva. Mas com outros produtos ou ideias exibimos um comportamento típico do lado direito da curva. Quando estamos em um dos lados do espectro, costumamos achar difícil compreender os que estão no outro lado, porque seu comportamento não faz sentido. Minha irmã é uma adotante inicial quando se trata de tendências da moda, ao passo que eu me enquadro com firmeza na maioria tardia. Só recentemente eu enfim cedi e comprei um caríssimo jeans de grife. Admito que é bonito, mas ainda acho que não vale aquele dinheiro todo e não posso entender por que minha irmã ache que vale.

Por outro lado, sou um adotante inicial de algumas tecnologias. Comprei um aparelho de Blu-ray antes de terem aperfeiçoado a tecnologia. Paguei por ele quatro ou cinco vezes mais, em comparação com um aparelho de DVD comum. Minha irmã não consegue compreender por que desperdiço meu dinheiro com todas essas "coisas inúteis", como ela diz. Nunca estaremos plenamente de acordo com relação a isso.

Cada um de nós atribui valores diferentes a coisas diferentes e nossos comportamentos acompanham isso. Esse é um dos principais motivos pelos quais é quase impossível "convencer" alguém do valor de seus produtos ou suas ideias com base em argumentos racionais e benefícios tangíveis. Assim voltamos ao antigo debate entre a Ferrari e o Honda Odyssey. Companhias de jeans de grife (ou minha irmã) podem falar comigo até a exaustão sobre a importância da qualidade do tecido, do design e do processo de produção – vai entrar por um ouvido e sair pelo outro. Da mesma forma, podem demonstrar os benefícios racionais de optar por um aparelho de DVD de 500 dólares em vez de um de 100 dólares; minha irmã não vai ouvir uma só palavra. E assim segue o jogo da manipulação. De novo, ainda que sempre eficazes, as manipulações não criam fidelidade e aumentam custos e estresse para todas as partes envolvidas.

A maioria das pessoas ou das organizações que têm algo para vender – seja um produto, um serviço ou uma ideia – espera alcançar algum nível de sucesso ou aceitação no mercado de massa. A maioria espera penetrar nessa curva em forma de sino. Porém, é mais fácil falar que se quer chegar lá do que de fato fazer. Quando se pergunta aos pequenos negócios qual é seu objetivo, muitos deles dirão que querem ser um negócio de 1 bilhão de dólares em X anos. A probabilidade de isso acontecer, infelizmente, não parece boa. Dos 27 milhões de negócios registrados nos Estados Unidos, menos de 2 mil atingem 1 bilhão de dólares em receita anual. E 99,9% de todos os negócios no país têm menos de 500 funcionários. Em outras palavras, o sucesso no mercado de massa é realmente difícil de alcançar.

As grandes companhias têm desafios semelhantes quanto a repetir seu sucesso no mercado de massa. Só porque o fizeram uma ou duas vezes não significa que sabem como fazê-lo o tempo todo. O Zune, por exemplo, lançamento da Microsoft para o mercado de tocadores de MP3 com muitos gigabytes, foi concebido para "enfrentar o iPod". Isso não aconteceu. Mesmo se a qualidade for superior, é preciso mais do que o produto e o marketing para alcançar o sucesso. Não se esqueça de que a tecnologia superior do Betamax não superou a tecnologia inferior do VHS como formato padrão do videoteipe na década de 1980. Nem sempre o melhor vence. Como toda lei natural, a Lei da Difusão da Inovação deve ser considerada caso a aceitação no mercado de massa seja importante para você. Recusar-se a fazer isso custará muito dinheiro e pode resultar em um sucesso medíocre, se não em um fracasso total.

Acaba havendo uma ironia quanto ao sucesso no mercado de massa. É quase impossível alcançá-lo se você direcionar seu marketing e seus recursos para aqueles que estão no meio da curva sem primeiro se dirigir aos adotantes iniciais. Isso pode ser feito, mas a um custo enorme. Porque a maioria inicial, segundo Rogers, não vai experimentar nada antes que outra pessoa o faça. A maioria inicial, na verdade a maioria toda, precisa da recomendação de outros que já tenham testado o produto ou o serviço. Precisam saber que alguém o testou. Precisam dessa recomendação pessoal, confiável.

De acordo com a Lei da Difusão da Inovação, o sucesso no mercado de massa só pode ser alcançado depois que você penetrar em cerca de 15% e 18% do mercado. Isso porque a maioria inicial não experimentará algo novo até que alguém o tenha feito antes. É por isso que temos que baixar o preço ou oferecer serviços de valor agregado. Estamos tentando reduzir a tolerância de risco dessas pessoas de mente pragmática até que se sintam confortáveis para comprar. É nisso que consiste a manipulação. Elas poderão comprar, mas não serão fiéis. Não se esqueça: a fidelidade acontece quando as pessoas estão dispostas a sofrer algum inconveniente ou pagar um preço alto para fazer negócio com você. Podem até rejeitar uma oferta melhor – algo que a maioria tardia raramente faz. A capacidade de conseguir que o sistema dê uma virada é o ponto no qual o crescimento de um negócio ou a difusão de uma ideia começa a se movimentar em um ritmo extraordinário. É nesse ponto também que um produto obtém aceitação do mercado de massa. O ponto no qual uma ideia se torna um movimento. Quando isso ocorre, o crescimento não é apenas exponencial, é automático. Ele simplesmente acontece.

Assim, o objetivo do negócio não deve ser vender para qualquer um que deseje o que você tem – a maioria –, mas achar pessoas que acreditam no que você acredita, o lado esquerdo da curva em forma de sino. Elas percebem um valor maior naquilo que você faz e vão pagar com satisfação o preço ou aceitar sofrer algum tipo de inconveniente para participar de sua causa. São aquelas que, por sua própria vontade, falarão a outros sobre você. Esses 15% a 18% não são constituídos de pessoas que simplesmente querem comprar o produto. É o percentual de quem compartilha suas crenças e quer incorporar suas ideias, seus produtos e serviços na própria vida, como O QUÊs de seus próprios PORQUÊs. Elas consideram O QUE você faz um elemento tangível que demonstra os propósitos, as causas ou as crenças delas mesmas para o mundo. Sua disposição a pagar um preço alto ou suportar uma inconveniência para usar seu produto ou serviço diz mais sobre elas próprias do que sobre você e seus produtos. A capacidade que têm de ver facilmente POR QUE precisam incorporar seus produtos na vida delas faz desse grupo o mais fiel. São também os mais fiéis acionistas e os mais fiéis funcionários. Não importa onde estejam no espectro, essas são as pessoas que não apenas gostam de você, mas também falam de você. Traga para o seu lado um número suficiente de pessoas do lado esquerdo da curva, e elas estimularão o restante a segui-las.

Gosto de perguntar às pessoas de negócios qual é a taxa de conversão de seus esforços para um novo negócio. Muitas respondem com orgulho: "Dez por cento." Mesmo que você ignore os princípios do Círculo Dourado, a lei das médias diz que você pode aumentar os negócios em cerca de 10%. Jogue bastante espaguete em uma parede e alguns vão ficar grudados. Para o negócio crescer, tudo o que você precisa fazer é mais prospecção, e é por isso que impulsionar seu negócio visando o meio da curva é tão dispendioso. Embora o negócio possa crescer, a média ficará mais ou menos a mesma, e 10% não são suficientes para o sistema dar uma virada.

Da mesma forma, 10% de seus atuais consumidores ou clientes vão naturalmente demonstrar fidelidade a você. Mas por que eles são tão fiéis? Assim como somos incapazes de explicar por que amamos nossos cônjuges, o melhor que podemos balbuciar para explicar o que faz deles tão bons clientes é "Eles simplesmente nos entendem". E, embora essa explicação possa parecer correta, ela é completamente inaplicável. Como fazer mais pessoas "entenderem"? É a isso que Moore se refere como o "abismo", a transição entre os adotantes iniciais e a maioria inicial, e ele é difícil de transpor. Mas não se você souber o PORQUÊ.

Se você for disciplinado e se concentrar nos adotantes iniciais, a maioria acabará vindo também. Mas isso tem que começar pelo PORQUÊ. Apenas se concentrar nos chamados influenciadores não será suficiente. O desafio é: quais influenciadores? Existem aqueles que parecem se encaixar mais do que outros no perfil de influenciador, mas na realidade todos somos influenciadores em momentos diferentes por razões diferentes. Você não quer um influenciador qualquer, você quer alguém que acredite no que você acredita. Só então eles vão falar de você sem necessidade de quaisquer deixas ou incentivos. Se eles realmente acreditam no que você acredita e se estão de fato no lado esquerdo da curva, vão fazer isso porque querem. Toda a ação de incentivar um influenciador é manipulativa. Faz o influenciador perder toda a sua autenticidade perante o grupo. Não vai demorar muito para que o grupo descubra que a recomendação não foi feita tendo em mente o interesse do grupo, mas o interesse de uma só pessoa. Isso corrói a confiança, e o valor do influenciador torna-se inútil.

Se você se recusar a levar em conta a Lei da Difusão da Inovação, vai pagar caro por isso

Em 1997, a TiVo entrava no mercado com um novo e notável dispositivo. Poucos discordariam que, da época em que o produto foi lançado até hoje, a TiVo teve o produto da mais alta qualidade em sua categoria. O trabalho de relações públicas da companhia fora extraordinário. Eles tinham conseguido um conhecimento espontâneo com o qual a maioria das marcas pode apenas sonhar. Mais do que alçar o status de termo genérico, como Gillette e Band-Aid, a marca tornou-se um verbo na língua inglesa – "to TiVo".

Eles estavam bem financiados com capital de risco e tinham uma tecnologia que poderia de fato reinventar o modo como consumimos televisão. O problema foi que o marketing da tecnologia visou diretamente o meio da curva em forma de sino. Vendo que o produto era atraente no mercado de massa, eles ignoraram a Lei da Difusão da Inovação e focaram nas massas. Para completar, tentaram se dirigir à maioria descrente, explicando

O QUE o produto fazia, em vez de declarar POR QUE a companhia ou o produto existiam. Tentaram convencer com recursos e benefícios.

Basicamente, disseram ao mercado de massa:

Temos um produto novo.
Ele permite pausar transmissões ao vivo.
Pula os comerciais.
Permite retroceder uma transmissão ao vivo.
Memoriza seus hábitos e grava programas para você sem que você precise programar isso.

Os analistas ficaram intrigados em relação às perspectivas da TiVo, bem como as de seu concorrente, Replay, uma start-up sustentada por capital de risco. Um pesquisador de mercado estimou que os chamados receptores pessoais de TV chegariam a 760 mil assinantes no fim do primeiro ano.

A TiVo enfim deu a partida em 1999. Mike Ramsay e Jim Barton, dois ex-colegas que fundaram a companhia, estavam certos de que o público que assistia à TV estava pronto. E talvez estivesse se pelo menos a TiVo soubesse como falar com ele. No entanto, apesar do entusiasmo entre analistas e tecnófilos, as vendas foram uma enorme decepção. A TiVo vendeu cerca de 48 mil unidades no primeiro ano. Enquanto isso, a Replay, que incluía entre os financiadores os fundadores do Netscape, não conseguiu ter continuidade e se envolveu em um litígio com as redes de televisão relacionado ao modo como permitia aos espectadores pular os anúncios. Em 2000, a companhia adotou uma nova estratégia e, poucos meses depois, foi vendida para a SonicBlue, que mais tarde declarou falência.

Os analistas ficaram perplexos com o fraco desempenho das vendas dos aparelhos da TiVo. A companhia parecia ter tudo a seu favor. Afinal, eles tinham a receita do sucesso: um produto de grande qualidade, dinheiro e condições de mercado ideais. Em 2002, depois de a TiVo estar no mercado havia três anos, uma matéria no *Advertising Age* resumia bem: "Há mais casas nos Estados Unidos com banheiros externos do que com TiVos." (Na época, havia nos Estados Unidos 671 mil lares com banheiros externos e entre 504 mil e 514 mil lares com TiVo.) Não só as vendas foram baixas, como a companhia também não se saiu bem com seus acionistas. Na época da primeira oferta pública de ações, no outono de 1999, uma ação da TiVo era negociada por pouco mais de 40 dólares. Poucos meses depois, alcançou seu preço máximo, a pouco mais de 50 dólares. O valor da ação foi diminuindo durante o restante do ano e, a não ser em três períodos curtos desde 2001, uma ação nunca foi negociada por mais de 10 dólares.

Se você aplicar os princípios do Círculo Dourado, a resposta é clara: as pessoas não compram O QUE você faz, elas compram POR QUE você o faz, e a TiVo tentou convencer os consumidores a comprar dizendo a eles apenas O QUE o produto fazia. Recursos e benefícios racionais. A resposta do mercado de massa de mentalidade pragmática, tecnofóbica, foi previsível. "Não entendo isso. Não preciso disso. Não gosto disso. Você está me assustando." Havia um pequeno número de pessoas fiéis à TiVo, é provável que algo em torno de 10%, os que simplesmente "entenderam", que não precisaram de uma menção explícita do PORQUÊ. Eles existem até hoje, mas não foram suficientes para criar o ponto da virada de que a TiVo precisava e que havia previsto.

O que a TiVo deveria ter feito era falar sobre aquilo em que acreditava. Deveria ter falado POR QUE o produto foi inventado, para começo de conversa, e depois partido para compartilhar sua invenção com inovadores e adotantes iniciais que acreditassem no que eles acreditavam. Se tivessem começado seu discurso de venda pelo PORQUÊ de o produto existir, em primeiro lugar, ele teria se tornado a demonstração de uma causa mais elevada – uma prova do PORQUÊ. Se o Círculo Dourado deles estivesse equilibrado, o resultado poderia ter sido bem diferente. Compare a lista original de recursos e benefícios com uma versão revista que começa pelo PORQUÊ:

> Se você é o tipo de pessoa que gosta de ter controle total sobre cada aspecto da vida, temos um produto para você.
> Ele permite pausar transmissões ao vivo.
> Pula os comerciais.
> Permite retroceder uma transmissão ao vivo.
> Memoriza seus hábitos e grava programas para você sem que você precise programar isso.

Nessa versão, todos os recursos e benefícios racionais servem como demonstração tangível do PORQUÊ por trás da existência do produto, e não das razões para a compra em si. O PORQUÊ é a crença que impulsiona a decisão de comprar, e O QUE ele faz é um jeito de racionalizar o apelo do produto.

Confirmando seu fracasso em alcançar o segmento correto do mercado, a TiVo ofereceu uma explicação muito racional para o que estava acontecendo. "Até as pessoas o terem nas mãos", disse Rebecca Baer, porta-voz da TiVo, ao *The New York Times*, em 2000, "elas não compreendem por que precisam dele." Se esta linha de raciocínio estivesse correta, nenhuma nova tecnologia jamais se estabeleceria. O que, evidentemente, não é verdade. Embora a Sra. Baer tivesse razão quanto à dificuldade do mercado de massa de compreender o valor do produto, a falha da TiVo de não se comunicar de maneira adequada e o fato de não se dirigir ao lado esquerdo da curva para educar e estimular a adoção do produto é que foram as causas de tão poucas pessoas "o terem nas mãos". A TiVo não começou pelo PORQUÊ. Ignorou o lado esquerdo da curva e falhou totalmente ao não encontrar o ponto de virada. E por esses motivos "as pessoas não o tiveram nas mãos" e o mercado de consumo de massa não o comprou.

Quase uma década depois, a TiVo continua a ter o melhor produto de gravação digital de vídeo no mercado. Seu conhecimento espontâneo continua muito alto. Quase todo mundo sabe o que é o produto e o que ele faz, mas o futuro da companhia não está de forma alguma assegurado.

Ainda que milhões de espectadores americanos usassem "to TiVo" como um verbo para descrever como recorriam a alguns recursos enquanto assistiam à TV, eles não estavam usando um sistema da TiVo para fazer isso, e sim o gravador digital de vídeo fornecido pela empresa de TV a cabo ou via satélite. Muitos tentam argumentar que o fracasso da TiVo deve-se à melhor distribuição das companhias de TV a cabo. Mas nós sabemos que as pessoas costumam abandonar seus hábitos, pagar um preço alto ou se submeter a uma inconveniência para comprar um produto que ressoa nelas em um nível visceral. Até pouco tempo, pessoas que quisessem uma Harley-Davidson customizada esperavam de seis meses a um ano pela entrega. Por qualquer critério, isso é simplesmente um serviço ruim. Os consumidores poderiam entrar em uma agência da Kawasaki e sair na hora com uma moto novinha. Poderiam encontrar um modelo muito semelhante com potência semelhante e talvez até mais barato. Mas se submeteram ao inconveniente por vontade própria, não porque estivessem no mercado procurando uma motocicleta, mas porque queriam uma Harley.

A TiVo não é a primeira a ignorar esses sólidos princípios, e não será a última. A tecnologia de rádio por satélite, como a Sirius e XM Radio, seguiu um caminho parecido. As companhias ofereciam uma nova tecnologia bem anunciada, bem financiada, que tentava convencer os usuários com uma promessa de recursos e benefícios racionais - sem comerciais e com mais canais do que a concorrência. Mesmo com um impressionante conjunto de endossos de celebridades, inclusive os do astro do rap Snoop Dogg e do ícone pop da década de 1970 David Bowie, a tecnologia ainda não pegou. Quando você começa pelo PORQUÊ, os que acreditam no que você acredita são atraídos para você por razões muito pessoais. São esses que são sensíveis a seus valores e suas crenças - não à qualidade de seus produtos -, que farão o sistema dar uma virada. Seu papel no processo é ser claro quanto a quais são o propósito, a causa ou a crença pela qual você existe e demonstrar como seus produtos e serviços ajudam a fazer essa causa avançar. Na ausência de um PORQUÊ, as novas ideias e tecnologias logo estão fazendo um jogo de preço e recursos - um claro sinal da ausência de um PORQUÊ e de uma escorregada para o status de commodity. Não foi a tecnologia que falhou, mas a maneira como as companhias tentaram vendê-la. O rádio via satélite não substituiu o rádio comercial em nenhum aspecto significativo. Mesmo quando Sirius e XM se fundiram, na esperança de que a força conjunta de suas empresas ajudaria a mudar sua sorte, as ações da companhia eram vendidas por menos de 50 centavos cada. E, na última vez que verifiquei, a XM estava oferecendo, para dar impulso a seu produto, uma promoção: entrega grátis e a alegação de ser o "serviço de rádio via satélite número 1 dos Estados Unidos, com mais de 170 estações".

Dê às pessoas algo em que acreditar

Em 28 de agosto de 1963, 250 mil pessoas de todos os Estados Unidos convergiram para o National Mall, em Washington, D.C., para ouvir

Martin Luther King proferir seu famoso discurso "Eu tenho um sonho". Os organizadores não tinham enviado 250 mil convites, e na época não havia sites para conferir a data. Como se conseguiu que 250 mil pessoas aparecessem no dia e na hora certos?

Durante o início da década de 1960, o país estava dilacerado por tensões raciais. Só em 1963 houve protestos em dezenas de cidades. Os Estados Unidos eram um país estigmatizado por desigualdade e segregação. O modo como o movimento pelos direitos civis elevou uma ideia - a de que todos os homens são iguais - até que se tornasse um movimento com o poder de mudar um país está fundamentado nos princípios do Círculo Dourado e da Lei da Difusão da Inovação.

O Dr. King não era a única pessoa daquela época a saber O QUE devia mudar para efetivar os direitos civis no país. Ele tinha muitas ideias quanto a O QUE precisava acontecer, mas outros também tinham. E nem todas as ideias dele eram boas. Ele não era um homem perfeito; tinha suas complexidades.

Mas o Dr. King era categórico em sua convicção. Ele *sabia* que a mudança teria que acontecer. A clareza de seu PORQUÊ, sua percepção do propósito, dava-lhe a força e a energia para continuar sua luta contra impossibilidades que muitas vezes pareciam insuperáveis. Havia outros como ele que compartilhavam sua visão, mas muitos desistiram depois de várias derrotas. A derrota é dolorosa. E a capacidade de continuar seguindo em frente, dia após dia, exige algo mais do que saber qual legislação precisa ser aprovada. Para que realmente se estabelecessem direitos civis no país, seus organizadores tinham que mobilizar todo mundo. Talvez fossem capazes de aprovar uma legislação, mas precisavam de mais do que isso: precisavam mudar os Estados Unidos. Somente se fossem capazes de mobilizar uma nação para que se juntasse à causa - não por ser obrigada, mas por querer - é que qualquer mudança significativa seria duradoura. Mas uma só pessoa não conseguiria, sozinha, realizar uma mudança duradoura. Seria preciso haver outros que acreditassem no que King acreditava.

Os detalhes de COMO conquistar direitos civis ou O QUE era necessário ser feito eram discutíveis, e diferentes grupos tentaram estratégias variadas. Alguns empregaram violência, outros, apaziguamento. Qualquer que fosse o COMO ou O QUE estava sendo feito, havia uma coisa que todos tinham em comum – o PORQUÊ de estarem fazendo aquilo. Não foi só a imperturbável convicção de Martin Luther King que comoveu uma população, mas também sua habilidade em expressar seu PORQUÊ em palavras. O Dr. King tinha um dom. Ele falava sobre aquilo em que acreditava. E suas palavras tinham o poder de inspirar:

"Eu acredito."
"Eu acredito."
"Eu acredito."

"Existem dois tipos de leis", ele dizia, "as que são justas e as que são injustas. Uma lei justa é um código feito pelo homem que se alinha com a lei moral. Uma lei injusta é um código que não está em harmonia com a lei moral... Toda lei que eleva a personalidade humana é justa. Toda lei que degrada a personalidade humana é injusta. Todos os estatutos de segregação são injustos porque a segregação distorce a alma e causa dano à personalidade." Sua crença era maior do que o movimento por direitos civis. Dizia respeito a toda a humanidade e a como tratamos uns aos outros. Claro, seu PORQUÊ desenvolveu-se como resultado da época e do lugar em que nascera e da cor de sua pele, mas o movimento por direitos civis serviu como plataforma ideal para o Dr. King dar vida a seu PORQUÊ, sua crença na igualdade.

As pessoas ouviam suas crenças, e sua palavras as tocavam. Os que acreditavam no que ele acreditava fizeram de sua causa a deles também. E espalhavam essa crença. Algumas ainda se organizaram para expressar essa crença com maior eficácia.

Assim, no verão de 1963, 250 mil pessoas apareceram para ouvir o Dr. King proferir seu discurso "Eu tenho um sonho" na escadaria do Lincoln Memorial.

Mas quantas pessoas foram lá pelo Dr. King?

Zero.

Elas foram lá por elas mesmas. Era naquilo que *elas* acreditavam. Viam aquilo como uma oportunidade para ajudar os Estados Unidos a se tornar uma versão melhor de si mesmo. Eram *elas* que queriam viver em um país que refletisse seus próprios valores e crenças, os quais as tinham inspirado a subir em um ônibus e viajar horas para estar sob o sol de Washington no verão e ouvir o Dr. King falar. Estar em Washington era apenas uma das coisas que fizeram para demonstrar em que elas acreditavam. Aparecer lá naquele dia foi um dos O QUÊs de seu próprio PORQUÊ. Aquilo era uma causa, e era a sua causa.

O discurso do Dr. King serviu como um lembrete visceral da crença compartilhada por todos que lá estavam para ouvi-lo. E aquele discurso era sobre aquilo em que ele acreditava, não sobre como iriam realizá-lo. Ele proferiu o discurso "Eu tenho um sonho", não "Eu tenho um plano". Foi uma declaração de propósito, não um plano abrangente com 12 passos para conquistar direitos civis nos Estados Unidos. O Dr. King estava oferecendo ao país um lugar para onde ir, não um plano a seguir. O plano teria sua hora e lugar, e não era na escadaria do Lincoln Memorial.

A expressão que ele deu à sua crença foi poderosa o bastante para mobilizar aqueles que a compartilhavam, mesmo que não fossem pessoalmente afetados pelas desigualdades. Quase 25% das pessoas que foram à manifestação naquele dia eram brancas. Aquela era uma crença que dizia respeito não somente aos negros da nação, mas a uma nação compartilhada. O Dr. King era o líder de uma causa. Uma causa para todos os que acreditavam no que ele acreditava, qualquer que fosse a cor da sua pele.

Não foram detalhes de seus planos que lhe deram o direito de liderar. O que fez as pessoas seguirem Dr. King foi aquilo em que ele acreditava e sua capacidade de comunicá-lo de forma clara. Basicamente, ele, como todos os grandes líderes, tornou-se o símbolo de sua crença, personificou a causa. Até hoje nós erigimos estátuas dele para manter essa crença viva e tangível. As pessoas o seguiram não por sua ideia de um país transformado. As pessoas o seguiram pela ideia *delas* de um país transformado. A parte do cérebro que influencia nosso comportamento e nossas decisões não tem aptidão para a linguagem. Temos dificuldade para dizer com clareza, em termos emocionais, por que fazemos o que fazemos, e apresentamos racionalizações que, embora válidas e verdadeiras, não são poderosas o bastante para inspirar os outros. Assim, quando eram perguntadas por que tinham comparecido naquele dia, as pessoas apontavam para o Dr. King e diziam simplesmente: "Porque eu acredito."

Mais do que qualquer outra coisa, o que Martin Luther King nos deu foi clareza, um modo de explicar como nos sentimos. Ele nos deu as palavras que nos inspiraram. Ele nos deu algo em que acreditar, algo que pudemos facilmente compartilhar com nossos amigos. Todos que estiveram lá naquele dia compartilhavam um conjunto de valores e de crenças. E todos que estavam lá naquele dia, qualquer que fosse a cor da pele ou a raça ou o sexo, confiavam uns nos outros. Foi essa confiança, essa ligação comum, essa crença compartilhada, que alimentou um movimento que mudou a nação.

PARTE IV

Como mobilizar aqueles que acreditam

CAPÍTULO 8

Comece pelo porquê, mas saiba como

A energia empolga. O carisma inspira.

Sob o clamor da plateia, Steve Ballmer, o homem que substituiu Bill Gates como CEO da Microsoft, irrompe no palco na reunião anual de cúpula da companhia. Ballmer ama a Microsoft – ele diz isso claramente. Sabe também como animar uma multidão. Sua energia é quase folclórica. Ele agita os punhos e corre de um lado do palco para outro; ele grita; ele transpira. É surpreendente de se ver e a multidão adora. Como Ballmer demonstra, sem dúvida, energia pode motivar uma multidão. Mas é capaz de inspirar uma população? O que acontece no dia ou na semana seguinte, quando a energia de Ballmer não estiver lá para motivar os funcionários? Energia é suficiente para manter uma companhia com cerca de 80 mil funcionários focada?

Bill Gates, por outro lado, é tímido e desajeitado. É um desajustado social. Não se encaixa no modelo que as pessoas esperam de um líder de uma corporação multibilionária. Não é o mais enérgico dos oradores. No entanto, quando fala, as pessoas ouvem ansiosas. Acompanham cada palavra. Quando Gates fala, ele não mobiliza uma plateia, ele a inspira. Os que o ouvem assimilam o que ele diz e se lembram de suas palavras durante semanas, meses ou anos. Gates não tem energia, mas inspira.

A energia empolga, mas o carisma inspira. Energia é fácil de ver, fácil de avaliar e fácil de copiar. Carisma é difícil de definir, quase impossível de avaliar e impreciso demais para copiar. Todos os grandes líderes têm carisma porque todos os grandes líderes têm clareza quanto ao PORQUÊ; uma inesgotável crença em um propósito ou uma causa maior do que eles mesmos. Não é a paixão de Bill Gates por computadores que nos inspira, é seu inesgotável otimismo de que até os problemas mais complicados podem ser solucionados. Ele acredita que somos capazes de encontrar meios para remover obstáculos até que cada um de nós possa viver e trabalhar usando seu maior potencial. É por seu otimismo que somos atraídos.

Vivendo em plena revolução computacional, ele viu no computador a tecnologia perfeita para nos ajudar a nos tornar mais produtivos e alcançar nosso potencial máximo. Essa crença inspirou sua visão de que haveria um PC em cada mesa. É irônico, considerando que a Microsoft nunca produziu PCs. Não foi só em O QUE os computadores faziam que Gates viu impacto para a nova tecnologia, foi POR QUE nós precisamos deles. Hoje, o trabalho da Fundação Bill e Melinda Gates não tem a ver com softwares, mas é outra maneira de ele dar vida ao seu PORQUÊ. Ele busca maneiras de solucionar problemas. E ainda acredita que, se formos capazes de ajudar pessoas, dessa vez aquelas menos privilegiadas, removendo alguns obstáculos aparentemente simples, elas também poderão ser mais produtivas e se elevar para alcançar seu maior potencial. Para Gates, tudo o que mudou foi O QUE ele está fazendo para dar vida à sua causa.

Carisma não tem nada a ver com energia; vem de uma clareza do PORQUÊ. Vem de uma crença absoluta em um ideal maior do que a própria pessoa. A energia, por outro lado, vem de uma boa noite de sono ou de muita cafeína. A energia pode empolgar. Mas só o carisma é capaz de inspirar. O carisma comanda a fidelidade. A energia, não.

Sempre é possível injetar energia em uma organização para motivar pessoas a fazerem coisas. Bônus, promoções, outras recompensas ou mesmo algumas punições sem dúvida fazem pessoas trabalharem com mais afinco, mas os ganhos são, como as manipulações, de curto prazo. Com o tempo, essas táticas custam mais dinheiro e aumentam o estresse tanto para funcionários quanto para o empregador, e posteriormente vão se tornar o principal motivo para as pessoas virem trabalhar todos os dias. Isso não é fidelidade. É a versão do funcionário para um negócio repetitivo. A fidelidade entre os funcionários acontece quando eles abrem mão de mais dinheiro ou de benefícios para continuar trabalhando na mesma companhia. A fidelidade a uma companhia está acima de pagamento e benefícios. E a menos que você seja um astronauta, tampouco é o trabalho que executamos que nos inspira. É a causa pela qual viemos trabalhar. Não queremos vir trabalhar para erguer uma parede, queremos vir trabalhar para erguer uma catedral.

O caminho escolhido

Criado em Ohio, a 100 quilômetros de Dayton, Neil Armstrong cresceu ouvindo uma saudável seleção de histórias sobre os irmãos Wright. Muito pequeno já sonhava em voar. Construía modelos de aviões, lia revistas sobre aviação e contemplava o céu por um telescópio montado no telhado de casa. Obteve seu brevê de piloto antes mesmo da carteira de motorista. Com a paixão da infância tornando-se realidade, Armstrong estava destinado a se tornar um astronauta. No entanto, para o resto de nós, o caminho de nossas carreiras costuma ser mais parecido com o de Jeff Sumpter.

Quando Sumpter ainda estava no ensino médio, a mãe arranjou para ele um estágio de verão no banco em que ela trabalhava. Quatro anos depois de sair da escola, ele ligou para o banco para ver se havia algum trabalho em meio-expediente, e, mais tarde, eles lhe ofereceram um emprego em tempo integral. Bingo, Jeff tinha uma carreira de bancário. Depois de 15 anos no setor, ele e um colega chamado Trey Maus decidiram abrir o próprio banco, o Banco Lewis & Clark, em Portland, Oregon.

Sumpter é muito bom no que faz – ao longo da carreira, foi um dos melhores consultores de empréstimos. Ele é querido e respeitado por colegas e clientes. Mas até Jeff vai admitir que não tem grande paixão pela atividade bancária em si. Embora não esteja realizando um sonho de infância, é apaixonado por alguma coisa. Não é O QUE ele faz que o tira da cama toda manhã. É POR QUE ele o faz.

Os caminhos da nossa carreira são em boa medida fortuitos. Eu nunca planejei fazer o que estou fazendo agora. Quando criança, sonhava ser engenheiro aeronáutico, mas na faculdade queria ser promotor criminal. No entanto, ao estudar direito, fiquei desiludido com a ideia de ser advogado. Não me parecia a coisa certa. Eu estava em uma faculdade de direito na Inglaterra e não usar um terno com risca de giz em uma entrevista poderia prejudicar minhas chances de conseguir um emprego. Não era para mim.

Na época eu namorava uma jovem que estudava marketing na Universidade de Syracuse. Ela percebeu o que me inspirava e o que me frustrava na carreira jurídica e sugeriu que eu tentasse minha sorte no marketing. E, bingo, eu tinha arranjado uma nova carreira. Mas isso foi só uma das coisas que eu fiz – não é minha paixão e não é como defino minha vida. Minha causa – inspirar pessoas a fazer as coisas que as inspiram – é o PORQUÊ de eu me levantar da cama todo dia. O que me entusiasma é tentar encontrar novas maneiras, novos O QUÊs para dar vida à minha causa, e um deles é este livro.

Independentemente de O QUE fazemos em nossa vidas, nosso PORQUÊ – o propósito, a causa ou a crença que nos impulsiona – nunca muda. Se nosso Círculo Dourado estiver em equilíbrio, O QUE fazemos é apenas uma forma tangível que encontramos de reanimar nossa causa. Desenvolver softwares foi apenas uma das coisas que Bill Gates fez para dar vida à sua causa. Por meio de uma companhia aérea, Herb Kelleher disseminou sua crença na liberdade. Levar o homem à Lua foi o objetivo que John F. Kennedy usou para mobilizar as pessoas a dar vida à sua crença de que servir à nação – e não o contrário – faria com que os Estados Unidos avançassem e prosperassem. A Apple deu a Steve Jobs uma forma de desafiar o status quo e realizar algo grande no mundo. Todas as coisas que esses líderes carismáticos fizeram eram maneiras tangíveis que encontraram para dar vida a seus PORQUÊs. Mas nenhum deles, quando jovens, poderia ter imaginado O QUE acabariam fazendo.

Quando um PORQUÊ está claro, os que compartilham aquela crença serão atraídos por ele e talvez queiram participar do processo de lhe dar vida. Se essa crença for amplificada, talvez tenha o poder de mobilizar ainda mais pessoas que acreditam para que ergam as mãos e declarem: "Quero ajudar." Com um grupo de pessoas que acredita mobilizando outras em torno de um propósito, causa ou crença comum, coisas incríveis podem acontecer. Mas é preciso mais do que inspiração para isso se tornar realmente grande. A inspiração apenas dá início ao processo; é preciso algo mais para impulsionar um movimento.

Amplifique a fonte da inspiração

O Círculo Dourado não é apenas uma ferramenta de comunicação; ele também oferece alguns insights sobre como as companhias são organizadas. Quando começamos a dar mais dimensão ao conceito do Círculo Dourado, não precisamos vê-lo como um modelo puramente bidimensional. Para que forneça uma ideia de valor real sobre como construir uma grande organização em um mundo tridimensional, o Círculo Dourado deve ser tridimensional. A boa notícia é que ele é, na realidade, um cone se visto de cima. Vire-o para ter dele uma visão lateral e poderá ver todo o seu valor.

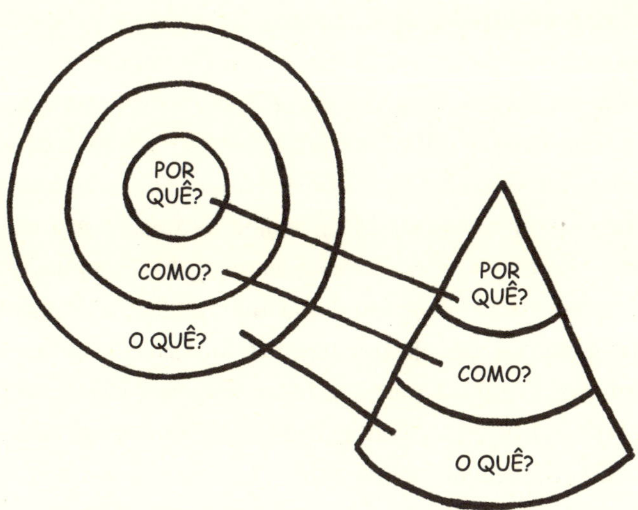

O cone representa uma companhia – um sistema inerentemente hierárquico e organizado. No topo do sistema, representando o PORQUÊ, está o líder; no caso de uma companhia, este costuma ser o CEO (ou ao menos esperamos que seja). O nível logo abaixo, do COMO, tipicamente inclui os executivos seniores que são inspirados pela visão do líder e sabem COMO dar vida a esse PORQUÊ. Não se esqueça de que um PORQUÊ é apenas uma crença, o COMO são as ações que empreendemos para realizar essa crença, e os O QUÊs são os resultados dessas ações. Não importa quão carismático ou inspirador seja o líder, se não houver na organização pessoas inspiradas para tornar aquela visão realidade e para construir uma infraestrutura com sistemas e processos, então, no melhor dos casos, reinará a ineficácia e no pior, o resultado será o fracasso.

Nessa interpretação, o nível do COMO representa uma pessoa ou um pequeno grupo responsável por construir a infraestrutura capaz de fazer com que o PORQUÊ seja tangível. Isso pode acontecer no marketing, nas operações, nas finanças, nos recursos humanos e em todos os outros departamentos. Abaixo disso, no nível do O QUÊ, é que se produzem os resultados. É nesse nível que está a maioria dos funcionários e é onde as coisas tangíveis efetivamente acontecem.

Eu tenho um sonho (e ele fez o plano)

O Dr. King disse que tinha um sonho e inspirou as pessoas a fazerem de seu sonho o sonho delas. O que Ralph Abernathy fez pelo movimento foi outra coisa: ele sabia o que seria necessário para realizar aquele sonho e mostrou às pessoas COMO fazer isso. Deu ao sonho uma estrutura. O Dr. King falou sobre as implicações filosóficas do movimento, ao passo que Abernathy, antigo mentor de King, seu amigo de longa data e secretário de finanças e tesoureiro da Conferência da Liderança Cristã do Sul, ajudaria as pessoas a compreender as medidas específicas que precisavam tomar. “Agora”, dizia Abernathy à plateia depois de um empolgante discurso do Dr. King, “deixem-me dizer a vocês o que devemos fazer amanhã de manhã.”

Martin Luther King era o líder, mas não mudou os Estados Unidos sozinho. O Dr. King era quem inspirava o movimento, mas mobilizar as pessoas de modo efetivo exigia organização. Como no caso de quase todos os grandes líderes, havia em torno dele pessoas que sabiam melhor COMO fazer aquilo. Para cada grande líder, para cada indivíduo do tipo PORQUÊ, existe uma pessoa inspirada ou um grupo do tipo COMO que pega uma causa intangível e constrói a infraestrutura que é capaz de lhe dar vida. É essa infraestrutura que efetivamente torna possível qualquer mudança mensurável ou sucesso.

O líder está no topo do cone – o ponto do PORQUÊ – ao passo que as pessoas do tipo COMO estão logo abaixo e são responsáveis por fazer as coisas de fato acontecerem. O líder imagina o destino e as pessoas do tipo COMO descobrem a rota para chegar lá. Um destino sem uma rota leva a perambulações e ineficiência, algo que muita gente tipo PORQUÊ vai experimentar se não tiver a ajuda para encontrar o caminho. Uma rota sem um destino, no entanto, pode ser eficiente, mas com que finalidade? É bom saber dirigir, mas é melhor ter um lugar aonde ir. Para o Dr. King, Ralph Abernathy era um dos que ele inspirava e que sabia COMO fazer a causa ser realizável e tangível. "A tarefa do Dr. King era interpretar a ideologia e a teologia da não violência", disse Abernathy. "O meu trabalho era mais simples e concreto. Eu diria [às pessoas]: 'Não viaje naquele ônibus'."

Em todos os casos de um grande líder carismático que alguma vez conquistou algo significativo há sempre uma pessoa ou um pequeno grupo nos bastidores que sabia COMO pegar a visão e torná-la realidade. O Dr. King tinha um sonho. Mas não importa quão inspirado seja um sonho, um sonho que não é capaz de ganhar vida continua sendo apenas um sonho. O Dr. King sonhou com muitas das mesmas coisas com que sonharam outros incontáveis afro-americanos que cresceram no Sul dos Estados Unidos pré-direitos civis. Ele falou sobre muitos daqueles mesmos temas. Sentia a mesma indignação, causada por um sistema injusto. Mas foi o imperturbável otimismo de King e suas palavras que inspiraram a população.

O Dr. King não mudou ele mesmo os Estados Unidos. Ele não era um legislador, mas depois dele foi criada uma legislação para dar direitos iguais a todas as pessoas do país, independentemente da cor da pele. Não foi o Dr. King quem mudou os Estados Unidos; foi o movimento de milhões de outras pessoas às quais ele inspirou que mudou o curso da história. Mas como é possível organizar milhões de pessoas? Esqueça os milhões; como é possível organizar centenas ou dezenas de pessoas? A visão e o carisma do líder são o bastante para atrair os inovadores e os adotantes iniciais. Confiando em sua intuição, essas pessoas farão os maiores sacrifícios para tornar a visão realidade. Com cada êxito, com cada demonstração tangível de que a visão pode de fato se tornar realidade, a maioria de mentalidade mais pragmática começa a demonstrar interesse. O que antes era apenas um sonho logo se torna uma provável e tangível realidade. E quando isso acontece, é possível atingir um ponto de virada e as coisas começam realmente a acontecer.

Os que sabem o PORQUÊ precisam dos que sabem COMO

Geralmente os pessimistas têm razão, parafraseando Thomas Friedman, autor de *O mundo é plano*, mas são os otimistas que mudam o mundo. Bill Gates imaginou um mundo no qual o computador nos ajudaria a atingir nosso maior potencial. E isso aconteceu. Agora ele imagina um mundo no qual não existe malária. E isso vai acontecer. Os irmãos Wright imaginaram um mundo no qual todos nós seríamos levados aos céus com a mesma facilidade com que se toma um ônibus. E isso aconteceu. As pessoas do tipo PORQUÊ têm o poder de mudar o curso de setores ou até do mundo... mas só se souberem COMO.

As pessoas tipo PORQUÊ são as visionárias, as que têm imaginação superativa. Costumam ser otimistas e acreditam que todas as coisas que imaginam podem efetivamente ser realizadas. As do tipo COMO vivem mais no aqui e agora. São realistas e têm uma noção clara de todas as coisas práticas. Os tipos PORQUÊ se concentram em coisas que a maioria das pessoas não é capaz de enxergar, como o futuro. Os tipos COMO estão focados em coisas que a maioria das pessoas é capaz de ver, costumam ser melhores na construção de estruturas e processos e fazem com que tudo seja feito. Nenhum dos tipos é melhor do que o outro, são apenas maneiras diferentes de ver e experimentar o mundo. Gates é tipo PORQUÊ. Assim como também os irmãos Wright. E Steve Jobs. E Herb Kelleher. Mas eles não fizeram nada sozinhos. Não seriam capazes. Ele precisavam dos que sabiam COMO.

"Se não fosse por meu irmão mais velho, eu teria sido preso várias vezes por passar cheques sem fundo", disse Walt Disney, fazendo uma brincadeira com fundo de verdade para uma plateia em Los Angeles, em 1957. "Eu nunca sabia quanto tinha no banco. Ele me manteve na linha." Walt Disney era um tipo PORQUÊ, um sonhador cujo sonho se tornou realidade graças à ajuda do irmão mais velho e mais sensato, Roy, um tipo COMO.

Walt Disney começou sua carreira criando cartuns para anúncios publicitários, mas rapidamente passou a fazer desenhos animados. O ano era 1923: Hollywood estava surgindo como o coração do negócio do cinema e Walt quis fazer parte daquilo. Roy, que era oito anos mais velho, trabalhava em um banco. Ele sempre admirou e respeitou o talento e a imaginação do irmão, mas sabia que Walt era propenso a assumir riscos e a ser negligente em questões de negócios. Como todos os do tipo PORQUÊ, Walt estava sempre ocupado pensando em como seria o futuro e com frequência se esquecia de que vivia no presente. "Walt Disney sonhava, desenhava e imaginava, Roy ficava nos bastidores, construindo um império", escreveu Bob Thomas, biógrafo de Disney. "Financista e homem de negócios brilhante, Roy ajudou a transformar os sonhos de Walt Disney em realidade, erguendo a companhia que leva o nome do irmão." Foi Roy quem fundou a Companhia de Distribuição Buena Vista, responsável por fazer dos filmes da Disney parte central da infância americana. Foi Roy quem criou o negócio de merchandising, que transformou os personagens de Disney em nomes familiares a todos. E, como quase todo tipo COMO, Roy nunca quis estar sob os holofotes; preferiu ficar nos bastidores e se concentrar no COMO para dar vida à visão de seu irmão.

A maior parte das pessoas no mundo é do tipo COMO; é funcional no mundo real e é capaz de fazer um bom trabalho. Alguns podem ser muito bem-sucedidos e até ganhar milhões de dólares, mas nunca vão construir negócios de 1 bilhão de dólares nem mudar o mundo. Pessoas do tipo COMO não precisam de tipos PORQUÊ para serem bem-sucedidas. Mas os do tipo PORQUÊ, com toda a sua visão e imaginação, frequentemente ficam com a pior parte do bolo. Se não houver alguém inspirado por sua visão e que saiba como torná-la realidade, a maioria dos tipos PORQUÊ acaba como visionários famintos: pessoas que têm todas as respostas mas que nunca conseguem realizar muitas coisas sozinhas.

Embora tantos deles se julguem visionários, na realidade os empreendedores de maior sucesso são do tipo COMO. Pergunte a um empresário do que ele gosta mais em ser um empresário e a maioria lhe dirá que gosta de construir coisas. O fato de falar sobre construção é uma pista clara de que eles sabem COMO fazer. Um negócio é uma estrutura - sistemas e processos que precisam ser montados. Os tipos COMO são os mais adeptos a construir esses processos e sistemas. No entanto, a maioria das companhias, não importa quão bem construídas sejam, não se torna negócios de 1 bilhão de dólares ou muda o curso de seus setores. Tornar-se uma empresa bilionária, alterar o curso de uma indústria, requer uma muito especial e rara parceria entre alguém que saiba POR QUE e aqueles que sabem COMO.

Em quase todo caso de uma pessoa ou organização que inspirou outras pessoas e realizou grandes coisas existe essa parceira especial entre PORQUÊ e COMO. Bill Gates, por exemplo, pode ter sido o visionário que imaginou um mundo com um PC em cada mesa, mas Paul Allen construiu a companhia. Herb Kelleher foi capaz de personificar e pregar a causa da liberdade, mas foi Rollin King quem veio com a ideia da Southwest Airlines. Steve Jobs era o pregador da rebeldia, mas Steve Wozniak é o engenheiro que fez a Apple funcionar. Jobs teve a visão, Woz fez os produtos. É a parceria entre uma visão de futuro e o talento para realizá-la que faz uma organização ser grande.

Esse relacionamento começa por esclarecer a diferença entre a declaração de uma visão e a declaração de uma missão em uma organização. A visão é a declaração pública da intenção do fundador, é o PORQUÊ de a companhia existir. Ela é literalmente a visão de um futuro que ainda não se concretizou. A declaração da missão é uma descrição da rota, dos princípios que a guiam - COMO a companhia pretende criar aquele futuro. Quando essas duas coisas são declaradas, o tipo PORQUÊ e o tipo COMO estão certos de quais são seus respectivos papéis na parceria. Eles trabalham juntos com clareza de propósito e um plano para chegar lá. No entanto, para que funcione, é preciso mais do que um conjunto de talentos, é preciso confiança.

Como extensamente discutido na Parte 3, relacionamentos baseados na confiança são imprescindíveis para que nos sintamos seguros. Nossa capacidade de confiar em pessoas ou em organizações nos permite assumir riscos e nos sentir apoiados em nossos esforços. E talvez o relacionamento de maior confiança que existe seja entre o visionário e o construtor, a pessoa do PORQUÊ e a pessoa do COMO. Em organizações capazes de inspirar, os melhores CEOs são tipos PORQUÊ, pessoas que acordam todo dia para liderar uma causa, e não apenas conduzir uma companhia. Nessas organizações, os melhores diretores financeiros e diretores de operações são do tipo COMO de alto desempenho, os que têm a personalidade forte o bastante para admitir que eles mesmos não são visionários, mas são inspirados pela visão do líder e sabem como construir a estrutura que é capaz de lhe dar vida. Os tipos COMO em geral não querem estar na linha de frente pregando a visão; preferem trabalhar nos bastidores para construir os sistemas capazes de tornar a visão realidade. É preciso haver uma combinação de aptidões e o esforço de ambos para que grandes coisas aconteçam.

Não é por acaso que essas uniões de PORQUÊ e COMO muitas vezes tenham origem em famílias ou velhas amizades. Educação e experiência de vida compartilhadas aumentam a probabilidade de haver o mesmo conjunto de valores e crenças. No caso de serem da mesma família ou amigos de infância, uma educação comum e experiências comuns são quase a mesma coisa. Não quer dizer que não se possa encontrar um bom parceiro em outro lugar. Só que o fato de ter crescido junto de alguém e de ter uma experiência de vida comum aumenta a probabilidade de haver uma visão de mundo comum e compartilhada.

Walt Disney e Roy Disney eram irmãos. Bill Gates e Paul Allen cursaram o ensino médio juntos em Seattle. Herb Kelleher tinha sido o advogado do divórcio e era velho amigo de Rollin King. Martin Luther King Jr. e Ralph Abernathy pregavam, os dois, em Birmingham, muito antes de o movimento pelos direitos civis tomar forma. E Steve Jobs e Steve Wozniak eram melhores amigos. E a lista continua.

Administrar ou liderar

Quanto aos talentosos tipos COMO que hoje administram organizações, eles podem ter um sucesso que vai durar a vida inteira, mas vão passar essa vida administrando suas companhias. Há muitas maneiras de ser bem-sucedido e obter lucros. Muitas manipulações, das quais mencionei só algumas neste livro, funcionam muito bem. Pode haver até capacidade para criar um ponto de virada sem gerar uma mudança duradoura. Isso se chama "moda". Mas grandes organizações funcionam exatamente como qualquer movimento social. Elas inspiram pessoas a falar sobre um produto ou uma ideia, a incluir esse produto no contexto de seu estilo de vida, a compartilhar a ideia ou até a buscar maneiras de incrementar a prosperidade da própria organização. Grandes organizações não só estimulam o espírito humano, elas inspiram as pessoas a participar e ajudar na promoção da causa, sem a necessidade de pagá-las ou incentivá-las de algum modo específico. Não são exigidos retorno em dinheiro ou descontos. As pessoas sentem-se compelidas a difundir a mensagem, não porque são obrigadas, mas porque querem. Elas voluntariamente arregaçam as mangas para compartilhar a mensagem que as inspira.

Construa um megafone que funcione

Após um processo de seleção que durou três meses, a BCI enfim escolheu uma nova agência de publicidade para ajudar a desenvolver uma campanha de lançamento de sua nova linha de produtos. Big Company Incorporated é uma marca muito conhecida que opera em um espaço do mercado bastante desordenado. Os produtos desse fabricante são vendidos por meio de uma força de vendas terceirizada, com frequência nas prateleiras de grandes lojas do varejo, de modo que a companhia não tem controle direto sobre o processo de vendas. O melhor que pode fazer é, remotamente, tentar influenciar a venda – com marketing. A BCI é uma boa companhia, com uma cultura forte. Os funcionários respeitam a direção, e a empresa costuma fazer um bom trabalho. Mas ao longo dos anos a concorrência cresceu e endureceu bastante. E embora a BCI tenha um bom produto e preços competitivos, ainda é difícil manter um crescimento forte ano após ano. Neste ano, a direção está particularmente animada porque a BCI vai lançar um novo produto, que eles acreditam que dará destaque à empresa. Para ajudar a promovê-lo, a agência escolhida lançou uma grande campanha de publicidade.

"Da marca líder", diz o novo anúncio, "vem o mais novo, mais inovador produto que você já viu." O anúncio continua falando sobre os novos recursos e benefícios, e inclui algo sobre "a qualidade que você espera da BCI", frase que os executivos da companhia acharam, com muita certeza, que devia ser incluída. Os executivos trabalharam duro para construir a reputação de sua companhia e querem alavancá-la. Estão muito animados com a nova campanha e realmente apostam no sucesso de seu produto para ajudar a impulsionar as vendas de modo geral. Sabem que fazem um bom trabalho e querem transmitir essa mensagem. Precisam que ela ecoe alto. Com um orçamento de milhões de dólares para a publicidade desse novo produto, a BCI tem êxito nesse aspecto.

Mas há um problema.

A BCI e sua agência fizeram um bom trabalho ao falar com as pessoas sobre seu novo produto. Foi um trabalho bem criativo. Eles conseguiram explicar o que era novo e especial, e grupos focais concordaram que o produto era muito melhor do que os da concorrência. Os milhões de dólares investidos no plano de mídia garantiram que muita gente assistisse à propaganda e que a visse várias vezes. O alcance e a frequência, parâmetros comumente usados por agências de publicidade para avaliar o número de pessoas que tiveram acesso aos anúncios, foram muito bons. Não havia dúvida de que a mensagem ecoava bem alto. O problema foi que ela não estava clara. Eram só O QUÊs e COMOs, sem nenhum PORQUÊ. Mesmo as pessoas entendendo o que o produto fazia, nenhuma soube em que a BCI acreditava. A boa notícia é que não foi uma perda total; os produtos continuarão a vender enquanto houver anúncios no ar e as promoções continuarem sendo competitivas. É uma estratégia eficaz, mas um modo muito dispendioso de ganhar dinheiro.

E se Martin Luther King tivesse apresentado um plano mais abrangente do que qualquer outro já apresentado, com 12 passos, para conseguir implantar direitos civis nos Estados Unidos? Ressoando nos alto-falantes naquele dia de verão de 1963, sua mensagem ecoaria muito alto. Microfones, como a propaganda e as relações públicas, são fantásticos para garantir que uma mensagem seja ouvida. Como no caso da BCI, a mensagem de King teria alcançado milhares de pessoas. Mas sua crença não estaria clara.

Um volume alto é razoavelmente fácil de obter. Bastam dinheiro ou uma grande campanha publicitária. O dinheiro pode manter uma mensagem em primeiro plano e no centro de tudo. E campanhas grandiosas são boas para virarem notícia. Mas nenhum deles planta sementes de fidelidade. Muitos, ao lerem isso, talvez se lembrem de que Oprah Winfrey certa vez deu um carro a cada um na sua plateia. Isso aconteceu há muitos anos, em 2004, e pessoas ainda se referem a esse golpe de publicidade. Mas quantas conseguem se lembrar do modelo do carro?

Esse é o problema. Foi a Pontiac que doou 7 milhões de dólares em carros, 276 de seus novos modelos G6, para ser exato. E foi a Pontiac que considerou essa ação um modo de fazer o marketing de seu novo carro. Mas embora a manobra tivesse funcionado bem para confirmar o espírito generoso de Oprah, algo com que estamos todos familiarizados, poucos se lembram de que o carro era da Pontiac. Pior, o evento nada fez para reforçar um propósito, uma causa ou uma crença que a montadora representasse. Não tínhamos ideia de qual era o PORQUÊ da Pontiac antes da campanha, e por isso é difícil que ela tenha conseguido muito mais do que ser um truque com a intenção de obter alguma publicidade. Sem um senso de PORQUÊ, não haverá nada mais do que isso.

Para que uma mensagem tenha um impacto real, afete o comportamento e plante fidelidade, é necessário mais do que publicidade. Precisa propagar algum propósito, alguma causa ou crença mais elevada, com a qual os que abraçam valores semelhantes possam se relacionar. Só então a mensagem será capaz de criar um sucesso duradouro no mercado de consumo de massa. Para que uma manobra publicitária atinja o lado esquerdo da curva da Lei da Difusão da Inovação, deve estar claro POR QUE a manobra está sendo feita, além do desejo de gerar mídia. Ainda que, mesmo sem essa clareza, possa haver benefícios de curto prazo, o fato de ecoar alto não é nada mais do que excesso de volume. E muitas companhias se perguntam por que essa distinção é tão desafiadora atualmente. Você já ouviu o volume que vem de algumas delas?

Por outro lado, qual teria sido o impacto do discurso do Dr. King se ele não dispusesse de microfones e alto-falantes? Sua visão não teria sido menos clara. Suas palavras não teriam sido menos inspiradoras. Ele sabia no que acreditava e falou com paixão e carisma sobre essa crença. Mas só as pessoas na frente teriam se inspirado. Um líder com uma causa, seja um indivíduo ou uma organização, precisa ter um megafone para transmitir sua mensagem. E deve ser claro e alto para funcionar. A clareza de propósito, de causa ou de crença é importante, mas igualmente importantes são as pessoas que ouvem você. Para que um PORQUÊ tenha o poder de mobilizar, não só tem que ser claro, deve ser amplificado para alcançar pessoas em número suficiente para fazer pender a balança.

Não é por acaso que o Círculo Dourado tridimensional é um cone. Na verdade, é um megafone. Uma organização torna-se efetivamente um instrumento mediante o qual uma pessoa que tenha um propósito, uma causa ou uma crença clara pode falar ao mundo. Mas para um megafone funcionar, a clareza deve vir primeiro. Sem uma mensagem clara, o que você iria amplificar?

Só diga alguma coisa se acreditar nela

O Dr. King usou seu megafone para mobilizar multidões a segui-lo na busca de justiça social. Os irmãos Wright usaram seu megafone a fim de mobilizar sua comunidade para que os ajudasse a construir a tecnologia capaz de mudar o mundo. Milhares de pessoas ouviram a crença de John F. Kennedy na atitude de servir à nação e se mobilizaram para levar um homem à Lua em menos de uma década. A capacidade para incitar e inspirar pessoas a saírem de sua rotina e contribuírem para algo maior que elas mesmas não é exclusiva das causas sociais. Qualquer organização pode construir um megafone capaz de causar um enorme impacto. Na verdade, esse é um dos fatores determinantes para que uma organização seja grande. Grandes organizações não se restringem a obter lucros, elas lideram pessoas e mudam o curso de setores, e às vezes de nossas vidas, no processo.

Um claro senso do PORQUÊ cria expectativas. Quando não sabemos qual é o PORQUÊ de uma organização, não sabemos o que esperar, e então esperamos o mínimo - preço, qualidade, recursos -, aquilo que compõe uma commodity. Mas quando temos uma noção do PORQUÊ, esperamos mais. Para os que não se sentem confortáveis tendo que corresponder a um padrão mais elevado, recomendo com veemência que não tentem saber qual é seu PORQUÊ nem procurem deixar seu Círculo Dourado em equilíbrio. Padrões mais elevados são difíceis de manter. Exige a disciplina de falar constantemente sobre ele e lembrar a todos POR QUE a companhia existe. Requer que cada um na organização seja responsável por COMO fazer as coisas – pelos valores e pelos princípios que a guiam. E leva tempo e esforço assegurar que tudo o que você diz e faz é coerente com o seu PORQUÊ. Mas para os que quiserem fazer o esforço, há grandes vantagens.

Richard Branson primeiro construiu a Virgin Records como uma marca de muitos bilhões de dólares de venda de música no varejo. Depois criou uma bem-sucedida gravadora. Mais tarde fundou uma companhia aérea que é considerada hoje uma das principais no mundo. Então partiu para uma marca de refrigerante, uma empresa de planejamento de casamentos, uma companhia de seguros e um serviço de telefonia móvel. E a lista não para por aqui. De modo semelhante, a Apple nos vende computadores, telefones móveis, gravadores de vídeo digitais, tocadores de MP3, e tem replicado sua capacidade de inovação. A habilidade que certas companhias têm de não só serem bem-sucedidas, mas também de repetir esse sucesso, deve-se aos seguidores fiéis, às massas de gente que torcem por seu sucesso. No mundo dos negócios, dizem que a Apple é uma marca de estilo de vida. Estão subestimando o poder da Apple. Gucci é uma marca de estilo de vida – a Apple muda o curso de setores inteiros. Qualquer que seja a definição, essas poucas companhias não funcionam como entidades corporativas. Elas existem como movimentos sociais.

Grandeza que se repete

Ron Bruder não é um nome familiar, mas ele é um grande líder. Em 1985, estava com suas duas filhas na calçada junto a uma faixa de pedestres esperando para atravessar a rua. Uma oportunidade perfeita, pensou, para ensinar às meninas uma valiosa lição de vida. Ele apontou, no outro lado da rua, para o sinal vermelho, que quer dizer "Pare", e perguntou a elas o que achavam que aquele sinal significava. "Significa que temos que ficar aqui parados", responderam. "Têm certeza?", ele perguntou, retoricamente. "Como sabem que não está nos dizendo para correr?"

Com a fala mansa e quase sempre vestindo no trabalho um terno de três peças muito bem cortado, Bruder se parece com o que se imagina de um executivo conservador. Mas não suponha que sabe como as coisas funcionam só com base naquilo que vê. Bruder é tudo menos um estereótipo. Embora tenha usufruído das vantagens do sucesso, não é motivado por elas. Elas sempre foram o subproduto não intencional de seu trabalho. Bruder é movido por um claro senso de PORQUÊ. Ele vê um mundo no qual as pessoas aceitam a vida que levam e fazem as coisas não porque sejam obrigadas, mas porque ninguém jamais lhes mostrou uma alternativa. Esta é a lição que ele estava ensinando às filhas naquele dia na faixa de pedestres – sempre há outra perspectiva a considerar. O fato de Bruder sempre começar pelo PORQUÊ permitiu que obtivesse grandes coisas para si mesmo. Mas o mais significativo é sua habilidade em compartilhar seu PORQUÊ através das coisas que faz e inspirar os que o cercam a fazer grandes coisas por si mesmos.

Como acontece com a maioria de nós, o caminho seguido na carreira de Bruder foi fortuito. Mas o PORQUÊ dele nunca mudou. Tudo o que Bruder fez em sua vida sempre começou com seu PORQUÊ, sua inflexível crença de que, se você mostrar a alguém que talvez exista uma rota alternativa, isso pode abrir a possibilidade de que essa rota seja seguida. Embora o trabalho que está fazendo hoje seja capaz de mudar o mundo, Bruder nem sempre esteve no negócio da paz mundial. Como muitos líderes inspiradores, ele mudou o curso de um setor. Mas Ron Bruder não é um homem de uma maravilha só. Ele tem sido capaz de repetir seu sucesso e mudar o curso de múltiplos setores, múltiplas vezes.

Um executivo sênior de um grande conglomerado da área de alimentos, que vendia vegetais, enlatados e carnes, decidiu comprar uma agência de viagens para o sobrinho. Ele pediu a Bruder, então o diretor financeiro da companhia, que examinasse as finanças da agência antes de efetivar a aquisição. Vendo uma oportunidade que outros não viam, Bruder decidiu se juntar à pequena agência de viagens para ajudar a conduzi-la. Uma vez lá, viu como as outras agências trabalhavam e tomou um caminho alternativo. A Greenwell tornou-se a primeira agência de viagens no litoral leste a aproveitar a nova tecnologia e informatizar totalmente suas operações. Ela não só passou a ser uma das mais bem-sucedidas companhias na região como, um ano depois, seu modelo de negócio havia se tornado um padrão para o setor. Bruder, então, repetiu o feito.

Um ex-cliente dele, Sam Rosengarten, trabalhava em um negócio sujo – carvão, petróleo e gás; todos setores que criavam *brownfields*, isto é, terrenos contaminados por suas operações. Pouco se podia fazer nos *brownfields*. Estavam poluídos demais para serem aproveitados, e a responsabilidade que caberia a quem fosse limpá-los era tão alta que só os prêmios do seguro tornavam até a tentativa cara. Mas Bruder não encara os desafios da mesma forma que todos os outros. A maioria evitava os *brownfields* porque só enxergavam o custo de limpá-los. Bruder, em vez disso, concentrou-se na limpeza em si. Sua perspectiva alternativa revelou a solução perfeita.

Bruder já tinha formado sua companhia de desenvolvimento imobiliário, a Brookhill, e, com 18 funcionários, estava se saindo muito bem. Sabendo o que precisava para aproveitar a oportunidade, ele se aproximou da Dames & Moore, uma das maiores companhias de engenharia ambiental no mundo, e compartilhou sua nova perspectiva com eles. Eles gostaram da ideia e formaram uma parceria para realizá-la. Com uma companhia de engenharia que empregava 18 mil pessoas, a percepção de risco foi muito minimizada e as companhias de seguro ficaram felizes em oferecer um valor acessível. Garantido o seguro, o Credit Suisse First Boston ofereceu um financiamento que deu à Brookhill a possibilidade de comprar, recuperar, redesenvolver e vender propriedades antes ambientalmente contaminadas por quase 200 milhões de dólares. A Brookhill foi pioneira na indústria de redesenvolvimento de *brownfields*. Um setor que prospera até hoje. O PORQUÊ de Bruder não só o direcionou para um caminho que era bom para os negócios, mas no processo também ajudou a limpar o meio ambiente.

Não importa O QUE Ron Bruder faz. Os setores e os desafios são fortuitos. O PORQUÊ dele nunca muda. Bruder sabe que, não importa quão boa uma oportunidade pareça ser no papel, não importa quão inteligente ele seja e não importa qual a trajetória, ele nunca seria capaz de nada se não houvesse outros para ajudá-lo. Ele sabe que sucesso é um esporte de equipe. Ele tem uma notável habilidade para atrair os que acreditam no que ele acredita. Pessoas talentosas o procuram com um pedido: "Como posso ajudar?" Tendo desafiado perspectivas estabelecidas e aceitas, e revolucionado mais de um setor, Bruder está considerando agora um desafio maior: a paz mundial. Ele fundou a Education for Employment Foundation, o megafone que o ajudaria a realizar isso.

A EFE Foundation está fazendo progresso considerável ajudando jovens homens e mulheres no Oriente Médio a alterar significativamente o curso de suas vidas, inclusive o curso dos acontecimentos na região. Assim como ele ensinou às filhas na faixa de pedestres que há sempre uma rota alternativa, ele oferece uma perspectiva alternativa aos problemas no Oriente Médio. Como todos os sucessos de Bruder no passado, a EFE Foundation vai impulsionar negócios e, no processo, fazer um enorme bem. Bruder não conduz companhias, ele lidera movimentos.

Todos os movimentos são pessoais

Começou no 11 de Setembro de 2001. Como tantos de nós, Bruder voltou sua atenção para o Oriente Médio depois dos ataques, perguntando-se como uma coisa daquelas poderia ter acontecido. Ele compreendeu que se um evento daqueles aconteceu uma vez, poderia acontecer novamente, e pela vida das próprias filhas quis buscar um caminho para evitar isso.

Enquanto pensava no que poderia fazer, fez uma descoberta notável que levou a algo muito mais profundo do que a proteção de suas filhas ou mesmo a prevenção do terrorismo no país. Ele constatou que nos Estados Unidos a grande maioria dos jovens acorda de manhã com o sentimento de que há oportunidades para eles no futuro. Independentemente da situação da economia, a maior parte dos jovens que crescem no país tem um senso de otimismo inerente de que são capazes de conseguir algo se quiserem – o Sonho Americano. Um rapaz que cresce em Gaza ou uma moça que vive no Iêmen não acordam com o mesmo sentimento. Mesmo que eles tenham o desejo, o otimismo não está lá. É fácil demais apontar o dedo e dizer que a cultura é diferente. Que aquilo não é atingível. O motivo real é que claramente há uma carência de instituições que deem aos jovens da região um sentimento de otimismo em relação a seu futuro. Cursar uma faculdade na Jordânia, por exemplo, talvez ofereça algum status, mas não necessariamente prepara o jovem adulto para o que vem à frente. O sistema educacional em casos com esse perpetua um pessimismo cultural sistêmico.

Bruder se deu conta de que os problemas com o terrorismo que enfrentamos no Ocidente têm menos a ver com o que rapazes e moças no Oriente Médio pensam sobre os Estados Unidos do que com o que eles pensam sobre si mesmos e sobre sua própria visão do futuro. Por intermédio da EFE Foundation, Bruder está montando um programa em todo o Oriente Médio para ensinar a jovens adultos as habilidades técnicas e interpessoais que os farão sentir que têm oportunidade na vida. Sentir que são capazes de controlar o próprio destino. Bruder está usando a EFE Foundation para compartilhar o seu PORQUÊ em escala global – ensinar às pessoas que sempre existe uma alternativa ao caminho no qual pensam que estão.

A Education for Employment Foundation não é uma organização americana de caridade querendo fazer o bem em países distantes. É um movimento global. Cada operação da EFE funciona de forma independente, com moradores constituindo a maioria de suas juntas diretoras. Líderes locais assumem responsabilidade de dar aos jovens aquela percepção de oportunidade, oferecendo-lhes a capacitação, o conhecimento, e, mais do que tudo, a confiança de escolher um caminho alternativo para si mesmos. Mayyada Abu-Jaber lidera o movimento na Jordânia. Mohammad Naja difunde a causa em Gaza e na Cisjordânia. E Maeen Al-Eryani está demonstrando que uma causa pode mudar até uma cultura no Iêmen.

No Iêmen, muitas crianças não têm acesso à educação e a taxa de analfabetismo chega a 41%. Inspirado por Bruder, Al-Eryani vê nisso uma incrível oportunidade para os jovens mudarem sua perspectiva e assumir um controle maior de seu próprio futuro. Ele começou a buscar capital para o salto inicial de sua operação da EFE em Sanaa, capital do Iêmen, e em uma semana conseguiu levantar 50 mil dólares. A rapidez com que juntou essa quantia foi muito grande, mesmo em relação aos padrões filantrópicos americanos. Mas isso foi no Iêmen, e o Iêmen não tem uma cultura de filantropia, o que faz essa conquista ser muito mais admirável. O Iêmen também é uma das nações mais pobres na região. Mas quando se diz às pessoas POR QUE você está fazendo o que está fazendo, coisas admiráveis acontecem.

Por toda a região, todas as pessoas envolvidas com a EFE acreditam que podem ajudar a ensinar a seus irmãos e irmãs, filhos e filhas, as habilidades que os farão mudar o caminho no qual *pensam* estar. Estão trabalhando para ajudar a juventude em toda a região a acreditar que seu futuro é brilhante e cheio de oportunidades. E não fazem isso por Bruder, fazem isso por elas mesmas. É por isso que a EFE vai mudar o mundo.

No alto do megafone, no ponto do PORQUÊ, o papel de Bruder é inspirar, dar início ao movimento. Mas aqueles que acreditam é que levarão a cabo a mudança real e manterão o movimento atuante. Qualquer um, independentemente de onde vive, o que faz ou de sua nacionalidade, pode participar. Tem a ver com sentirmos que pertencemos. Se você acredita que haja um caminho alternativo àquele em que estamos, e que tudo o que temos de fazer é apontar para ele, visite o site efefoundation.org e junte-se ao movimento. A ação de mudar o mundo exige o apoio daqueles que acreditam.

CAPÍTULO 9

Saiba o porquê. Saiba como. E aí o quê?

Eles entraram marchando, em fila única. Nenhuma palavra foi dita. Ninguém fez contato visual com ninguém. Todos pareciam iguais. As cabeças raspadas, as roupas cinzentas e esfarrapadas. As botas sujas. Um após outro encheram o grande e cavernoso recinto, como um hangar em um filme de ficção científica. A única cor era o cinza. As paredes eram cinzentas. Poeira e fumaça enchiam o espaço, fazendo até o ar parecer cinzento.

Centenas, talvez milhares desses drones humanos sentaram-se em bancos perfeitamente organizados. Fileira após fileira. Um mar de conformidade cinzenta. Todos olhavam uma enorme cabeça falante projetada em uma tela que preenchia toda a parede frontal do salão. Esse aparente líder recitava dogma e propaganda, declarando com orgulho que eles tinham o controle total. Haviam chegado à perfeição. Estavam livres de pragas. Ou assim pensavam.

Correndo em um dos túneis que levavam ao hangar cavernoso, uma solitária mulher loura. Vestia short vermelho e uma camiseta branca regata. Sua pele e a cor de suas roupas pareciam reluzir no ar cinzento. Perseguida por seguranças, ela corria com uma marreta na mão. Isso não ia acabar bem para o status quo.

Em 22 de janeiro de 1984, a Apple lançou seu computador Macintosh com o agora famoso comercial descrevendo uma cena orwelliana de um regime totalitário que mantém a população sob controle, e prometeu: "1984 não será como *1984.*" Esse anúncio, porém, era muito mais do que apenas um anúncio. Não era sobre recursos e benefícios de um novo produto. Era sobre uma "proposta de valor diferenciada". Era, em toda a sua intenção e todo o seu propósito, um manifesto. Uma ode poética ao PORQUÊ da Apple; era a versão em filme de uma rebelião individual contra o status quo, desencadeando uma revolução. E embora os produtos e a moda tenham mudado, esse comercial é tão relevante hoje quanto foi três décadas atrás, ao ser transmitido pela primeira vez. Isso acontece pelo simples fato de o PORQUÊ não mudar nunca. O QUE você faz pode mudar com o tempo, mas o PORQUÊ de você fazer nunca muda.

O comercial é uma das muitas coisas que a companhia fez ou disse ao longo dos anos para demonstrar ou revelar ao mundo no que ela acredita. Toda a publicidade e as comunicações da Apple, seus produtos, suas parcerias, suas embalagens, o design de suas lojas, são todos os O QUÊs para o PORQUÊ, prova de que a companhia desafia ativamente o pensamento do status quo, para dar força ao indivíduo. Já reparou que a publicidade deles nunca apresenta grupos usando os produtos? São sempre indivíduos. A campanha "Pense diferente" descreveu indivíduos que pensam diferente, nunca grupos. Sempre indivíduos. E quando a Apple nos diz para pensar diferente não está apenas descrevendo a si mesma. Os anúncios mostravam figuras como Pablo Picasso, Martha Graham, Jim Henson, Alfred Hitchcock, para citar algumas, com a frase "Pense diferente" no canto superior direito da página. A Apple não personifica o espírito rebelde porque se associou a rebeldes conhecidos. Pelo contrário, ela escolheu rebeldes conhecidos porque eles personificam o mesmo espírito rebelde. O PORQUÊ veio antes da solução criativa na publicidade. Nenhum anúncio mostrava um grupo. Isso não é casual. Dar força ao espírito individual é o PORQUÊ de a Apple existir. A Apple sabe qual é seu PORQUÊ, e nós também. Concordemos ou não, sabemos no que acreditam, porque eles nos dizem.

Fale claramente e será claramente compreendido

Uma organização é representada pela visão do Círculo Dourado como um cone tridimensional. Esse sistema organizado fica em cima de outro sistema: o mercado.

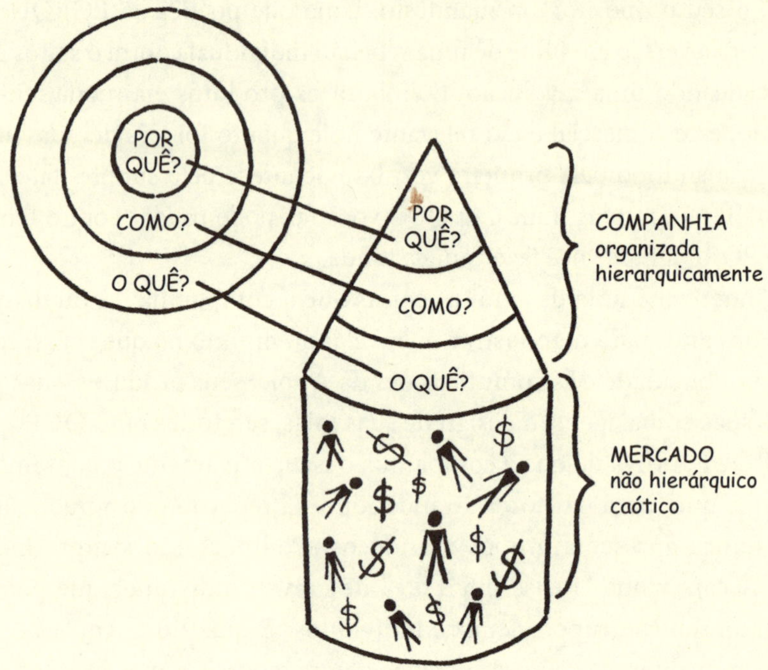

O mercado é composto por todos os consumidores potenciais, a imprensa, a concorrência, os fornecedores e o dinheiro. Esse sistema é inerentemente caótico e desorganizado. O único contato que o sistema organizado tem com o desorganizado é na base – no nível de O QUÊ. Tudo o que uma organização diz e faz comunica a visão do líder para o mundo. Todos os produtos e serviços que a companhia vende, o marketing e a publicidade, todo contato com o mundo comunica isso. Se as pessoas não compram O QUE você faz, compram POR QUE você o faz, e se todas as coisas que acontecem no nível de O QUÊ não representam com clareza o PORQUÊ de a companhia existir, então a capacidade para inspirar fica gravemente comprometida.

Quando a companhia é pequena isso não é um fator importante, pois seu fundador tem muito contato com o mundo fora dela. Pode haver pouca oferta de pessoas do tipo COMO e, assim, o fundador opta por tomar ele mesmo a maioria das grandes decisões. É o fundador ou líder quem efetivamente sai para falar com os clientes, vender o produto e contratar a maioria dos funcionários, se não todos eles. Quando a companhia cresce, são acrescentados sistemas e processos, e outras pessoas juntam-se a ela. A causa, que era personificada em um indivíduo, lentamente se transforma em uma organização estruturada e o cone começa a tomar forma. À medida que a empresa cresce, o papel do líder muda. Ele deixa de ser a parte do megafone com o som mais alto para se tornar a origem da mensagem que vai viajar para o exterior.

Quando uma companhia é pequena, ela gira em torno da personalidade do fundador. Não se discute se a personalidade do fundador é a personalidade da companhia. Por que pensar então que as coisas vão mudar só porque a companhia se tornou bem-sucedida? Qual era a diferença entre Steve Jobs, o homem, e Apple, a companhia? Nenhuma. Qual é a diferença entre a personalidade de Richard Branson e a personalidade da Virgin? Nenhuma. Quando uma companhia cresce, a tarefa do CEO é personificar o PORQUÊ. Disseminá-lo. Falar sobre ele. Pregá-lo. Ser um símbolo daquilo em que a companhia acredita. Eles representam a intenção, e O QUE a companhia diz e faz é sua voz. Como Martin Luther King e seu movimento social, a tarefa do líder não é mais fechar todos os acordos; é inspirar.

À medida que a organização cresce, o líder sai fisicamente de cena, se afasta de O QUE a companhia faz e se afasta do mercado lá fora. Eu adoro perguntar a CEOs o que eles consideram prioridade e, dependendo do tamanho ou da estrutura da companhia, costumo obter uma dessas duas respostas: clientes ou acionistas. Infelizmente, não há muitos CEOs de companhias de qualquer tamanho razoável que ainda tenham contato diário com clientes. E existem clientes e acionistas fora da organização, no mundo caótico do mercado. Exatamente como demonstra o cone, a tarefa do CEO, a responsabilidade do líder, não é se concentrar no mercado, no lado de fora – mas se voltar para a camada que está logo abaixo: a do COMO. O líder tem que assegurar que haja pessoas na equipe que acreditam no que ele acredita e saibam COMO construir aquilo. As pessoas do tipo

COMO são responsáveis por compreender o PORQUÊ e devem trabalhar todo dia para desenvolver os sistemas e contratar as pessoas que no fim das contas serão as responsáveis por dar vida ao PORQUÊ. Os funcionários, em geral, são responsáveis por demonstrar o PORQUÊ para o mundo lá fora, em tudo o que companhia diz e faz. O desafio é serem capazes de fazer isso com clareza.

Lembre-se da biologia do Círculo Dourado. O PORQUÊ existe na parte do cérebro que controla os sentimentos e as tomadas de decisão, mas não a linguagem. Já os O QUÊs existem na parte do cérebro que controla o pensamento racional e a linguagem. Comparar a biologia do cérebro com a configuração tridimensional do Círculo Dourado revela um profundo insight.

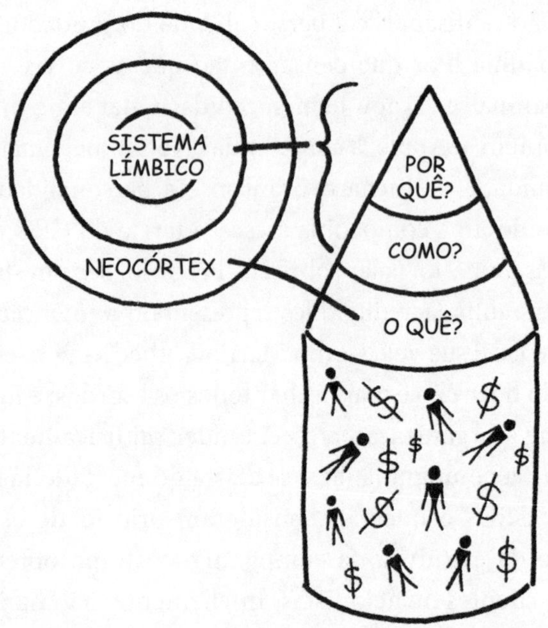

O líder no topo da organização é a inspiração, o símbolo da razão pela qual fazemos o que fazemos. Ele representa o sistema límbico emocional. O QUE a companhia diz e faz representa o pensamento racional e a linguagem do neocórtex. Da mesma forma que é difícil para as pessoas falarem de seus sentimentos, como alguém que tenta explicar por que ama seu cônjuge, é igualmente difícil para uma organização explicar seu PORQUÊ. A parte do cérebro que controla os sentimentos não é a mesma que controla a linguagem. Uma vez que o cone é apenas uma configuração tridimensional do Círculo Dourado, o qual está firmemente fundamentado na biologia da tomada de decisão humana, segue-se a lógica de que organizações de quaisquer tamanhos terão dificuldade para comunicar com clareza seu PORQUÊ. Traduzido em termos de negócios isso significa que tentar comunicar sua proposta de valor diferenciada é realmente difícil.

Dizendo sem rodeios, a dificuldade que tantas companhias enfrentam para diferenciar ou comunicar seu valor verdadeiro ao mundo não é um problema de negócios, é um problema de biologia. E assim como uma pessoa que se esforça para expressar em palavras suas emoções, nós também nos valemos de metáforas, imagens e analogias na tentativa de comunicar como nos sentimos. Na falta de uma linguagem adequada para compartilhar nossas emoções profundas, nosso propósito, nossa causa ou nossa crença, contamos histórias. Usamos símbolos. Criamos coisas tangíveis para que aqueles que acreditam naquilo em que acreditamos possam apontar e dizer: "Este é o PORQUÊ de eu estar inspirado." Se for feito da maneira adequada, é nisto que se transformam o marketing, a marca e os produtos e serviços: uma forma de organizações se comunicarem com o mundo. Comunique-se claramente e será compreendido.

CAPÍTULO 10

Comunicação não tem a ver com falar, tem a ver com ouvir

Martin Luther King, um homem que se tornaria um símbolo de todo o movimento pelos direitos civis, optou por proferir seu famoso discurso "Eu tenho um sonho" diante de outro símbolo: o Lincoln Memorial. Como King, Lincoln permanece um símbolo americano do valor da liberdade para todos. Grandes sociedades compreendem a importância que os símbolos têm de ratificar seus valores e de assimilar suas crenças. Ditadores compreendem muito bem a importância de símbolos. Mas, no caso deles, os símbolos em geral se referem a eles próprios, não a uma crença maior. Símbolos que tornam tangível o que é intangível. E a única razão de terem significado é que nós lhes infundimos significado. O significado está em nossa mente, não propriamente nos símbolos. Apenas quando o propósito, a causa ou a crença é clara, é que um símbolo é capaz de exercer grande poder.

A bandeira, por exemplo, nada mais é do que um símbolo dos valores e das crenças das nações. E em uma batalha os soldados seguem a bandeira. É um símbolo de grande poder. Já reparou alguma vez na bandeira americana no braço direito de um soldado? Está virada para trás. Não é um erro, está assim de propósito. Uma bandeira tremulando em um mastro quando o exército avança em batalha, vista do lado direito, pareceria estar ao contrário. Se estivesse no sentido correto no braço direito do soldado, ia parecer que o soldado está batendo em retirada.

Nossa bandeira está incutida de tanto significado que já houve quem tentasse aprovar leis proibindo sua profanação. Não é o material com que a bandeira é feita que esses patriotas querem proteger. As leis que eles propõem nada têm a ver com destruição de propriedade. O objetivo é proteger o significado que o símbolo representa: o PORQUÊ. As leis que elaboraram tentavam proteger o intangível conjunto de valores e crenças que os símbolos carregam. Embora as leis tenham sido rejeitadas pela Suprema Corte, elas suscitaram debates contenciosos e carregados de emoção. Contrapõem nosso desejo de liberdade de expressão ao nosso desejo de proteger o símbolo dessa liberdade.

Ronald Reagan, o Grande Comunicador, conhecia muito bem o poder de símbolos. Em 1982, foi o primeiro presidente a convidar um "herói" para sentar-se no balcão do salão na Câmara dos Representantes durante o discurso do Estado da União; uma tradição que desde então é realizada todo ano. Homem que transpirava otimismo, Reagan sabia o valor de simbolizar os valores dos Estados Unidos em vez de apenas falar sobre eles. Seu convidado, sentado junto à primeira dama, era Lenny Skutnik, um funcionário do governo que tinha mergulhado no gelado rio Potomac apenas alguns dias antes para salvar uma mulher. Ela havia caído do helicóptero de resgate depois de um avião da Air Florida ter caído no rio. Reagan estava tentando ressaltar que as palavras são vazias, mas feitos e valores são profundos. Depois de contar a história de Skutnik, ele reforçou: "Não permita que ninguém lhes diga que os melhores dias dos Estados Unidos já ficaram para trás, que o espírito americano foi derrotado. Nós o temos visto triunfar com demasiada frequência em nossas vidas para parar de acreditar nele agora." Skutnik transformara-se para Reagan no símbolo da coragem.

A maior parte das companhias tem logomarcas, mas poucas foram capazes de convertê-las em símbolos significativos. Como a maioria das companhias são falhas ao comunicar aquilo em que acreditam, a maior parte das logomarcas é destituída de qualquer significado. No melhor dos casos, as logomarcas servem como ícones para identificar uma companhia e seus produtos. Um símbolo pode não ter qualquer significado profundo se não soubermos POR QUE ele existe em termos maiores do que o de simplesmente identificar a companhia. Sem a clareza do PORQUÊ, uma logomarca é apenas um desenho.

Dizer que uma logomarca representa qualidade, serviço, inovação e afins apenas reforça seu status de ser somente uma logomarca. Essas qualidades têm a ver com a companhia, não com a causa dela. Não se esqueça dos ditadores. Eles compreendem a força dos símbolos, mas não entendem que os símbolos se referem a eles mesmos. Muitas companhias acabam agindo como ditadores – tudo diz respeito a elas e ao que elas querem. Elas nos dizem o que fazer, do que precisamos, dizem que têm respostas, mas não nos inspiram e não comandam nossa fidelidade. Para avançar mais um passo com essa analogia, ditadores mantêm seu poder pela ameaça e pela recompensa, e qualquer outra manipulação que consigam imaginar. As pessoas seguem ditadores não porque querem, mas porque são obrigadas. Para que companhias sejam percebidas tal qual grandes líderes, e não ditadores, todos os seus símbolos, incluindo logomarcas, precisam representar algo no qual possamos acreditar. Algo que possamos apoiar. Isso exige clareza, disciplina e consistência.

Para que uma logomarca se torne um símbolo, as pessoas têm que se inspirar a usá-la para dizer algo sobre quem elas são. As etiquetas da moda na alta-costura são o exemplo mais óbvio disso. As pessoas as usam para demonstrar status. Mas muitas são um tanto genéricas no que simbolizam. Existe exemplo ainda mais profundo: Harley-Davidson.

Há pessoas que andam por aí com tatuagens da Harley-Davidson. É uma loucura. Elas tatuam uma logomarga de uma empresa multinacional. Algumas nem sequer têm uma moto da marca! Por que pessoas racionais fariam uma tatuagem de uma logomarca? O motivo é simples. Por anos a Harley foi absolutamente transparente em relação àquilo em que acredita; foi disciplinada quanto a um conjunto de valores e de princípios-guia e obstinadamente consistente em tudo o que dizia e fazia; depois disso tudo, a logomarca tornou-se um símbolo. Não servia só para identificar mais uma companhia e seus produtos; identificava uma crença.

Na verdade, a maioria das pessoas que tatuam logomarcas da Harley-Davidson não faz ideia de qual é o valor de uma ação da Harley. Não faz ideia se houve ou não alguma mudança em sua direção na semana anterior. O símbolo não é mais da Harley. A logomarca agora incorpora todo um conjunto de valores – os das pessoas. O símbolo não diz mais respeito à Harley, diz respeito às pessoas. Randy Flower, ex-fuzileiro naval dos Estados Unidos e hoje gerente-geral de uma concessionária da Harley-Davidson na Califórnia, exibe com orgulho uma grande tatuagem da Harley em seu braço esquerdo. "Simboliza quem eu sou", diz ele. "Principalmente, diz que sou americano." Cliente e companhia são agora uma coisa só. O significado da Harley-Davidson tem valor para as pessoas, pois, para os que acreditam no PORQUÊ da Harley, esse PORQUÊ as ajuda a expressar o significado de sua própria vida.

Graças à clareza, à disciplina e à consistência da Harley, a maioria saberá o que aquele símbolo significa. Na verdade, o símbolo tornou-se tão significativo que 12% da receita da Harley-Davidson vêm estritamente de merchandising. Isso é incrível.

No entanto, não são apenas logomarcas que podem servir como símbolos. Um símbolo é qualquer representação tangível de um conjunto claro de valores e crenças. Um dedo sujo de tinta era, para iraquianos, um símbolo de um novo começo. Um ônibus vermelho de dois andares ou um chapéu de caubói são, ambos, símbolos de culturas nacionais. No entanto, símbolos nacionais são fáceis de identificar, pois as pessoas têm uma clara noção de uma cultura que foi reforçada e repetida durante gerações. Não é a companhia ou organização que decide o que seu símbolo significa, é o grupo fora do megafone, no caótico mercado, que faz isso. Se, com base nas coisas que veem e ouvem, os que estão do lado de fora forem capazes de se reportar àquilo em que a organização acredita com clareza e consistência, então, e só então, um símbolo pode começar a assumir um significado. Esse é o teste mais autêntico de quão efetivamente se produziu um megafone – quando a clareza é um filtro que atua ao longo de toda a organização e aparece, vívida, em tudo o que dela emana.

Voltemos ao comercial "1984" da Apple mencionado no início do Capítulo 9. Para quem assistiu: ele faz pensar na Apple e em seus produtos, ou você simplesmente gosta do sentimento que ele evoca? E a frase "Pense diferente" lhe diz alguma coisa?

Se você é um consumidor de Mac, provavelmente adorou esse comercial; pode até lhe causar arrepios ao assistir – um teste infalível de que o PORQUÊ se conecta a você em nível visceral, ou límbico. De fato, depois de você saber que esse comercial é da Apple, ele pode ter reforçado sua decisão de comprar um Mac – seja pela primeira ou pela décima vez. Esse comercial, como toda a publicidade da companhia, é uma das coisas que a Apple tem dito ou feito e que reforça aquilo em que ela acredita. Ele é, em cada mínimo detalhe, consistente com a crença que a empresa corporifica. E se o comercial lhe diz algo e você não é um adepto da Apple, tudo indica que ainda assim você gosta da ideia de pensar de maneira diferente. A mensagem desse anúncio é uma das coisas que a Apple faz para contar sua história. É um dos O QUÊs para seu PORQUÊ. É um símbolo. É por isso que as pessoas comentam que uma peça de publicidade "realmente me diz algo". Na verdade ela não está dizendo a você, está dizendo aos milhões de pessoas que viram o anúncio. Ao afirmar que algo lhe diz algo, o que de fato se está afirmando é que, em meio a toda essa desordem e esse barulho, você é capaz de ouvir. Você pode ouvir e vai prestar atenção. Isso significa que uma mensagem transmitida pelo megafone ressoou.

Tudo o que emana do PORQUÊ serve como meio para que uma organização articule aquilo em que acredita. Aquilo que uma companhia diz e faz constitui os meios pelos quais ela fala. Muitas companhias atribuem um peso desproporcional a seus produtos ou serviços simplesmente porque são essas coisas que fazem o dinheiro entrar. Mas há muito mais coisas que desempenham papel igual quando se fala com o mundo. Embora os produtos possam ser vendidos, sozinhos não criam fidelidade. Na verdade, uma companhia pode fidelizar pessoas que nem sequer são suas clientes. Eu falava bem da Apple muito antes de ter comprado um Mac. E falei depreciativamente de certa marca de PC apesar de ter comprado seus produtos durante anos.

A clareza, a disciplina e a consistência da Apple – sua capacidade de construir um megafone, não uma companhia, que fala claro e alto – é o que lhes permitiu contar com essa fidelidade. A empresa é acusada de que seus seguidores criaram uma espécie de seita. Os que estão dentro da companhia com frequência são acusados de seguir a "seita de Steve". Todos esses elogios ou insultos são indicações de que outros adotaram a causa e a tomaram para si. O fato de especialistas descreverem seus produtos e seu marketing como um "estilo de vida" reforça a ideia de que as pessoas que gostam dos produtos da Apple estão usando O QUE a Apple faz para demonstrar sua própria identidade. Chamamos isso de "marketing do estilo de vida", porque as pessoas integraram produtos comerciais no estilo de suas vidas. A Apple, com grande eficiência, construiu um megafone, alavancou a Lei da Difusão da Inovação e convidou outros a ajudarem a difundir a doutrina. Não pela companhia, por eles mesmos.

Mesmo as promoções e as parcerias servem como demonstração tangível daquilo em que acreditam. Em 2003 e 2004, a Apple fez uma promoção para o iTunes com a Pepsi - refrigerante promovido como "a escolha da próxima geração". Fazia sentido a Apple fazer negócio com a Pepsi, principal desafiante da Coca-Cola, que representava o status quo. Tudo o que a Apple faz, tudo o que diz e realiza, serve como demonstração tangível daquilo em que acredita. O motivo de eu usar o exemplo da Apple de forma tão ampla neste livro é porque a companhia é tão disciplinada em COMO faz as coisas e tão consistente em O QUE faz que, amando-a ou odiando-a, todos temos noção de seu PORQUÊ. Sabemos no que ela acredita.

A maioria de nós não leu livros sobre a companhia. Não conheceu Steve Jobs pessoalmente. Não perambulou pelos corredores da sede da Apple para conhecer sua cultura. A clareza que temos quanto àquilo em que a Apple acredita vem de um único lugar: a Apple. As pessoas não compram O QUE você faz, elas compram POR QUE você o faz, e a Apple diz e faz apenas coisas nas quais acredita. Se O QUE você faz não demonstra aquilo em que você acredita, então ninguém saberá qual é o seu PORQUÊ, e você será obrigado a competir por meio de preço, serviço, qualidade, recursos e benefícios; o material de que são feitas as commodities. A Apple tem um megafone poderoso, e é excepcionalmente boa em comunicar sua história.

O Teste do Aipo

Para aprimorar COMO e O QUE fazemos, sempre olhamos para o que os outros estão fazendo. Vamos a conferências, lemos livros, conversamos com amigos e colegas para ouvir o que dizem e obter conselhos - e às vezes nós também oferecemos recomendações. Estamos buscando compreender as melhores práticas dos outros para que elas nos ajudem e orientem. Mas é um engano supor que o que funciona para uma organização vai funcionar para outra. Mesmo que o setor, o tamanho e as condições de mercado sejam os mesmos, a noção de que "o que é bom para eles é bom para nós" simplesmente não é verdadeira.

Conheço uma companhia que tem uma cultura incrível. Se perguntados, os funcionários dizem que gostam do fato de que todas as salas de reunião têm uma mesa de pingue-pongue. Isso significa que se você puser uma mesa de pingue-pongue em todas as suas salas de reunião, a cultura de sua companhia vai melhorar? Claro que não. Mas esse é um exemplo das tais "melhores práticas". A ideia de que copiar O QUÊ ou o COMO as coisas são feitas em organizações de alto desempenho vai por si só funcionar simplesmente não corresponde à realidade. Como no caso da Ferrari e do Honda, o que é bom para uma companhia não é necessariamente bom para outra. Em outras palavras, as melhores práticas nem sempre são as melhores.

Não é apenas O QUE você faz ou COMO você faz as coisas que importa; o mais importante é se O QUE e COMO você faz são consistentes com seu PORQUÊ. Só assim suas práticas serão de fato as melhores. Não há nada errado no ato de olhar para os outros a fim de aprender o que eles fazem, o desafio está em saber quais práticas e quais conselhos seguir. Felizmente, há um teste simples que você pode aplicar para descobrir exatamente O QUE e COMO é o certo no seu caso. Trata-se de uma metáfora chamada Teste do Aipo.

Imagine que você vai a um jantar e alguém diz: "Sabe do que você precisa em sua organização? De M&M's. Se você não está usando M&M's em seu negócio, está perdendo dinheiro."

Outra pessoa diz: "Sabe do que você precisa? De leite de arroz. Os dados demonstram que atualmente todas as pessoas estão comprando leite de arroz. Você deveria vender leite de arroz."

Uma terceira pessoa lhe oferece outro sábio conselho. "Biscoitos Oreo. Ganhamos milhões quando implementamos biscoitos Oreo em nossa organização. Você deveria fazer isso."

Mais uma pessoa diz: "Aipo. Você precisa ter aipo."

Você ouve todos esses grandes conselhos de todas essas pessoas muito bem-sucedidas. Algumas estão no mesmo setor que você. Outras têm mais sucesso. Algumas deram conselhos semelhantes a outros, com grande sucesso. Agora, o que você faz?

Você vai ao supermercado e pega aipo, leite de arroz, biscoitos Oreo e M&M's. Passa um tempão andando pelos corredores. Vai gastar muito dinheiro se comprar tudo, mas poderá ou não obter algo de valor de alguns ou de todos esses produtos; não há garantias.

Uma coisa é certa: quando está na fila no supermercado com todos estes itens nas mãos, o aipo, o leite de arroz, os Oreos e os M&M's, ninguém consegue enxergar no que você acredita. O que você faz deveria servir de demonstração tangível daquilo em que você acredita, mas você comprou tudo!

O que aconteceria se você soubesse qual é seu PORQUÊ antes de ir ao supermercado? E se o seu PORQUÊ fosse fazer apenas coisas saudáveis que são boas para seu organismo? Você ouve todos os mesmos bons conselhos das mesmas pessoas, a única diferença é que, da próxima vez que for ao supermercado, vai comprar somente leite de arroz e aipo. São os únicos produtos que fazem sentido. Não é que os outros conselhos não sejam bons, só não são bons para você. O conselho não se encaixa.

Filtrando suas decisões usando seu PORQUÊ, você passará menos tempo no supermercado, gastará menos dinheiro e, assim, ganhará em eficiência. Você terá garantido que vai extrair valor de todos os produtos que comprou. E o mais importante: com apenas o aipo e o leite de arroz no carrinho, aquilo em que você acredita fica óbvio para as pessoas que passam. "Estou *vendo* que você acredita em cuidar de sua saúde", poderiam lhe dizer. "Eu penso da mesma forma. Tenho uma pergunta a lhe fazer." Parabéns. Você acaba de atrair um cliente, um funcionário, um parceiro ou uma referência simplesmente tomando as decisões certas. O simples fato de assegurar que O QUE você faz demonstra aquilo em que acredita torna fácil para as pessoas que acreditam na mesma coisa encontrarem você. Você comunicou com sucesso o seu PORQUÊ tendo como base O QUE faz.

Esse é um conceito idealista e no mundo real nem sempre esse nível de disciplina é possível. Compreendo que às vezes temos que tomar decisões de curto prazo para pagar contas ou obter alguma vantagem de efeito rápido. Tudo bem. O Teste do Aipo se aplica nesse caso também. Se você quer um pedaço de bolo de chocolate, vá em frente. A diferença é que, quando você começa pelo PORQUÊ, sabe muito bem que o bolo de chocolate é uma decisão de curto prazo que não se encaixa em suas crenças. Você não tem ilusões. Sabe que só está fazendo isso pela demanda, de curto prazo, do açúcar, e que terá de trabalhar com um pouco mais de empenho para eliminar isso do seu sistema. É espantoso o número de negócios que considera que certa oportunidade é aquela que os levará rumo à glória e depois a veem estourar e lentamente murchar com o tempo. Eles veem o bolo de chocolate e não conseguem resistir. Começar pelo PORQUÊ não só ajuda você a saber qual é o conselho certo a seguir, mas também a saber quais decisões o deixarão fora do equilíbrio. É claro que você pode tomar essas decisões se precisar, mas não faça isso muitas vezes, pois, do contrário, com o tempo ninguém saberá em que acredita.

Mas aqui está a melhor parte. Assim que eu lhe disse o PORQUÊ, você soube que íamos comprar apenas aipo e leite de arroz, antes mesmo de ter lido. Assim que lhe dei o filtro, assim que disse o PORQUÊ, você soube exatamente quais decisões tomar.

Isso se chama escala.

Com um PORQUÊ claramente declarado em uma organização, qualquer um dentro dela é capaz de tomar uma decisão com tanta clareza e precisão quanto o fundador. Um PORQUÊ oferece o filtro, muito claro, para a tomada de decisão. Quaisquer decisões – contratações, parcerias e táticas – deveriam passar, todas, pelo Teste do Aipo.

Quanto mais aipo você usa, mais confiança você ganha

Mark Rubin é um bom pai. Passa muito tempo com suas duas filhas, Lucy e Sophie. Em uma tarde de sábado, sua esposa, Claudine, levou Lucy para brincar na casa de uma amiga, e Mark ficou em casa para cuidar de Sophie, que tinha 5 anos. Mark queria na verdade relaxar um pouco no sofá, e não ter que brincar de casa na árvore pela nona vez naquele dia. Para manter Sophie ocupada, ele optou por usar a TV como babá. Mark tinha dois DVDs novinhos como opção. Ele não tinha assistido nem ouvido falar deles na imprensa ou de amigos com filhos pequenos. Mark não estava a fim de assistir ele mesmo ao desenho animado – o plano era deixar Sophie curtindo o filme no quarto enquanto ele assistia a outra coisa na sala. Um dos DVDs era de uma companhia da qual ele nunca tinha ouvido falar e o outro era da Disney. Qual deles Mark pôs para tocar? Qual deles você poria no aparelho de DVD?

A resposta é tão evidente que a pergunta chega a ser tola, mas, por diversão, consideremos os fatos. Os dois DVDs eram de desenhos animados. Os dois eram adequados para uma criança. Os dois ostentavam algumas boas resenhas na embalagem. A única diferença é que nós confiamos no DVD da Disney. A Disney não é perfeita. Vez ou outra enfrenta problemas de gestão e de liderança. O valor de suas ações volta e meia cai. O tempo todo há processos movidos contra ela. Alguns a incluem entre todas as detestáveis organizações que trabalham para agradar Wall Street. Então por que deveríamos confiar nela?

A Disney opera com um claro senso do PORQUÊ – ela existe para promover uma diversão familiar boa e sadia, e tudo o que diz e faz funcionou, durante décadas, para demonstrar isso. O motivo de confiarmos na Disney é simples: sabemos em que ela acredita. Eles passaram no Teste do Aipo. É o tempo todo tão consistente em tudo o que diz e faz que os pais confiam na empresa o bastante para expor os filhos a um conteúdo dela sem primeiro analisá-lo. Isso não tem nada a ver com a qualidade dos produtos. Não é racional.

A Southwest Airlines também passou no Teste do Aipo. A companhia tem sido tão consistente ao longo do tempo que quase sabemos o que esperar dela. Por exemplo, a companhia só oferece lugares não marcados em seus voos para demonstrar que acredita na liberdade. E faz sentido. Uma companhia que atende tanto assim ao indivíduo comum e a valores de igualdade para todos nunca poderia ter uma estrutura de classes. Se a Delta, a United ou a Continental tentassem fazer o mesmo, não faria sentido, lugares não marcados não se encaixam em seu modo de ser.

Em violação ao aipo

Sandálias Birkenstock, camisetas tingidas, colares de margaridas e uma Kombi. Todos são símbolos dos ideais hippies de paz, amor e tudo que é vegetariano. Assim, houve alguma surpresa em 2004 quando a Volkswagen lançou um modelo de luxo de 70 mil dólares em sua linha. A companhia famosa por ter posto um jarro com flores frescas no painel de seu New Beetle lançou o Phaeton como tentativa de competir com carros de acabamento luxuoso, inclusive o Classe-S da Mercedes Benz e o Série 7 da BMW. O carro motor V-8 de 335 cavalos alardeava alguns dos mais avançados recursos na indústria, como sistema de suspensão a ar comprimido e controle de clima em quatro zonas. Incluía até um sistema de massagem shiatsu nos assentos, controlado eletronicamente. O carro era uma realização espantosa. Com interior muito confortável e um monstro na estrada, superava outros carros de luxo mais estabelecidos em sua classe. Os críticos o adoraram. Mas havia um pequeno problema. Apesar de todos os fatos e todos os números, recursos e benefícios, e independentemente da engenharia alemã famosa no mundo inteiro, poucas pessoas compraram o Phaeton. Ele simplesmente não fazia sentido. O que a VW tinha feito era inconsistente com aquilo em que nós sabíamos que eles acreditavam.

A Volkswagen, cujo nome traduzido do alemão significa "carro do povo", tinha passado gerações fabricando carros para você e para mim. Todos sabiam o que VW significa – poder para o povo. A empresa deu vida à sua causa com produtos de qualidade que uma pessoa comum poderia comprar. Em uma única investida de engenhosidade alemã, a VW colocara a si mesma em total desequilíbrio. Não é a mesma coisa que a Dell lançar um tocador de MP3 ou a United criar a Ted, uma companhia aérea de baixo custo. Naqueles casos, não temos ideia de qual seja o PORQUÊ das companhias. Sem qualquer conhecimento ou percepção de seu PORQUÊ, não poderíamos ser levados a comprar produtos delas que estivessem além de O QUE elas fazem. Mas neste caso, a VW tinha um PORQUÊ claro, porém O QUE produziram estava completamente desalinhado com ele. Eles fracassaram no Teste do Aipo.

A Toyota e a Honda sabem disso melhor do que a Volkswagen. Quando decidiram acrescentar modelos luxuosos às suas linhas, criaram novas marcas, Lexus e Acura respectivamente. A Toyota se tornara um símbolo de eficiência e acessibilidade para a população. Tinha construído seu negócio sobre uma linha de carros de baixo custo. Sabiam que o mercado não pagaria um valor extra por um carro de luxo que tivesse o mesmo nome ou a mesma logomarca no capô. Embora seja um carro de luxo, o Lexus é mais um O QUÊ para o PORQUÊ da Toyota. Ainda corporifica a mesma causa dos carros da marca Toyota e os valores da companhia são os mesmos. A única diferença é O QUE estão fazendo para dar vida à sua causa.

A boa notícia é que a VW não voltou a cometer o mesmo erro, e seu PORQUÊ continua claro. Mas se uma companhia tenta muitas vezes "aproveitar as oportunidades do mercado", de modo inconsistente com seu PORQUÊ, com o tempo esse PORQUÊ fica nebuloso e sua capacidade de inspirar e criar fidelidade se deteriora.

O que as companhias dizem e fazem importa. E muito. É no nível de O QUÊ que a causa ganha vida. É nesse nível que uma companhia fala para o mundo e é quando podemos saber em que a companhia acredita.

PARTE V

O maior desafio é o sucesso

CAPÍTULO 11

Quando o porquê fica nebuloso

Golias vacilou

"Muito do que está acontecendo com companhias de grande sucesso e com esses CEOs e seus supersalários, que na realidade estão fazendo uma pilhagem e não cuidam de ninguém exceto de si mesmos, me chateia de verdade. É uma das principais coisas erradas no cenário empresarial dos Estados Unidos atualmente." Esse é o sentimento que nos passa o ex-CEO de uma das mais difamadas companhias da história recente.

Criado em uma fazenda no coração dos Estados Unidos, ele chegou à idade adulta durante a Grande Depressão. Isso provavelmente explica sua predisposição à frugalidade. Com 1,75 metro e pesando apenas 60 quilos quando jogava futebol americano no ensino médio, Sam Walton, o fundador do Walmart, aprendeu desde cedo o valor do trabalho duro. Trabalhar duro leva a vitórias. E como *quarterback* na equipe de sua escola, ele teve muitas. Na verdade, chegou a ser campeão estadual. O fato é que fosse por trabalhar duro, por sorte ou apenas por ter um otimismo inabalável, Walton ficou tão acostumado a vencer o tempo todo que não conseguia ter uma visão completa de como era perder. Ele simplesmente não conseguia imaginar como era. Walton chegou a filosofar que o fato de sempre pensar em vencer poderia ter se tornado para ele uma profecia autorrealizável. Mesmo durante a Depressão, ele teve um emprego como entregador de jornais que lhe pagava um salário decente para a época.

Quando Sam Walton morreu, ele havia transformado uma única loja do Walmart em Bentonville, Arkansas, em um colosso varejista com 44 bilhões de dólares de vendas por ano e 40 milhões de pessoas fazendo compras nas lojas da rede a cada semana. Mas é preciso mais do que uma natureza competitiva, uma forte ética de trabalho e otimismo para construir uma companhia grande o bastante para se equiparar à 23ª maior economia no mundo.

Walton não foi a primeira pessoa com sonhos grandes que abriu um pequeno negócio. Muitos donos de negócios pequenos sonham em torná-los grandes. Conheci muitos empresários, e é espantosa a quantidade dos que me disseram que seu objetivo era construir uma companhia de um bilhão de dólares. As probabilidades, no entanto, estão significativamente contra eles. Há cerca de 30 milhões de negócios registrados nos Estados Unidos e somente mil estão na *Fortune 1000*, que lista as maiores empresas do mercado americano, o que, atualmente, requer cerca de 1,5 bilhão de dólares de receita anual. Isso quer dizer que menos de 0,004% de todas as companhias conseguem entrar nessa lista. Para ter tal impacto, construir uma companhia e alcançar um tamanho que lhe permita ser capaz de guiar mercados, é preciso algo mais.

Sam Walton não inventou o modelo de lojas de baixo custo. O conceito de lojas de produtos variados vendidos por centavos de dólar já existia havia décadas, e a Kmart e a Target abriram suas portas no mesmo ano que o Walmart, em 1962. A venda com descontos já era uma indústria de 2 bilhões de dólares quando Walton decidiu criar seu primeiro Walmart. Havia vários concorrentes além da Kmart e da Target, muitos dos quais mais bem financiados, com locações melhores e aparentemente maiores chances de sucesso do que o Walmart. Sam Walton nem sequer inventou um modo melhor de fazer as coisas. Ele admitiu que pegara "emprestado" muitas de suas ideias para o negócio de Sol Price, o criador da FedMart, loja de descontos fundada no sul da Califórnia na década de 1950.

O Walmart tampouco era o único estabelecimento varejista capaz de oferecer preços baixos. Preço, como já afirmamos, é uma forma muito eficaz de manipulação. Mas sozinho não inspira as pessoas a torcer por você e lhe dar a inextinguível fidelidade necessária para criar um ponto de virada a partir do qual se cresce em grandes proporções. Vender a preços baixos não inspira funcionários a darem seu sangue, seu suor e suas lágrimas por uma empresa. O Walmart não tinha o controle total dos preços baixos, e não foram eles que fizeram a companhia ser tão querida e, por fim, tão bem-sucedida.

Para Sam Walton havia algo mais profundo – um propósito, uma causa ou uma crença – que o impulsionava. Mais do que, em qualquer outra coisa, Walton acreditava nas pessoas. Acreditava que, se cuidasse delas, elas cuidariam dele. Quanto mais o Walmart conseguisse oferecer aos funcionários, aos clientes e à comunidade, mais os funcionários, os clientes e a comunidade ofereceriam de volta ao Walmart. "Estamos todos trabalhando juntos; esse é o segredo", dizia Walton.

Esse é um conceito muito maior do que simplesmente repassar descontos. Para Walton, a inspiração vinha não apenas do serviço aos clientes, mas do serviço em si. O Walmart era O QUE Walton tinha construído para servir aos seus irmãos seres humanos. Para servir à comunidade, para servir aos seus funcionários, para servir aos seus clientes. O serviço era a causa maior.

Essa causa, no entanto, não foi passada adiante com clareza após sua morte. Na era pós-Sam, o Walmart começou lentamente a confundir o PORQUÊ de sua existência – servir às pessoas – com COMO fazia negócios, isto é, oferecer preços baixos. A companhia trocou a inspiradora causa de servir às pessoas por uma manipulação. Esqueceu o PORQUÊ de Walton, e a motivação passou a ser a ideia de "barato". Em forte contraste com a causa que era a essência do Walmart em sua fundação, eficiência e margens passaram a ser o nome do jogo. "Um computador pode lhe dizer o que você vendeu até os centavos, mas nunca será capaz de dizer quanto você poderia ter vendido", dizia Walton. Há sempre um preço a pagar pelo dinheiro que se ganha e, considerando puramente o tamanho do Walmart, esse preço não foi pago apenas em dólares. No caso do Walmart, o esquecimento do PORQUÊ de seu fundador levou a um elevado custo humano. É irônico, considerando a causa da fundação da companhia.

A companhia que já fora famosa pelo modo como tratava funcionários e clientes ficou envolvida em escândalos por quase uma década. Quase todos relacionados a quão mal a companhia tratava seus clientes e funcionários. Apenas em dezembro de 2008, o Walmart enfrentou 73 processos trabalhistas relativos à violação de normas salariais e, até esse momento, já havia pagado centenas de milhões de dólares em sentenças e em acordos anteriores. Uma companhia que acreditava em um relacionamento simbiótico entre a corporação e a comunidade conseguiu criar uma barreira entre ela e muitas das comunidades onde operava. Houve um tempo em que os legisladores ajudariam a aprovar leis que permitissem ao Walmart entrar em novas comunidades; agora, esforçavam-se por manter a companhia longe. Em todo o país irromperam lutas para impedir o Walmart de abrir novas lojas. Em Nova York, por exemplo, representantes municipais do Brooklyn juntaram forças com sindicatos para bloquear a rede de lojas, por causa de sua reputação de adotar práticas trabalhistas injustas.

Em uma das mais irônicas violações das crenças de Walton na fundação do Walmart, a companhia não foi capaz de rir de si mesma nem de aprender com os escândalos. "Comemorem seus sucessos", dizia Walton. "Descubram algum humor em seus fracassos. Não se levem tão a sério. Relaxem, e todos à sua volta relaxarão também." Em vez de admitir que as coisas não eram como antes, o Walmart fez o contrário.

O modo como o Walmart pensa, age e se comunica desde o falecimento de seu inspirado líder tampouco é resultado de ter sido ultrapassada por seus concorrentes. A Kmart entrou em recuperação judicial em 2002 e fundiu-se com a Sears três anos depois. Com cerca de 400 bilhões de dólares em vendas por ano, o Walmart ainda vende mais de seis vezes mais do que a Target. Na verdade, além das vendas com desconto no varejo, o Walmart é agora a maior rede de supermercados no mundo e vende mais DVDs, bicicletas e brinquedos do que qualquer outra companhia nos Estados Unidos. Não é a competição externa que está incomodando o Walmart. O maior desafio que a companhia enfrentou ao longo dos anos veio de um só lugar: ela mesma.

Para o Walmart, O QUE faz e COMO faz não mudaram. E não tem nada a ver com o fato de ser uma "corporação"; já era uma antes de o amor por ela começar a declinar. O que mudou é que seu PORQUÊ ficou nebuloso. E todos nós sabemos disso. Uma companhia que um dia foi tão amada simplesmente não é mais amada. O sentimento negativo que temos em relação à empresa é real, mas a parte do cérebro capaz de explicar por que nos sentimos assim tem dificuldade em explicar o que mudou. Então nós racionalizamos e apontamos para as coisas mais tangíveis que conseguimos - tamanho e dinheiro. Se nós, pessoas de fora, perdemos a clareza quanto ao PORQUÊ do Walmart, isso é um bom sinal de que o PORQUÊ ficou nebuloso dentro da própria companhia também. Se ele não está claro dentro, nunca estará claro fora. O que está claro é que o Walmart de hoje não é o que Sam Walton construiu. Então, o que aconteceu?

Seria muito fácil dizer que tudo que importa para a companhia é ganhar dinheiro. Todas as companhias estão no negócio para ganhar dinheiro, mas ter sucesso nisso não é o motivo de as coisas mudarem tão drasticamente. Isso apenas aponta para um sintoma. Sem compreender o motivo de isso ter acontecido, o modelo se repetirá para qualquer outra companhia que tiver grande sucesso. Não é o destino ou algum outro místico ciclo de negócios que transforma companhias bem-sucedidas em Golias impessoais. São as pessoas.

Ser bem-sucedido x sentir-se bem-sucedido

Todo ano um grupo de empresários de alto desempenho se reúne na Endicott House, do MIT, nos arredores de Boston. Essa Reunião de Titãs, como eles mesmos chamam, não é uma conferência empresarial comum. Não é desses eventos que são pura perda de tempo. Nada de golfe, nada de spa e nada de jantares caros. Todo ano, entre 40 e 50 donos de negócios passam quatro dias ouvindo - desde as primeiras horas da manhã até tarde da noite. Uma série de palestrantes convidados apresenta seus pensamentos e suas ideias, e depois os participantes discutem.

Eu tive a honra de comparecer à Reunião de Titãs, como convidado, alguns anos atrás. Esperava que fosse mais um grupo de empresários reunindo-se para falar de trabalho. Esperava ouvir discussões e apresentações sobre maximização de lucros e aprimoramento de sistemas. Mas o que testemunhei foi profundamente diferente. Na verdade, foi o oposto.

No primeiro dia, alguém perguntou ao grupo quantos deles tinham atingido suas metas financeiras. Cerca de 80% das mãos foram erguidas. Pensei que só aquilo já era bem impressionante. Mas a resposta à pergunta seguinte é que foi bastante profunda. Perguntou-se ao grupo, ainda com as mãos erguidas: "Quantos de vocês se sentem bem-sucedidos?" E 80% das mãos foram baixadas.

Havia ali uma sala cheia de alguns dos mais brilhantes empresários dos Estados Unidos, muitos dos quais multimilionários, e, no entanto, a maioria não se sentia bem-sucedida. Na verdade, muitos deles relataram que tinham perdido alguma coisa desde que deram início a seu negócio. Lembraram os dias em que não tinham dinheiro e trabalhavam no porão de casa, tentando fazer as coisas andarem. Tinham saudades dos sentimentos naquela época.

Esses empresários incríveis estavam em um momento da vida no qual se deram conta de que seus negócios diziam respeito a muito mais do que vender coisas ou ganhar dinheiro. Eles se deram conta da profunda conexão pessoal que existia entre O QUE faziam e POR QUE o estavam fazendo. O grupo de empresários se reunia para discutir questões relacionadas ao PORQUÊ, e às vezes isso era bem intenso.

Ao contrário dos típicos empresários de personalidade tipo A, os Titãs não estavam lá para provar nada uns aos outros. Havia um sentimento de imensa confiança, não de competição implacável. E por causa desse sentimento, cada membro do grupo estava disposto a expressar uma vulnerabilidade que, provavelmente, raras vezes deixavam transparecer no restante do ano. No decorrer do evento, cada pessoa na sala deixaria escorrer uma lágrima ou duas, pelo menos uma vez.

Não me interessa escrever sobre a ideia de que o dinheiro não compra felicidade, ou, neste caso, o sentimento de ser bem-sucedido. Isso não é nem profundo nem uma ideia nova. O que me interessa, porém, é a transição pela qual passaram esses empresários. Quando suas companhias cresceram e eles se tornaram cada vez mais bem-sucedidos, o que mudou?

É muito fácil enxergar o que eles ganharam ao longo de suas carreiras – podemos facilmente contar o dinheiro, verificar o tamanho do escritório, o número de funcionários, o tamanho de suas casas, sua participação no mercado e o número de matérias na imprensa. Mas aquilo que eles perderam é muito mais difícil identificar. À medida que seu sucesso tangível cresce, algo mais impreciso começa a se dissipar. Cada um desses donos de negócios bem-sucedidos sabia O QUE tinha feito. Todos sabiam COMO tinham feito. Mas muitos não sabiam mais o PORQUÊ de terem feito.

Conquista x sucesso

Para algumas pessoas existe uma ironia no sucesso. Muitas que alcançam grande sucesso nem sempre sentem assim. Algumas, ao conquistar a fama, falam sobre a solidão que com frequência a acompanha. Isso acontece porque sucesso e conquista não são a mesma coisa, embora muitas vezes a gente confunda uma coisa com a outra. Conquista é algo que se alcança ou obtém, como um objetivo. Às vezes é tangível, claramente definido e mensurável. O sucesso, por outro lado, é um sentimento, ou estado de espírito. "Ela se sente bem-sucedida. Ela é bem-sucedida", dizemos, usando o verbo *ser* para sugerir esse sentimento como um *estado do ser*. Enquanto pode ser fácil conceber um caminho que leve a uma meta, conceber um caminho que leve a esse intangível sentimento de sucesso é algo mais difuso. Nos termos que uso aqui, a conquista vem quando você tem clareza ao perseguir e obter O QUE você quer. O sucesso vem quando você tem clareza para saber POR QUE quer aquilo. A primeira é motivada por fatores tangíveis, e o último por algo mais profundo no cérebro, onde nos falta a capacidade de expressar esses sentimentos com palavras.

O sucesso vem quando acordamos todo dia nessa interminável busca de um PORQUÊ para fazermos O QUE fazemos. Nossas conquistas, O QUE fazemos, servem como marcos que indicam que estamos no caminho certo. Não se trata de "ou isso ou aquilo"; precisamos das duas coisas. Um homem sábio disse uma vez: "O dinheiro não compra felicidade, mas paga pelo iate no qual vamos navegar por ela." Há uma grande verdade nessa declaração. O iate representa conquista; pode-se vê-lo com facilidade e, com um planejamento correto, é totalmente possível de ser obtido. Por onde vamos navegar representa o sentimento de sucesso, tão difícil de definir.

É claro que este último é muito mais difícil de ver e obter. São conceitos distintos, que às vezes andam juntos, às vezes não. O mais importante é que algumas pessoas, quando saem em busca do sucesso, acabam se confundindo, vendo O QUE conquistaram como seu destino final. Esse é o motivo de nunca se sentirem satisfeitas, não importa quão grande seja seu iate, não importa quanto elas conquistem. A falsa suposição que costumamos fazer é que basta conquistar mais para que o sentimento de sucesso surja. Mas é raro isso acontecer.

Ao longo da construção de um negócio ou de uma carreira, ficamos mais confiantes em relação a O QUE fazemos, mais especializados em COMO fazê-lo. Com cada conquista, aumentam as medidas tangíveis do sucesso e o sentimento de que progredimos. A vida é boa. No entanto, para a maioria de nós, em algum ponto da jornada nos esquecemos do PORQUÊ que motivou essa jornada lá no início. Em algum lugar no curso de todas essas conquistas, uma divisão inevitável acontece. Isso vale tanto para indivíduos quanto para organizações. O que os empresários em Endicott experimentaram como indivíduos foi a mesma transição pela qual a Walmart e outras grandes companhias ou já passaram ou estão passando. Como a Walmart opera em uma escala imensa, o impacto de seu PORQUÊ ter ficado nebuloso é sentido em uma escala maior. Funcionários, clientes e comunidade também sentirão isso.

Aqueles que têm a capacidade de não perder o PORQUÊ de vista, não importa quão pouco ou muito tenham conquistado, podem nos inspirar. Os que têm a capacidade de não perder o PORQUÊ de vista, e também guardar os pontos de referência que mantêm todos focados na direção certa, são os grandes líderes. Para os grandes líderes, o Círculo Dourado está em equilíbrio. Eles perseguem o PORQUÊ, estão cientes de COMO fazer isso, e O QUE fazem serve como prova tangível daquilo em que acreditam. Mas a maioria de nós, infelizmente, chega a um ponto no qual O QUE estamos fazendo e o PORQUÊ de estarmos fazendo perdem o equilíbrio entre si. Chegamos a um ponto em que PORQUÊ e O QUÊ não estão alinhados. É a separação entre o tangível e o intangível que marca essa ruptura.

CAPÍTULO 12

Rupturas acontecem

O Walmart começou pequeno. Como a Microsoft. Como a Apple. Como a General Electric e a Ford e quase qualquer empresa de grande sucesso. Essas empresas não começaram com aquisição, ou derivação, nem passaram a produzir em massa da noite para o dia. Quase toda companhia ou organização começa da mesma forma: com uma ideia – não importa se uma organização cresce para se tornar uma corporação de bilhões de dólares como o Walmart, ou fracassa nos primeiros anos, a maioria delas começou com uma única pessoa ou um pequeno grupo de pessoas que teve uma ideia. Até os Estados Unidos começaram dessa maneira.

No início, as ideias estão cheias de paixão – essa emoção muito convincente que leva as pessoas a fazerem coisas bem irracionais, sacrifícios para dar vida a uma causa maior do que elas mesmas. Algumas largam a escola ou desistem de um ótimo emprego com bom salário e benefícios para seguir sozinhas. Outras trabalham horas e horas sem pensar duas vezes, às vezes sacrificando a estabilidade dos próprios relacionamentos ou mesmo sua saúde. Essa paixão é tão inebriante e excitante que pode também afetar quem está ao redor. Inspirados pela visão do fundador, muitos dos primeiros funcionários demonstram o comportamento clássico dos adotantes iniciais. Confiando em sua intuição, esses primeiros funcionários também abandonam seus ótimos empregos e aceitam salários menores para se juntar a uma organização que tem estatisticamente 90% de chance de fracassar. Mas as estatísticas não importam; o que reina é paixão e otimismo, além de uma grande energia. Como acontece com todos os adotantes iniciais, o comportamento de quem adere cedo diz mais sobre eles mesmos do que sobre as perspectivas da companhia.

O motivo pelo qual tantos pequenos negócios fracassam, no entanto, é que a paixão sozinha não é capaz de sustentá-los. Para que a paixão sobreviva, é preciso estrutura. Um PORQUÊ sem um COMO, uma paixão sem estrutura, tem alta probabilidade de fracasso. Lembra do boom das empresas pontocom? Havia muita paixão, mas nem tanta estrutura. Os Titãs em Endicott House, porém, não enfrentaram esse problema. Eles sabiam como construir os sistemas e os processos que fariam suas companhias crescerem. Estão entre os 10% que não fracassaram nos primeiros três anos. Na verdade, muitos deles continuaram a se sair muito bem. Seu desafio era diferente. A paixão pode precisar de estrutura para sobreviver, mas para que uma estrutura cresça ela precisa de paixão.

Foi isso que testemunhei na Reunião de Titãs: vi uma sala cheia de pessoas com paixão suficiente para iniciar negócios e com conhecimento suficiente para construir os sistemas e as estruturas que os farão sobreviver e até se sair bem. Mas tendo passado tantos anos focados em converter uma visão em um negócio viável, muitos começaram a se fixar em O QUE a organização fazia ou em COMO deveria fazê-lo. Debruçados sobre questões financeiras ou outros resultados facilmente mensuráveis, e fixando-se em COMO alcançar esses resultados tangíveis, eles deixaram de se concentrar no PORQUÊ que os havia levado a começar aquele negócio. Foi isso que aconteceu também no Walmart. Uma companhia cuja obsessão era servir à comunidade passou a ficar obcecada em atingir os próprios objetivos.

Como o Walmart, os empresários em Endicott costumavam pensar, agir e se comunicar de dentro para fora do Círculo Dourado – do PORQUÊ para O QUÊ. Mas quando tiveram mais sucesso, o processo se inverteu. O O QUÊ vinha agora em primeiro lugar, e todos os seus sistemas e processos perseguem esses resultados tangíveis. O motivo de ter acontecido essa mudança é simples: houve uma ruptura e seu PORQUÊ ficou nebuloso.

O maior desafio é o sucesso

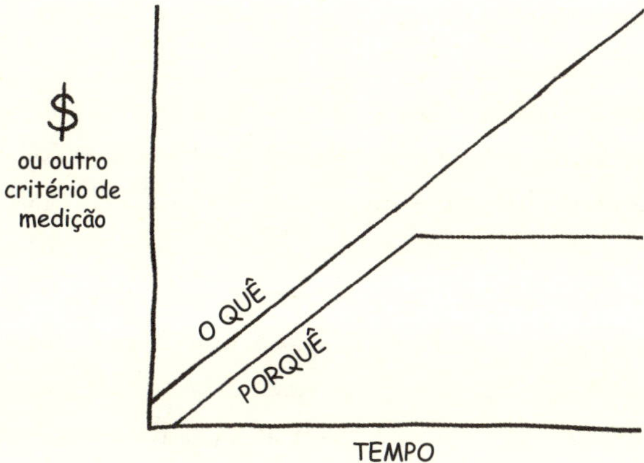

O maior de todos os desafios que qualquer organização pode enfrentar é o... sucesso. Quando a companhia é pequena, o fundador confia em sua intuição para tomar todas as decisões importantes. Desde o marketing até o produto, da estratégia à tática, contratações e demissões - se o fundador confiar em sua intuição, vai sentir que todas as decisões que tomar são as corretas. Mas à medida que a organização cresce e obtém mais sucesso, torna-se fisicamente impossível que uma única pessoa tome todas as decisões importantes. É preciso não só confiar nas pessoas e contar com elas para tomar grandes decisões, mas saber que também começarão a escolher quem contratar. E, à medida que o megafone cresce, é certo que a clareza do PORQUÊ começa a se diluir.

Enquanto a intuição era o filtro para as primeiras decisões, cenários racionais e dados empíricos com frequência serão a única base para as decisões posteriores. Isso porque todas as organizações que passam por essa ruptura não estão mais inspiradas em uma causa maior que elas mesmas. Simplesmente começam a funcionar gerenciando sistemas e trabalho para alcançar certos objetivos pré-estabelecidos. Não existe mais uma catedral a ser construída. A paixão se foi e a inspiração chegou a um mínimo. A essa altura, para a maioria dos que aparecem todo dia para trabalhar, trata-se apenas de cumprir tarefas. Se isso é o que as pessoas que estão dentro sentem, imagine as que estão fora. Não é de admirar que as manipulações comecem a dominar não só o modo como a companhia vende seus produtos, mas até como mantém seus funcionários. Bônus, promoções, seduções e até medo tornam-se a única maneira de segurar os talentos. E isso dificilmente será inspirador.

O gráfico ilustra a vida de uma organização. A linha de cima representa o crescimento de O QUE uma organização faz. Para uma companhia, costuma ser medido em dinheiro – lucros, receitas, EBIDTA (sigla em inglês para Lucros antes de juros, impostos, depreciação e amortização), valor da ação, crescimento na participação de mercado. Mas o parâmetro ou critério de medição pode ser qualquer coisa, dependendo do que a organização faz. Se ela recolhe cachorrinhos perdidos, então o parâmetro seria o número de cachorrinhos recolhidos com sucesso. É inerentemente simples medir o crescimento de O QUE uma organização faz. Afinal, os O QUÊs são tangíveis e, portanto, fáceis de medir.

A segunda linha representa o PORQUÊ, a clareza do propósito, da causa ou das crenças iniciais. O objetivo seria garantir que a clareza do PORQUÊ se mantivesse bem alinhada com o crescimento de O QUE a organização faz. Em outras palavras, à medida que o volume do megafone aumenta, deve-se garantir que a mensagem transmitida por ele continue clara.

O volume do megafone vem apenas do crescimento de O QUÊ. Quando esse parâmetro cresce, qualquer companhia pode se tornar uma companhia "líder". Mas é a capacidade de inspirar, de manter a clareza do PORQUÊ, que proporciona a poucas pessoas e organizações a capacidade de liderar. O momento em que a clareza do PORQUÊ começa a se enevoar é o momento da ruptura. Nesse ponto as organizações podem ecoar bem alto, porém sem clareza.

Quando organizações são pequenas, O QUE elas fazem e POR QUE o fazem estão perfeitamente alinhados. Como isso emana da personalidade do fundador, é relativamente fácil para os primeiros funcionários entenderem. A clareza do PORQUÊ é bem assimilada, pois a origem da paixão está próxima – de fato ela vem trabalhar, fisicamente, todo dia. Na maioria dos negócios pequenos, todos os funcionários ficam apinhados em um mesmo recinto e socializam. O simples fato de estar próximo de um fundador carismático permite que esse sentimento de pertencer a algo especial floresça. Embora possa haver alguma eficiência a ser adquirida, para pequenos negócios que se sentem confortáveis em permanecer pequenos, a necessidade de articular o PORQUÊ não é importante. Para organizações que querem passar no Teste do Ônibus Escolar, se tornar companhias de 1 bilhão de dólares ou trabalhar em uma escala grande o bastante para mudar mercados ou a sociedade, a necessidade de gerenciar essa ruptura é primordial.

O Teste do Ônibus Escolar é uma simples metáfora. Se um fundador ou líder de uma organização fosse atropelado por um ônibus escolar, a organização continuaria a prosperar no mesmo ritmo sem ele no leme? Há tantas organizações construídas com base na força de uma única personalidade que sua partida pode causar uma ruptura significativa. A questão não é se isso vai acontecer – todos os fundadores um dia se aposentam ou morrem –, mas quando e quanto a organização estará preparada para essa inevitável partida. O desafio não é ficar agarrado ao líder, é encontrar maneiras eficazes de manter a visão do fundador viva para sempre.

Para passar no Teste do Ônibus Escolar, isto é, para que uma organização continue a inspirar e liderar para além da vida de seu fundador, o PORQUÊ do fundador tem que ser resgatado e integrado à cultura da companhia. Além disso, um plano para uma sucessão forte deve ter como finalidade encontrar um líder inspirado pela causa do fundador e preparado para conduzi-la até a próxima geração. Tanto futuros líderes quanto funcionários têm que se inspirar em algo maior do que a força da personalidade do fundador e precisam enxergar mais do que apenas lucro e valor para o acionista.

A Microsoft experimentou uma ruptura, mas não se afastou tanto que não possa ser posta novamente na linha. Houve uma época em que as pessoas na Microsoft apareciam todos os dias no trabalho para mudar o mundo. E mudaram. O que a companhia conseguiu, pondo um PC em cada mesa, mudou drasticamente o modo como vivemos. Mas depois seu PORQUÊ ficou nebuloso. Agora são poucos os funcionários na empresa instruídos a fazer todo o possível para ajudar as pessoas a serem mais produtivas e mais capazes de atingir seu potencial máximo. Em vez disso, a Microsoft tornou-se apenas uma fabricante de software.

Se você visitar a sede da Microsoft em Redmond, Washington, vai descobrir que, apesar de seu PORQUÊ ter ficado nebuloso, ele não está perdido. A percepção de uma causa, aquele desejo de mudar o mundo novamente, ainda está lá, mas ficou desfocada, embrulhada em COMO e O QUE eles fazem. A Microsoft tem uma notável oportunidade de esclarecer seu PORQUÊ e recuperar a inspiração que os levou até onde estão hoje. Se não o fizerem, se tudo o que fizerem for gerenciar o O QUÊ e continuar a ignorar o PORQUÊ, vão acabar como a America Online, uma companhia que ultrapassou em tal medida o ponto de ruptura que seu PORQUÊ de fato se perdeu. Quase não restou mais sinal de seu PORQUÊ original.

A America Online, ou AOL, como é conhecida, costumava inspirar. Como o Google nos dias de hoje, era a companhia para a qual todos queriam trabalhar. Pessoas clamavam por ir para a Virgínia e trabalhar para essa incrível companhia que estava mudando as regras do negócio. E era verdade que, como toda companhia inspiradora, a então denominada AOL havia desencadeado mudanças que alteraram profundamente o modo como fazemos quase tudo. Inspiraram uma nação a ficar on-line. Sua causa era clara e suas decisões eram governadas por seu PORQUÊ. Seu objetivo era ter mais pessoas on-line, mesmo que suas decisões ao perseguir esse objetivo fizessem um estrago em seu negócio no curto prazo. Com o foco em seu PORQUÊ, a AOL saltou à frente dos concorrentes ao decidir mudar, de um preço por hora de acesso à internet a um acesso ilimitado por um preço mensal, decisão que gerou tanto tráfego que derrubou os servidores. Considerando esse impacto, a decisão não fora nem prática nem racional, mas foi a mais certa para ajudar a dar vida à sua causa. O fato de seu sistema ter caído com a demanda adicional os obrigou a trabalhar mais para lidar com isso, de forma a garantir que os Estados Unidos pudessem, de fato, se conectar e se manter on-line.

Naquela época, ter um endereço de e-mail da AOL era motivo de orgulho – sinal de ser um dos que participavam na revolução da internet. Hoje, ainda ter um endereço de e-mail da AOL é um símbolo de ter ficado para trás. Que o significado de algo tão simples quanto *@aol.com* tenha mudado tão drasticamente é prova adicional de que a causa da companhia já se perdeu faz tempo. Com a ausência de um PORQUÊ claro, tamanho e *momentum* é tudo de que a AOL dispõe para seguir em frente. A companhia já não inspira mais, nem os que trabalham nela nem os que estão do lado de fora. Não falamos dela como costumávamos falar e, com certeza, tampouco nos sentimos do mesmo jeito em relação a ela. Não a comparamos com o Google ou o Facebook nem com qualquer das outras companhias que mudam a maneira como o mundo funciona na atualidade.

Não é coincidência que empresários bem-sucedidos tenham saudades de tempos antigos. Não é por acaso que grandes companhias falem de um "retorno ao básico". Trata-se de uma alusão a uma época anterior à ruptura. E estariam certos. Eles precisariam mesmo retornar a um tempo no qual O QUE eles faziam estava perfeitamente alinhado a POR QUE o faziam. Se continuarem pelo caminho de se concentrar no crescimento de O QUÊ às custas do PORQUÊ - mais volume e menos clareza -, sua capacidade de prosperar e inspirar nos anos por vir será, no melhor dos casos, duvidosa. Companhias como Walmart, Microsoft, Starbucks, Gap, Dell e muitas outras que costumavam ser especiais passaram todas por uma ruptura. Se não forem capazes de recapturar seu PORQUÊ e tornar a inspirar os que estão dentro e os que estão fora de sua organização, todas acabarão parecendo mais com a AOL do que com as companhias que foram um dia.

O que é mensurado é feito

No outono de seu primeiro ano na faculdade, Christina Harbridge começou a procurar um trabalho de meio-expediente. Ela respondeu a um anúncio de um jornal de Sacramento para trabalhar em um escritório mesmo sem saber ao certo quais eram as atribuições da vaga. Logo Harbridge descobriu que o trabalho consistia em arquivar documentos para um agente de cobranças, e mesmo assim ela não tinha certeza absoluta do que se tratava.

O escritório que administrava as cobranças consistia em uma enorme sala com dezenas de estações telefônicas, e em cada uma havia um agente de cobrança que fazia uma ligação atrás da outra para uma longa lista de negócios e indivíduos que deviam dinheiro. A configuração da sala eliminava qualquer privacidade - todo mundo podia ouvir as conversas dos outros. Harbridge ficou impressionada com a dureza do tom que todos os cobradores usavam com aqueles de quem cobravam dívidas não pagas. "Eles os assediavam e praticamente os ameaçavam", contou ela. "Fariam o que fosse necessário para obter deles uma informação."

Harbridge reconheceu que o dono da companhia e os cobradores eram pessoas gentis e delicadas. Eles se ajudavam, ouviam os problemas uns dos outros e até se juntavam para fazer doações para uma família de sem-teto no fim do ano. Mas quando estavam ao telefone para cobrar uma dívida, as mesmas pessoas tornavam-se agressivas, rudes e com frequência até cruéis. Não porque fossem pessoas ruins, mas porque eram incentivadas a agir assim.

Seu comportamento oficioso fazia perfeito sentido. "O que é mensurado é feito", como diz o conhecido coach de vendas Jack Daly. E no mundo da cobrança de dívidas, os cobradores ganhavam bônus com base em quanto dinheiro conseguiam cobrar. Isso resultou em um setor, uma atividade que ameaça, achaca, caça e provoca. Não demorou muito para que Harbridge adotasse a mesma atitude quando falava com inadimplentes. "Comecei a tratar as pessoas ao telefone da maneira como todos os outros no escritório tratavam", disse ela.

Sentindo que O QUE ela fazia estava em total desequilíbrio com seu PORQUÊ, Harbridge decidiu que tinha que haver outro caminho. "Enfiei na cabeça que criaria uma agência para cobrar dívidas de maneira gentil", revelou. As pessoas que estavam no negócio de cobranças consideraram Harbridge ingênua, quando não maluca. E talvez fosse mesmo.

Em 1993, Harbridge se mudou para São Francisco e criou a própria firma de cobrança, a Bridgeport Financial, fundamentada na crença de que os agentes teriam mais sucesso tratando as pessoas com respeito e não as achacando. Ela fundou sua companhia com base em seu PORQUÊ: cada um tem uma história e merece que ela seja ouvida. Sua abordagem era que seus agentes tentassem estabelecer uma afinidade com o devedor no outro lado da linha durante uma conversa de três minutos. O objetivo era tomar conhecimento de tudo quanto fosse possível sobre a situação da pessoa: tinha meios para pagar a dívida? Honraria um plano de pagamento? O motivo de não ter pagado refletia uma situação de curto prazo? "Nós queríamos que as pessoas nos dissessem a verdade", ela disse. "Claro que temos um departamento legal, mas tentávamos evitar usá-lo." Harbridge sabia, porém, que quaisquer que fossem suas intenções, se ela mensurasse os resultados da mesma forma que as outras companhias de cobrança, o resultado seria aquele mesmo comportamento terrível. Ela criou então um jeito totalmente novo de incentivar as pessoas. Descobriu um meio de mensurar o PORQUÊ.

Na Bridgeport Financial os bônus não eram concedidos de acordo com a quantia cobrada; mas com base em quantos cartões de "obrigado" seus agentes enviavam. É mais difícil do que parece. Enviar um cartão agradecendo a alguém pelo tempo que passou falando ao telefone exige algumas coisas. Primeiro, Harbridge tinha que contratar pessoas que acreditassem no que ela acreditava. Pessoas que se encaixassem. Se seus funcionários não acreditassem que todo mundo merece ser ouvido, não teria funcionado. Somente a contratação de pessoas que entendessem essa visão seria capaz de criar uma situação que levasse ao envio de um cartão de agradecimento, embora o objetivo da ligação fosse cobrar dinheiro. Harbridge mensurou o PORQUÊ da existência de sua companhia, em vez de O QUE ela fazia, e o resultado foi uma cultura na qual a compaixão era valorizada acima de tudo.

Mas e quanto aos outros resultados? E quanto aos resultados financeiros, esses que a maior parte dos negócios persegue em primeiro lugar? A Bridgeport Financial arrecadava 300% mais do que a média do setor de cobranças. Além disso, a maior parte das pessoas e das companhias que estavam sendo cobradas acabava fazendo mais negócios com a companhia original, aquela que contratara a agência que estava cobrando delas. Isso é algo quase sem precedente no setor de cobrança.

O negócio de Harbridge teve sucesso não só por ela saber POR QUE estava fazendo o que fazia, mas porque descobrira um meio de medir, de avaliar o PORQUÊ. O crescimento da companhia ecoava alto, e sua causa era clara. Ela começou pelo PORQUÊ e o resto foi consequência.

A maioria das organizações utiliza hoje parâmetros muito claros para rastrear o progresso e o crescimento de O QUE fazem – em geral é o dinheiro. Infelizmente, temos formas de mensuração muito precárias para garantir que o PORQUÊ fique claro. Dwayne Honoré já administra há 10 anos a própria companhia de construção comercial em Baton Rouge, Louisiana, um negócio que aprendeu com seu pai. Líder com profundo senso de propósito, ele concebeu há alguns anos um brilhante sistema para assegurar que seus valores sejam reforçados na cultura de sua companhia. Ele imaginou como mensurar algo sobre o qual a maioria das pessoas fala, mas nada faz: o equilíbrio entre o trabalho e a vida pessoal. Honoré acredita que as pessoas não deveriam passar o tempo todo trabalhando; elas deveriam trabalhar para passar mais tempo com a família.

Todo funcionário na Honoré Construction deve bater o ponto ao entrar pela manhã e ao sair à tarde. Mas tem uma pegadinha. Eles têm que bater o ponto, ao entrar, entre 8h e 8h30 e, ao sair, entre 17h e 17h30. Se ficarem mais do que isso, são excluídos da lista de bônus. Como os funcionários sabem que têm que ir embora no máximo às 17h30, o tempo desperdiçado foi reduzido a um mínimo. A produtividade é alta e a rotatividade baixa. Considere tudo o que você faz na véspera das férias. Agora imagine que todo dia é assim. Foi assim que Dwayne Honoré imaginou como fazer. Como ele concebeu um meio de mensurar um valor para algo que ele preza, conseguiu que esse valor fosse adotado. E o mais importante: como as ações de Honoré passam pelo Teste do Aipo, os outros podem ver com muita clareza em que ele acredita.

O dinheiro é um parâmetro legítimo para mercadorias vendidas ou serviços prestados. Mas não é um cálculo de valor. Só o fato de alguém ganhar muito dinheiro não significa necessariamente que esteja fornecendo muito valor. Da mesma forma, só porque alguém ganha pouco dinheiro não significa necessariamente que forneça pouco valor. Medir apenas o número de mercadorias vendidas ou o dinheiro gerado não é uma indicação de valor. Valor é um sentimento, não um cálculo. É uma percepção. Pode-se tentar argumentar que um produto cheio de penduricalhos que é vendido por menos tem maior valor. Mas por qual critério?

Meu tio trabalhava com raquetes de tênis. Suas raquetes eram produzidas na mesma fábrica que as raquetes de marca conhecida, com o mesmo material, na mesma máquina. A única diferença era que quando as raquetes do meu tio saíam da linha de montagem não se acrescentava a logomarca da fabricante famosa no produto. As raquetes do meu tio, no mesmo grande varejista, ficavam ao lado das daquela marca e eram vendidas por um preço menor. Mês após mês as raquetes de marca vendiam mais do que as genéricas. Por quê? Porque as pessoas percebiam um valor maior nas raquetes com a marca e achavam justo pagar um extra por essa percepção. Em uma escala estritamente racional, as raquetes genéricas ofereciam um valor maior. Porém, repetindo, valor é percepção, não cálculo, e essa é a razão pela qual as companhias fazem tanta questão de investir em sua marca. Mas uma marca forte, como todos os outros fatores intangíveis que contribuem para a percepção de valor, começa com um claro senso de PORQUÊ.

Se as pessoas que estão fora do megafone compartilharem seu PORQUÊ, e se você for capaz de comunicar com clareza aquela crença em tudo o que diz e faz, surge confiança e percebe-se valor. Quando isso acontece, compradores fiéis sempre vão racionalizar o extra que pagam ou a inconveniência por que passam para ter aquele sentimento. Para eles, esse sacrifício de tempo ou dinheiro vale a pena. Tentam explicar que sua percepção de valor vem da qualidade, dos recursos ou de algum outro elemento fácil de apontar, mas não vem. Esses são fatores externos, e o *sentimento* que os compradores experimentam se origina dentro deles. Quando as pessoas podem apontar para uma companhia e expressar claramente em que ela acredita usando palavras que não têm a ver com preço, qualidade, serviço e recursos, isso é uma prova de que a companhia passou com sucesso pela ruptura. Quando as pessoas descrevem o valor que elas percebem usando palavras viscerais e entusiasmadas como "amor", é um sinal seguro de que existe um claro senso de PORQUÊ.

Boas sucessões mantêm vivo o PORQUÊ

Faltavam três palavras no discurso de despedida de Bill Gates quando fez o anúncio oficial de que estava deixando a Microsoft, em junho de 2008. Três palavras que ele provavelmente nem sequer imaginou que precisassem ser ditas ali.

"Eu vou voltar."

Embora Bill Gates tivesse abdicado de seu papel como CEO da Microsoft para Steve Ballmer em 2000 para dedicar mais tempo e energia à Fundação Bill e Melinda Gates, ele ainda manteve um papel e uma presença na sede da Microsoft em Redmond, Washington. Seu plano sempre foi deixar por completo a companhia aos cuidados de outros, mas, como muitos fundadores, Gates se esqueceu de fazer algo que permitiria que seu plano funcionasse. Esse único descuido teve um impacto devastador na Microsoft e chegou até a exigir que ele voltasse um dia para redirecionar o navio que tinha construído.

Bill Gates é especial. Não apenas por causa de sua inteligência ou seu estilo de gerenciamento. Embora importantes, essas duas coisas sozinhas não são a fórmula para a construção, a partir do zero, de uma corporação de 60 bilhões de dólares. Como todo líder visionário, Bill Gates é especial porque materializa aquilo em que acredita. Ele é a personificação do PORQUÊ da Microsoft. E por esse motivo, ele serve como farol, fisicamente, um lembrete de POR QUE todos vão trabalhar.

Quando Gates fundou a Microsoft com Paul Allen em 1975, fez isso para fazer avançar uma grande causa: se você der às pessoas as ferramentas certas e as tornar mais produtivas, então cada uma, seja qual for sua situação, terá uma oportunidade de atingir seu maior potencial. "Um PC em cada casa e em cada mesa", ele profetizou; algo notável vindo de uma companhia que nem mesmo fabricava PCs. Ele via o PC como um grande equalizador. O software de maior sucesso da Microsoft, o Windows, permitiu que todos tivessem acesso à tecnologia. Ferramentas como Word, Excel e PowerPoint dão a cada um o poder de realizar a promessa da nova tecnologia – ficar mais eficiente e mais produtivo. Pequenos negócios, por exemplo, poderiam parecer e agir como grandes negócios. O software da Microsoft ajudou Gates a fazer avançar sua causa de dar poder ao "homem comum".

Não se engane: a Microsoft mudou o mundo mais do que a Apple. Embora sejamos atraídos pela muito merecida reputação da Apple quanto à inovação e ao desafio dos modelos de negócio de mais de uma indústria, foi a Microsoft a responsável pelo avanço do computador pessoal. Gates pôs um PC em cada mesa e, ao fazer isso, mudou o mundo. Tendo sido a personificação física do PORQUÊ da companhia, o "homem comum" que transformou em realidade um incrível potencial, o que acontecerá agora que ele se retirou?

O próprio Gates sempre afirmou que recebia uma medida "desproporcional" de atenção por seu papel na Microsoft, grande parte dela, é claro, por causa de sua excepcional fortuna. Como todos os líderes inspirados, ele reconhece que seu papel é liderar a causa, mas serão outros os responsáveis por dar vida à causa. Martin Luther King não poderia mudar os Estados Unidos atravessando uma ponte em Selma, Alabama, com cinco proeminentes líderes da causa pelos direitos civis. Foram necessárias milhares de pessoas marchando atrás deles para provocar a mudança. Gates reconhece a necessidade de muitas pessoas para que se produza uma mudança real, mas esqueceu que todo movimento eficaz, social ou de negócios, precisa de um líder que marche na frente, pregando a visão e lembrando às pessoas POR QUE estavam lá para começo de conversa. Embora King precisasse atravessar a ponte de Selma em sua marcha para Montgomery, era o significado da travessia da ponte que importava. Nos negócios acontece da mesma forma: embora o lucro e o valor das ações sejam um objetivo essencial, não é isso que inspira as pessoas a irem trabalhar.

Embora a Microsoft tenha passado pela ruptura anos atrás, a mudança de uma companhia que pretendia mudar o mundo para uma companhia que produz softwares, o fato de ter Gates por perto ajudou a Microsoft a manter ao menos um vago senso do PORQUÊ de sua existência. Com a saída dele, a Microsoft não tem mais sistemas suficientes para avaliar e pregar seu PORQUÊ. É uma questão que terá um impacto exponencial à medida que o tempo passar.

Uma saída como a de Gates não é sem precedente entre companhias com líderes igualmente visionários. Steve Jobs, a materialização de um empolgante revolucionário, um homem que também personificava o PORQUÊ de sua companhia, deixou a Apple em 1985, após uma lendária luta pelo poder com o presidente da Apple, John Sculley, e o conselho de administração. O impacto na empresa foi profundo.

Originalmente contratado por Jobs em 1983, Sculley era um executivo muito capaz, com uma carreira consolidada. Ele sabia O QUE fazer e COMO fazer. Era considerado um dos mais talentosos executivos de marketing existentes, tendo ascendido com rapidez nas fileiras da PepsiCo. Na Pepsi, ele criou a imensamente bem-sucedida campanha publicitária do teste de sabor, o Desafio da Pepsi, levando a Pepsi a superar a Coca-Cola pela primeira vez. Mas o problema é que Sculley não se encaixava bem na Apple. Ele dirigiu a companhia como um negócio, e não estava lá para liderar uma causa.

Vale a pena considerar como foi que alguém que se encaixava mal como Sculley obteve o emprego na Apple. Simples – ele foi manipulado. Sculley não procurou Jobs e pediu para participar da causa da Apple. O modo como a verdadeira história se desenrolou tornou as consequências quase previsíveis. Jobs sabia que precisava de ajuda. Sabia que precisava de um homem do COMO para ajudá-lo a dar escala à sua visão. Ele procurou Sculley, um homem com um sólido currículo e disse: "Você quer vender água com açúcar durante sua vida inteira ou quer mudar o mundo?" Jogando com o ego, as aspirações e os medos de Sculley, Jobs completou uma manipulação executada com perfeição. E, com isso, foi afastado da própria companhia poucos anos depois.

A Apple ainda prosperou sob a influência da recente presença de Jobs durante alguns anos, quando empresas começaram a comprar Macintoshes e os desenvolvedores de software continuaram a criar novos softwares. Mas não demoraria muito para a companhia começar a vacilar. A Apple simplesmente não era o que costumava ser. Tinha passado pela ruptura e a ignorou. O PORQUÊ estava ficando cada vez mais difuso a cada ano que passava. A inspiração havia desaparecido. Literalmente.

Com um executivo capaz como Sculley dirigindo o negócio, não havia quem liderasse a causa. Os novos produtos seriam "menos revolucionários e mais evolucionários", reportou a revista *Fortune* na época, "algumas pessoas dirão que são sem graça". Cansado do estilo de "lado direito do cérebro" da Apple, Sculley reorganizou a companhia repetidas vezes, cada uma delas na tentativa de recuperar o que, claramente, tinha perdido. Trouxe uma nova equipe de executivos para ajudar. Mas tudo o que faziam era tentar gerenciar COMO a companhia trabalhava, quando era o PORQUÊ que precisava de atenção. Desnecessário dizer, o moral era sombrio. Somente quando Jobs voltou, em 1997, todos, dentro e fora da companhia, foram lembrados de POR QUE a Apple existia. Com a clareza de volta, a companhia logo restabeleceu seu poder para a inovação, para pensar diferente e, mais uma vez, para redefinir indústrias. Com Jobs de volta ao leme, a cultura de desafio ao status quo, de dar força ao indivíduo, voltou. Toda decisão passava pelo filtro do PORQUÊ, e funcionou. Como a maioria dos líderes inspiradores, Jobs confiava em sua intuição mais do que em conselhos de fora. Era criticado com regularidade por não tomar decisões voltadas para o mercado de consumo de massa, como permitir que se clonasse o Mac. Ele não poderia; essas ações violavam aquilo em que acreditava. Elas fracassariam no Teste do Aipo.

Quando a pessoa que personifica o PORQUÊ vai embora sem ter expressado com clareza POR QUE a companhia fora fundada em primeiro lugar, ela não deixa uma causa clara para seu sucessor liderar. O novo CEO vai embarcar para dirigir a companhia e focará sua atenção no crescimento de O QUÊ, dando pouca atenção ao PORQUÊ. Pior, pode tentar implementar a própria visão, sem considerar a causa que originalmente inspirou a maioria das pessoas a se apresentarem para o trabalho. Nesses casos, o líder pode estar indo contra a cultura da companhia em vez de liderar ou construir com base nela. O resultado é um moral enfraquecido, êxodo em massa, mau desempenho e uma lenta e constante transição para uma cultura de desconfiança e de cada um por si.

Isso aconteceu na Dell. Michael Dell também tinha uma causa quando fundou sua companhia. Desde o início ele se concentrou em eficiência como o meio de se ter mais poder de computação em um número maior de mãos. Infelizmente, foi uma causa da qual ele também esqueceu, e por isso não a comunicou com clareza suficiente ao deixar de ser o CEO da Dell Corp. em julho de 2004. Depois que a companhia começou a se enfraquecer – o serviço ao consumidor, por exemplo, despencou –, com menos de três anos afastado, ele teve que voltar.

Michael Dell reconheceu que sem sua presença para manter a energia focada na razão pela qual a Dell fora fundada, a companhia ficara mais obcecada com o O QUÊ em detrimento do PORQUÊ. "A companhia estava focada demais no curto prazo, e o equilíbrio entre prioridades estava se inclinando demais para coisas que produzem resultados de curto prazo – essa foi a causa principal", disse Dell ao *The New York Times* em setembro de 2007. De fato, a companhia havia se tornado tão disfuncional que alguns gerentes foram levados a falsificar relatórios de receitas entre 2003 e 2006 para atender às metas de vendas, sugerindo uma cultura corporativa com uma pressão excessiva sobre os gestores para o cumprimento de metas de resultado líquido de vendas. Enquanto isso, a companhia não tinha acompanhado importantes mudanças no mercado, em particular a do potencial do mercado de consumo, e também perdera sua posição junto aos fornecedores de componentes. Em 2006 a Hewlett-Packard superou a Dell como maior vendedora de PCs no mundo todo. A Dell tinha passado pela ruptura e não conseguiu identificar o motivo de não ser mais a companhia que costumava ser.

A Starbucks é outro bom exemplo. Em 2000, Howard Schultz renunciou ao cargo de CEO e, pela primeira vez em sua história, e apesar dos 50 milhões de clientes por semana, a companhia começou a rachar.

Se você recapitular a história da Starbucks, verá que ela prosperou não graças ao seu café, mas pela experiência que oferecia aos clientes. Foi Schultz quem trouxe o PORQUÊ à companhia quando chegou, em 1982, 10 anos depois de Gordon Bowker, Jerry Baldwin e Zev Siegl terem começado vendendo café em grãos em Seattle. No início, tratava-se apenas de café. Schultz, frustrado porque os fundadores da Starbucks não conseguiam ter uma visão mais ampla, começou a pôr a companhia em um novo curso, o que no fim transformou a Starbucks na companhia que hoje conhecemos. Schultz tinha ficado encantado com os bares de café espresso da Itália e teve a visão de construir um ambiente confortável para pessoas entre seu trabalho e sua casa, o "terceiro espaço", como ele o chamou, o que propiciou à Starbucks criar, sozinha, nos Estados Unidos, uma cultura de cafeteria que até então só existia nos campi universitários.

Foi uma época na qual a Starbucks representava uma ideia. Refletia uma crença subjacente a respeito do mundo. Era a ideia que as pessoas compravam, não simplesmente o café. E era inspiradora. Mas a Starbucks, como tantos antes dela, passou pela inevitável ruptura. Ela também se esqueceu do PORQUÊ de ter sido fundada e começou a se concentrar nos resultados e nos produtos. Houve um tempo em que a Starbucks oferecia a opção de tomar seu café em uma xícara de cerâmica e de comer seu doce de massa folhada em um pratinho de cerâmica. Dois detalhes perfeitos que ajudaram a dar vida à crença da companhia de ser um lugar entre o trabalho e a casa. Mas manter louças de cerâmica é caro e a Starbucks se livrou dela em favor dos mais eficientes copos de papel. Embora fosse uma economia, teve um custo: a erosão da confiança. Nada diz mais a um cliente "Nós amamos você, agora dê o fora" do que um copo de papel. Já não era mais o terceiro espaço. Tornou-se mais um café. O PORQUÊ da Starbucks estava ficando nebuloso. Felizmente, Shultz estava lá, a personificação do PORQUÊ, para lembrar às pessoas qual era a causa maior. Mas em 2000 ele se retirou, e as coisas pioraram.

A companhia tinha crescido de menos de mil lojas para 13 mil em apenas 10 anos. Oito anos e dois CEOs depois, a companhia estava perigosamente expandida demais justo quando enfrentava um ataque de concorrentes como McDonald's, Dunkin' Donuts e outros estabelecimentos inesperados. Em um agora famoso memorando que Schultz escreveu a seu sucessor, Jim Donald, alguns meses antes de voltar a empunhar o leme, ele implorou que Donald "fizesse as mudanças necessárias para evocar o legado, a tradição e a paixão que todos temos pela verdadeira experiência da Starbucks". O motivo de a companhia estar tropeçando não era ter crescido rápido demais, mas o fato de que Schultz não havia infundido adequadamente seu PORQUÊ na organização de modo que ela pudesse gerenciá-lo sem ele. No inicio de 2008, Schultz substituiu Donald por um líder que pudesse dirigir melhor a companhia de volta a uma época anterior à ruptura: ele mesmo.

Nenhum desses executivos é considerado dotado de um dom divino para o gerenciamento. A paranoia de Steve Jobs, por exemplo, foi bem documentada, e Bill Gates era socialmente desastrado. As companhias deles têm vários níveis compostos por milhares de pessoas, e eles sozinhos não são capazes de puxar todas as cordinhas ou apertar todos os botões para fazer tudo funcionar como tem que ser. Eles confiam na inteligência e na aptidão gerencial de equipes para que os ajudem a construir seus megafones. Confiam em pessoas que compartilham sua causa. Quanto a isso, não são diferentes de outros executivos. Mas o que todos têm em comum, algo que nem todo executivo possui, é o fato de personificarem a causa em torno da qual construíram suas companhias. Sua presença física lembra a cada executivo e a cada funcionário POR QUE eles vão trabalhar. Dito de maneira simples: eles inspiram. No entanto, como Bill Gates, esses líderes inspiradores não expressaram sua causa em palavras de maneira adequada para que outros pudessem conduzi-la em sua ausência. Não conseguir definir o movimento em palavras os faz ser os únicos capazes de liderá-lo. O que acontece quando Jobs, Dell ou Schultz saem de cena?

Para companhias de qualquer tamanho, ter sucesso é o maior desafio. À medida que a Microsoft crescia, Gates parou de falar daquilo em que acreditava e em como iria mudar o mundo e começou a falar sobre como a companhia estava se saindo. A Microsoft mudou. Fundada como uma companhia que acreditava em permitir às pessoas serem mais produtivas para que pudessem atingir seu máximo potencial, tornou-se uma companhia que apenas fabricava softwares. Uma mudança aparentemente tão sutil afeta comportamentos. Altera decisões. E impacta o modo como uma companhia se estrutura para o futuro. Embora a Microsoft tenha mudado desde sua fundação, o impacto não era tão grande porque Bill Gates estava lá, a personificação física da causa que inspirava seus executivos e funcionários.

A Microsoft é apenas uma das coisas tangíveis que Gates fez em sua trajetória para dar vida à sua causa. A companhia é um dos O QUÊs para seu PORQUÊ. E agora ele está fora da companhia, para fazer outra coisa que também incorpora sua causa – usar a Fundação Gates para ajudar pessoas em todo o mundo a acordar todos os dias para superar obstáculos, de modo a também terem uma oportunidade de atingir seu potencial. A única diferença é que ele não está mais fazendo isso com softwares. Steve Ballmer é um homem inteligente e capaz sob todos os aspectos, mas que não personifica fisicamente a visão de mundo de Gates. Sua imagem é a de um poderoso executivo que vê números, concorrentes e mercados. É um homem com o dom de gerenciar a linha do O QUÊ. Como John Sculley na Apple, Jim Donald na Starbucks e Kevin Rollins na Dell – todos os CEOs que substituíram os fundadores ou executivos visionários –, Ballmer pode ser o homem perfeito para trabalhar com o visionário, mas será o homem perfeito para substituí-lo?

A cultura de todas essas companhias foi inteiramente construída em torno da visão de um homem. O único plano de sucessão que vai funcionar é encontrar um CEO que acredite nessa visão e queira continuar a liderar esse movimento, e não substituí-lo por sua própria visão de futuro. Ballmer sabe como conduzir a companhia, mas poderia inspirá-la?

Uma sucessão bem-sucedida envolve mais do que escolher alguém com um conjunto adequado de aptidões – envolve encontrar alguém que esteja sintonizado com a causa original em torno da qual a companhia foi fundada. Um grande segundo ou terceiro CEO não assume o leme para implementar sua própria visão de futuro; ele toma a bandeira original e conduz a companhia para a próxima geração. Por isso dizemos que é sucessão, não substituição. Há uma continuidade de visão.

Um dos motivos de a Southwest Airlines ter se saído bem na sucessão é o fato de sua causa estar tão entranhada em sua cultura que os CEOs que assumiram depois de Herb Kelleher também a incorporaram. Howard Putnam foi o primeiro presidente da Southwest depois de Kelleher. Embora fosse um homem de carreira no setor aéreo, não foi seu currículo que o fez ser tão adequado para liderar a companhia. Ele se encaixava bem. Putnam lembra quando se encontrou com Kelleher na entrevista para o cargo. Putnam recostou-se em sua cadeira e reparou que Kelleher tinha descalçado os sapatos por baixo da mesa. E mais: Putnam notou um furo em uma das meias de Kelleher. Foi aí que sentiu que era o homem certo para o cargo. Ele adorou o fato de Kelleher ser como todo mundo. Ele também tinha furos nas meias.

Embora Putnam tivesse sentido que a Southwest era o emprego certo para si, como saber se ele era o homem certo para a Southwest? Eu tive a oportunidade de passar metade de um dia conversando com Putnam. A certa altura da tarde sugeri que fizéssemos uma pausa para ir a uma Starbucks. A mera sugestão o exasperou. "Eu não vou à Starbucks!", ele explodiu. "Não vou pagar cinco dólares por uma xícara de café. E que troço é esse de Frapuccino afinal?" Foi então que me dei conta de como Putnam se encaixava perfeitamente na Southwest. Ele era um homem comum. O homem perfeito para receber a tocha de Kelleher e levá-la adiante. A Southwest o inspirava. No caso de Howard Putnam, Kelleher contratara alguém que era capaz de representar a causa, não de reinventá-la.

Hoje isso está tão entranhado na cultura que é quase automático. O mesmo poderia ser dito de Colleen Barrett, que se tornou presidente da Southwest em 2001, 30 anos depois de ter trabalhado como secretária de Kelleher em sua firma de advocacia em San Antonio. Em 2001, a companhia tinha cerca de 30 mil funcionários e uma frota de 344 aviões. Na época em que assumiu a presidência, Barrett disse que dirigir a companhia tinha se tornado um "esforço muito coletivo". Kelleher havia interrompido seu envolvimento diário na companhia, mas deixara uma cultura corporativa tão forte que sua presença nos corredores não era mais necessária. A pessoa física tinha sido em grande parte substituída pelo folclore em torno de

Kelleher. Mas foi o folclore que ajudou a manter o PORQUÊ vivo. Barrett admite abertamente que ela não é a executiva mais inteligente que existe por lá. Na verdade, ela está se autodepreciando nesta declaração pessoal. Mas, como líder da companhia, sua função não é ser a mais inteligente. Sua função é liderar a causa. Personificar os valores e lembrar a todos o PORQUÊ de estarem lá.

A boa notícia é que é fácil saber se um sucessor está carregando a tocha certa. Basta aplicar o Teste do Aipo e ver se o que a companhia está dizendo e fazendo faz sentido. Testar se O QUE está fazendo demonstra efetivamente POR QUE foi fundada. Se não for possível compreender facilmente o PORQUÊ de uma companhia apenas olhando para seus produtos, serviços, marketing e declarações públicas, então são altas as probabilidades de que tampouco ela saiba qual é. Se ela soubesse, nós também saberíamos.

Quando o PORQUÊ desaparece, tudo o que resta é O QUÊ

Em 5 de abril de 1992, aproximadamente às 8 horas da manhã, o Walmart perdeu seu PORQUÊ. Naquele dia, Sam Walton, o inspirado líder do Walmart, o homem que personificava a causa em torno da qual construíra a maior rede de varejo do mundo, morreu no Hospital da Universidade de Ciência do Arkansas, em Little Rock, de câncer na medula óssea. Pouco depois, o filho mais velho de Walton, S. Robson Walton, que sucedera ao pai como presidente da companhia, fez uma declaração pública: "Não são esperadas mudanças na direção, no controle ou na política da corporação", disse ele. Infelizmente para os funcionários, clientes e acionistas do Walmart, não foi isso que aconteceu.

Sam Walton tinha sido a personificação do homem comum. Embora tivesse sido considerado o homem mais rico dos Estados Unidos pela revista *Forbes* em 1985, título que manteve até morrer, ele nunca compreendeu a importância que outros atribuíam ao dinheiro. Sem dúvida, era competitivo, e o dinheiro era um bom parâmetro para o sucesso. Mas não era isso que dava a ele ou aos que trabalhavam no Walmart o sentimento do sucesso. O que Walton valorizava acima de tudo eram pessoas. Pessoas.

Cuide das pessoas e as pessoas cuidarão de você. Era essa a sua crença – e tudo o que Walton e o Walmart faziam demonstrava isso. Nos primeiros tempos, por exemplo, Walton insistia em aparecer no trabalho nos sábados, em solidariedade aos funcionários de suas lojas que tinham que trabalhar nos fins de semana. Ele se lembrava de aniversários e de aniversários de casamento, e até de que a mãe de um caixa tinha passado por uma cirurgia de vesícula. Repreendia seus executivos por dirigirem carros caros e resistiu durante muitos anos a usar o jatinho da corporação. Se o americano médio não tinha essas coisas, seu paladino tampouco teria.

O Walmart nunca passou por uma ruptura sob o comando de Walton, porque ele nunca se esqueceu de suas origens. "Eu nunca acreditei que o fato de eu cortar meu cabelo em uma barbearia fosse notícia. Onde mais eu iria cortá-lo?", dizia. "Por que eu dirijo uma picape? Onde eu deveria transportar meus cães? Em um Rolls-Royce?" Sempre usando o paletó de tweed que era sua marca e um boné de caminhoneiro, Walton era a personificação daquele a quem gostava de servir – o americano médio.

Com uma companhia tão amada por funcionários, clientes e comunidades, Walton cometeu apenas um grande erro. Não expressou sua causa em palavras claras o bastante para que outros continuassem a liderá-la depois de sua morte. A culpa não foi toda dele. A parte do cérebro que controla o PORQUÊ não controla a linguagem. Assim, como tantos, o melhor que Walton conseguiu articular era COMO dar vida à sua causa. Ele falava em baratear produtos para que as coisas fossem mais acessíveis ao trabalhador médio americano. Falava em construir lojas em comunidades rurais para que a força de trabalho na espinha dorsal do país não tivesse de viajar para centros urbanos. Tudo isso fazia sentido. Todas as suas decisões passavam pelo Teste do Aipo. No entanto, nada era dito quanto ao PORQUÊ que dera sustentação à construção da companhia.

Walton esteve envolvido com sua companhia até pouco antes de sua morte, quando sua saúde em declínio impediu que continuasse a participar. Como em todas as organizações com líderes-fundadores cuja presença física ajuda a manter vivo o PORQUÊ, seu envolvimento continuado na companhia lembrava a todos POR QUE eles iam trabalhar diariamente. Ele inspirava as pessoas ao seu redor. Da mesma forma que a Apple funcionou sob os eflúvios da presença de Steve Jobs durante alguns anos após ele ter deixado a companhia, o Walmart lembrou-se de Sam Walton e de seu PORQUÊ durante algum tempo depois de sua morte. Mas à medida que o PORQUÊ se tornava cada vez mais difuso, a companhia mudou de direção. Dali em diante, haveria uma nova motivação na companhia, e era algo quanto ao qual o próprio Walton sempre advertia: ir atrás de dinheiro.

A Costco foi cofundada em 1983 por alguém do tipo PORQUÊ, Jim Sinegal, e alguém do tipo COMO, Jeffrey Brotman. Sinegal havia aprendido sobre lojas de desconto com Sol Price, a mesma pessoa de quem Sam Walton admitiu ter "tomado emprestado" muito do que sabia sobre o negócio. E, como Walton, Sinegal priorizava as pessoas. "Vamos ser uma companhia que trata a todos pelo primeiro nome", ele disse em uma entrevista no programa jornalístico da ABC *20/20*. Seguindo a mesma fórmula de outros líderes inspiradores, a Costco acredita em cuidar primeiro de seus funcionários. Historicamente, tem pagado a seu pessoal cerca de 40% mais do que os que trabalhavam no Sam's Club, o grande depósito de vendas com desconto do Walmart. E a Costco oferece benefícios acima da média, inclusive plano de saúde para mais de 90% de seus funcionários. Com isso, a rotatividade de funcionários se mantém, de forma consistente, cinco vezes menor do que no Sam's Club.

Como todas as companhias construídas em torno de uma causa, a Costco baseou-se em seu megafone para ajudá-los a crescer. Eles não têm um departamento de relações públicas nem gastam dinheiro com publicidade. A Lei da Difusão e Inovação é tudo de que a Costco precisa para propagar sua palavra. "Imagine que você tem 120 mil embaixadores fiéis lá fora que sempre dizem coisas boas sobre você", graceja Sinegal, reconhecendo que o valor da lealdade de seus funcionários é maior do que o da publicidade e de ações de relações públicas.

Durante anos, analistas de Wall Street criticaram a estratégia da Costco de gastar tanto com seu pessoal em vez de cortar custos para aumentar as margens e beneficiar o valor das ações. Wall Street teria preferido que a companhia se concentrasse em O QUE fazia em detrimento de POR QUE o fazia. Um analista do Deutsche Bank disse à revista *Fortune*: "A Costco continua a ser uma companhia que atende melhor ao membro do clube e ao funcionário do que ao acionista."

Felizmente, Sinegal confia mais em sua intuição do que nos analistas de Wall Street. "Wall Street está no negócio de ganhar dinheiro entre agora e terça-feira que vem", disse ele na entrevista no *20/20*. "Nós estamos no negócio de construir uma organização, uma instituição que esperamos que esteja aqui nos próximos 50 anos. E pagar bons salários e manter as pessoas trabalhando com você é um grande negócio."

O mais incrível por trás de tudo isso não é só o quanto Sinegal é inspirador, mas que quase tudo o que ele diz e faz é um eco de Sam Walton. O Walmart se tornou grande como é fazendo exatamente a mesma coisa – concentrando-se no PORQUÊ e assegurando que O QUE faziam demonstrasse isso. Dinheiro nunca é causa, é sempre resultado. Mas naquele fatídico dia de abril de 1992, o Walmart deixou de acreditar em seu PORQUÊ.

Desde a morte de Sam Walton, o Walmart tem sido fustigado por escândalos acerca de maus-tratos a funcionários e clientes, tudo em nome do valor para os acionistas. Seu PORQUÊ ficou tão difuso que, mesmo quando agem do jeito certo, poucos estão dispostos a lhes dar o crédito. Por exemplo, a companhia foi uma das primeiras corporações a desenvolver uma política ambiental destinada a reduzir o desperdício e estimular a reciclagem. Mas os críticos do Walmart haviam se tornado tão céticos quanto às motivações da companhia que essa ação foi descartada como sendo apenas de fachada. "O Walmart vem trabalhando há vários anos para melhorar sua imagem e amenizar seu impacto no meio ambiente", lia-se em uma coluna publicada no site do *The New York Times* em 28 de outubro de 2008. "O Walmart ainda vende consumismo mesmo quando alega cortar os custos sociais e ambientais das mercadorias em suas lojas." A Costco, por outro lado, demorou mais do que o Walmart para anunciar uma política ambiental, mas recebeu um volume desproporcional de atenção. A diferença é que as pessoas *acreditam* quando a Costco faz isso. Quando as pessoas sabem POR QUE você faz O QUE faz, elas lhe darão crédito por tudo o que possa servir como demonstração do PORQUÊ. Quando o seu PORQUÊ não está claro, O QUE você faz fica fora de contexto. Mesmo que as coisas que você faz ou as decisões que toma sejam boas, elas não farão sentido para os outros se não houver uma clara compreensão do PORQUÊ.

E quais são os resultados? Ainda cultivando a memória de Sam Walton, a cultura do Walmart no início se manteve intacta, e o valor das ações das duas companhias permaneceu o mesmo durante alguns anos após a morte de Walton. Mas quando o Walmart seguiu com seu negócio na modalidade pós-Sam e pós-ruptura enquanto a Costco mantinha a clareza do PORQUÊ, a diferença entre os valores mudou dramaticamente. Um investimento no Walmart no dia em que Sam morreu daria ao acionista um ganho de 300% na época em que este livro foi escrito. Um investimento feito na Costco no mesmo dia teria um ganho líquido de 800%.

A vantagem da Costco é que a personificação de seu PORQUÊ, Jim Sinegal,* ainda está lá. As coisas que ele diz e faz ajudam a reforçar em todos que o cercam a razão de ser da companhia. Sendo coerente com seu PORQUÊ, Sinegal tem um salário anual de 430 mil dólares, quantia relativamente pequena considerando o tamanho e o sucesso da companhia. No auge do Walmart, Sam Walton nunca teve um salário maior do que 350 mil dólares por ano, também consistente com aquilo em que acreditava. David Glass, o primeiro a assumir o cargo de CEO após Sam Walton, um homem que conviveu durante um período considerável com Walton, disse: "Muito do que está acontecendo com companhias de grande sucesso e com esses CEOs e seus supersalários, que na realidade estão fazendo uma pilhagem e não cuidam de ninguém exceto de si mesmos, me chateia de verdade. É uma das principais coisas erradas no cenário empresarial dos Estados Unidos atualmente."

Mais três CEOs tentaram carregar a tocha que Walton acendeu. E a cada sucessão, a chama dessa tocha, essa noção clara de um propósito, uma causa e uma crença, ficava cada vez mais fraca. A nova esperança estava em Michael T. Duke, que assumiu o cargo de CEO no início de 2009. O objetivo de Duke era restaurar o esplendor e a clareza do PORQUÊ do Walmart.

E para fazer isso, ele começou pagando a si mesmo um salário de 5,43 milhões de dólares por ano.

---

* Jim Sinegal deixou o cargo de CEO da Costco em 2011. (*N. da E.*)

PARTE VI

Descubra o porquê

CAPÍTULO 13

As origens de um porquê

Começou no norte da Califórnia na época da Guerra do Vietnã, quando ideais antigoverno e o desdém por grandes centros de poder corriam desenfreados. Os jovens enxergavam no poder do governo e das corporações o inimigo, não por ser grande, mas porque esmagava o espírito individual. Eles imaginavam um mundo no qual o indivíduo tivesse voz. Imaginavam um tempo em que um indivíduo pudesse enfrentar com sucesso um poder dominante, antigos conceitos e pensamentos do status quo, e desafiá-los com sucesso. Até redirecioná-los. Eles andavam com hippies e compartilhavam com eles algumas crenças, mas viam um caminho diferente para mudar o mundo que não exigia protestos nem envolvimento com nada que fosse ilegal.

Steve Wozniac e Steve Jobs atingiram a maioridade nessa época. Não era só o espírito revolucionário que corria solto no norte da Califórnia, era também o tempo e o lugar da revolução computacional. E eles viram nessa tecnologia a oportunidade de dar inicio à própria revolução. "A Apple deu ao indivíduo o poder de fazer as mesmas coisas que qualquer companhia", relata Wozniac. "Pela primeira vez, uma pessoa podia assumir uma corporação simplesmente porque tinha a capacidade de usar a tecnologia." Wozniac concebeu a engenharia do Apple I e depois a do Apple II para que fosse simples o bastante para as pessoas terem nas mãos as rédeas do poder da tecnologia. Jobs soube como vender isso. E assim nasceu a Apple Computer. Uma companhia com um propósito – dar ao indivíduo a capacidade de enfrentar o poder estabelecido. Empoderar os sonhadores e idealistas para desafiarem o status quo e terem sucesso. Mas sua causa, seu PORQUÊ começou muito antes de a Apple ter nascido.

Em 1971, trabalhando no quarto de Wozniac na UC Berkeley, os dois Steves fizeram uma coisa que chamaram de Blue Box (caixa azul). Seu pequeno dispositivo hackeava o sistema de telefonia de modo que a taxa por ligações de longa distância não era cobrada na conta telefônica. Os computadores da Apple ainda não existiam, mas Jobs e Woz já estavam desafiando o poder do Grande Irmão, no caso a Ma Bell, American Telephone and Telegraph, companhia que tinha o monopólio do serviço de telefonia. Tecnicamente, o que o Blue Box fazia era ilegal, e como não queriam desafiar o poder transgredindo a lei, Jobs e Woz nunca usaram o dispositivo para valer. Mas gostaram da ideia de dar a outros indivíduos a capacidade de não jogar segundo as regras das forças de monopólio, tema que se repetiria muito mais vezes no futuro da Apple.

Em 1º de abril de 1976, eles repetiram esse modelo. O alvo foram os gigantes da indústria de computação, em particular o Big Blue, o grande computador da IBM. Antes da Apple, computação ainda significava usar um cartão perfurado para dar instruções a um enorme mainframe oculto em algum centro de computação. A IBM direcionava sua tecnologia às corporações e não visava transformá-la em uma ferramenta para que indivíduos desafiassem as corporações, como pretendia a Apple. Com clareza de propósito e incrível disciplina, o sucesso da Apple Computer parecia seguir à risca a Lei da Difusão da Inovação. Em seu primeiro ano no negócio, a companhia vendeu computadores no valor de 1 milhão de dólares àqueles que acreditaram no que ela acreditava. No segundo ano, venderam 10 milhões de dólares. No terceiro ano já eram uma companhia de 100 milhões de dólares, e chegaram ao bilhão de dólares em apenas seis anos.

Em 1984, já um nome conhecido, a Apple lançou o Macintosh com seu famoso comercial "1984", transmitido durante o Super Bowl, a partida decisiva do campeonato de futebol americano da NFL. Dirigido por Ridley Scott, famoso diretor de clássicos cult como *Blade Runner, o caçador de androides*, o comercial também mudou o rumo do mundo da publicidade. Foi o primeiro "comercial do Super Bowl" e inaugurou a tradição anual dos grandes investimentos em anúncios cinematográficos exibidos no intervalo do Super Bowl. Com o Macintosh, a Apple mais uma vez mudou a tradição de como as coisas eram feitas. Desafiou o padrão do DOS da Microsoft, sistema operacional padrão usado pela maioria dos computadores pessoais na época. O Macintosh foi o primeiro computador no mercado de massa a usar uma interface gráfica e um mouse, permitindo às pessoas simplesmente "apontar e clicar" em vez de digitar um código. Por ironia, foi a Microsoft que levou o conceito da Apple até as massas, com o Windows, a versão de Gates para a interface gráfica ao usuário. A capacidade da Apple de desencadear revoluções e a da Microsoft de levar ideias ao mercado de massa ilustram com perfeição o PORQUÊ de cada companhia e de seus respectivos fundadores. O de Jobs sempre esteve relacionado a desafios, e o de Gates sempre foi uma questão de chegar à maioria das pessoas.

A Apple continuaria desafiando com outros produtos que seguiram o mesmo padrão. Outros exemplos incluem o iPod e, em particular, o iTunes. Com essas tecnologias, a Apple desafiou o modelo de negócios já estabelecido da indústria fonográfica – um setor que estava tão preocupado em tentar proteger sua propriedade intelectual e seu modelo de negócios ultrapassado que ficou ocupado processando adolescentes de 13 anos que pirateavam músicas enquanto a Apple redefinia o mercado de música on-line. O modelo se repetiu quando a Apple lançou o iPhone. O status quo ditava que as operadoras do serviço de telefonia celular, e não os fabricantes de aparelhos, decidiam quais seriam os recursos e as capacidades dos telefones. T-Mobile, Verizon Wireless e Sprint, por exemplo, diziam a Motorola, LG e Nokia o que fazer. A Apple mudou tudo quando anunciou que, com o iPhone, seria ela que diria às operadoras o que o telefone iria fazer. Ironicamente, a companhia que a Apple tinha desafiado com sua Blue Box décadas atrás desta vez exibiu o comportamento clássico de um adotante inicial. A AT&T foi a única a concordar com esse novo modelo e assim uma nova revolução foi iniciada.

A atitude entusiasmada da Apple em relação à inovação tem origem em seu PORQUÊ. Os setores que se apegam ao legado de seus modelos de negócio deveriam ser advertidos: você poderia ser o próximo. Se a Apple se mantiver coerente com seu PORQUÊ, as indústrias da televisão e do cinema provavelmente serão as próximas.

A aptidão da Apple para fazer o que faz não tem nada a ver com a expertise no setor. Todas as companhias de computadores e de tecnologia têm amplo acesso a talentos e recursos, sendo igualmente qualificadas para produzir todos os produtos que a Apple produz. Tem a ver com o propósito, a causa ou a crença que começou muitos anos atrás com um par de idealistas em Cupertino, na Califórnia. "Eu quero colocar uma marca no universo", era como Steve Jobs expressava isso. É exatamente o que a Apple faz nos setores em que compete. A Apple nasceu do PORQUÊ de seus fundadores. Não há diferença entre um e outro. A Apple é apenas um dos O QUÊs do PORQUÊ de Jobs e de Woz. As personalidades de Jobs e da Apple são exatamente as mesmas. Na verdade, as personalidades de todos que se sentem profundamente atraídos pela Apple são semelhantes. Não há diferença entre um consumidor e um funcionário da Apple. Um acredita no PORQUÊ da companhia e opta por trabalhar para ela, o outro acredita no PORQUÊ da companhia e opta por comprar seus produtos. A diferença está apenas no comportamento. Isso também vale para os acionistas fiéis. O QUE eles compram é diferente, mas o motivo pelo qual compram e se mantêm fiéis é o mesmo. Os produtos da companhia tornam-se símbolos de suas próprias identidades. Os aficionados de fora da companhia são considerados parte da seita da Apple. Os aficionados de dentro da companhia são considerados parte da "seita de Steve". Seus símbolos são diferentes, mas sua devoção à causa é a mesma. O fato de usarmos a palavra "seita" indica que podemos reconhecer a existência de uma fé profunda, algo irracional compartilhado por todos os que acreditam. E estaríamos com a razão. Jobs,* sua companhia, seus funcionários e seus clientes fiéis estão lá para pressionar as fronteiras. Todos gostam de uma boa revolução.

O simples fato de o PORQUÊ da Apple ser tão claro não significa que todos sejam atraídos por ele. Algumas pessoas gostam, outras não. Algumas o abraçam e outras se sentem repelidas por ele. Porém é inegável: elas se posicionam. A Lei da Difusão da Inovação diz que apenas 2,5% da po-

---

* Steve Jobs faleceu em outubro de 2011, portanto depois que este livro foi escrito. (*N. da E.*)

pulação tem mentalidade inovadora, constituindo um grupo de pessoas que confiam em sua intuição e assumem mais riscos do que as outras. Talvez não seja coincidência que o Windows da Microsoft esteja em 96% dos computadores do mundo enquanto a Apple se mantém em 2,5%. A maioria das pessoas não quer desafiar o status quo.

Mesmo que os funcionários da Apple lhe digam que o sucesso da companhia está em seus produtos, o fato é que muitas companhias fazem produtos de qualidade. E ainda que os funcionários da Apple possam insistir na ideia de que seus produtos são melhores, isso depende do padrão que você utiliza. Os produtos da Apple são realmente melhores para aqueles que se relacionam com o PORQUÊ da companhia. É a crença da Apple, que permeia tudo o que ela pensa, diz e faz, que a leva a ser quem é. E é eficaz nisso a ponto de ser capaz de identificar com clareza seus próprios produtos apenas colocando a letra "i" antes do nome dos produtos. Mas não é só a letra "i", é a *palavra* "I" ("eu"). A companhia é o paladino do espírito criativo do indivíduo, e seus produtos, serviços e marketing demonstram isso.

O PORQUÊ vem de se olhar para trás

Estimativas conservadoras dizem que foi uma proporção de três para um. Mas alguns historiadores afirmaram que o exército inglês estava em uma desvantagem de seis para um. Seja qual for a estimativa em que você acreditar, as perspectivas para Henrique V, rei da Inglaterra, não pareciam boas. Era fim de outubro de 1415 e o exército inglês estava pronto para a batalha contra uma força francesa muito maior, em Agincourt, norte da França. Mas os números eram apenas um dos problemas de Henrique.

O exército inglês havia marchado mais de 400 quilômetros, durante quase três semanas, e tinha perdido cerca de 40% de seu efetivo inicial em decorrência de doenças. Os franceses, por outro lado, estavam mais descansados e com o moral muito melhor. Com treinamento melhor e mais experiência, também estavam animados com a perspectiva de obter sua vingança contra os ingleses pela humilhação que haviam sofrido em derrotas anteriores. E, para completar, o exército francês estava muito mais bem equipado. Os ingleses tinham armaduras leves, e qualquer proteção de que dispusessem não era páreo para o peso das armaduras francesas. Mas qualquer pessoa que conheça a história da Europa medieval já sabe qual foi o resultado da batalha de Agincourt. Apesar da esmagadora desvantagem, os ingleses venceram.

Os ingleses dispunham de uma peça vital de tecnologia capaz de confundir os franceses e dar início a uma cadeia de eventos que acabaria por resultar na derrota francesa. Os ingleses tinham o arco longo, uma arma com alcance espantoso para a época. Longe do campo de batalha, afastado o bastante para que uma armadura pesada não fosse necessária, os ingleses podiam olhar o vale lá embaixo e despejar uma chuva de flechas sobre os franceses. Mas não é tecnologia e alcance que dão à flecha o seu poder. Uma flecha em si é uma frágil haste de madeira com uma ponta afiada e algumas penas. Uma flecha não se compara com uma espada nem penetra uma armadura. O que dá à flecha a capacidade de confrontar experiência, treinamento, números de homens e armaduras é o momentum. Esse frágil pedaço de madeira, quando arremessado no ar, só se torna poderoso quando se move rápido em uma direção. Mas o que tem a batalha de Agincourt a ver com a descoberta do seu PORQUÊ?

Antes de ganhar força ou causar qualquer impacto, uma flecha tem que ser puxada para trás. E também é daí que surge o poder de um PORQUÊ. O PORQUÊ não vem de se olhar à frente para o que você quer alcançar e de imaginar uma estratégia para chegar lá. Não nasce de nenhuma pesquisa de mercado. Não vem de extensas entrevistas com consumidores ou mesmo com funcionários. Vem de se olhar na direção oposta àquela em que você está agora. Achar o PORQUÊ é um processo de descoberta, não de invenção.

Assim como o PORQUÊ da Apple desenvolveu-se durante as rebeldes décadas de 1960 e 1970, o de qualquer outro indivíduo ou organização vem do passado. Nasce da educação ou da experiência de vida de um indivíduo ou de um pequeno grupo. Cada pessoa tem um PORQUÊ, e cada organização também. Uma organização, não se esqueça, é um dos O QUÊs, uma das coisas tangíveis que um fundador ou grupo de fundadores fez em suas vidas para demonstrar seu PORQUÊ.

Toda companhia, organização ou grupo com a capacidade de inspirar começa com uma pessoa ou pequeno grupo de pessoas que se inspiraram para fazer algo maior do que elas mesmas. Dar clareza ao PORQUÊ, ironicamente, não é a parte mais difícil. É a disciplina para confiar na intuição, permanecer coerente com o propósito, a causa ou as crenças. Manter-se totalmente equilibrado e autêntico é a parte mais difícil. Os poucos que são capazes de construir em torno de sua causa um megafone, não apenas uma companhia, são os que adquirem a capacidade para inspirar. Ao fazer isso, eles mobilizam um poder para motivar pessoas que poucos podem imaginar. Captar o PORQUÊ de uma companhia ou uma organização ou compreender o PORQUÊ de qualquer movimento social começa sempre com uma coisa: você.

Sou um fracasso

Três meses estão indelevelmente gravados em minha memória – setembro a dezembro de 2005. Foi quando cheguei ao fundo do poço.

Comecei meu negócio em fevereiro de 2002 e foi muito empolgante. Desde muito cedo, meu objetivo era ter meu próprio negócio. Era o Sonho Americano, e eu o estava vivendo. Todo o meu sentimento de autovalorização vinha do fato de eu ter conseguido fazer isso, ter encarado o desafio, e a sensação era incrível. Se alguém me perguntasse o que eu fazia, eu faria uma pose como a de George Reeves na antiga série do *Super-Homem* na TV. Poria minhas mãos na cintura, estufaria o peito, ficaria de pé em certo ângulo e com a cabeça erguida bem alto e declararia: "Sou empresário." O que eu fazia era como eu me definia, e a sensação era boa. Eu não era como o Super-Homem, eu era o Super-Homem.

Como qualquer um que começa um negócio sabe, trata-se de uma corrida fantástica. Há uma estatística que paira sobre sua cabeça – mais de 90% de todos os novos negócios fracassam nos primeiros três anos. Para cada um que tenha um mínimo de espírito competitivo, sobretudo para quem se define como empresário, essa esmagadora probabilidade de fracasso não é intimidante, apenas acrescenta lenha à fogueira. A tolice de pensar que você é parte da pequena minoria dos que vão conseguir vencer os três anos e desafiar os dados é parte daquilo que faz dos empresários o que eles são, levados pela paixão, e completamente irracionais.

Depois do primeiro ano, comemoramos. Não tínhamos caído fora dos negócios. Estávamos vencendo as estatísticas. Estávamos vivendo o sonho.

Passaram-se dois anos. Então três anos. Ainda não estou certo de como conseguimos – nunca chegamos a implementar bons sistemas e processos. Mas tanto faz, tínhamos vencido os prognósticos. Eu realizara meu objetivo e isso era tudo o que importava. Agora eu era um orgulhoso membro de um pequeno e seleto grupo de pessoas que poderia dizer, com demonstração estatística, que era dono de um pequeno negócio americano.

O quarto ano se mostraria muito diferente. A novidade de ser um empresário já se esgotara. Eu já não fazia a pose de George Reeves. Quando perguntavam o que eu fazia, agora eu dizia que era "consultoria de posicionamento e estratégia". Era muito menos emocionante e sem dúvida não parecia mais uma grande corrida. Não era mais a perseguição apaixonante de algo, era só um negócio. E a realidade é que o negócio não parecia estar muito cor-de-rosa.

Nunca fomos um enorme sucesso. Dava para viver, mas não muito mais do que isso. Tínhamos alguns clientes da *Fortune 500* e fazíamos um bom trabalho. Eu estava certo do que fazia. E poderia lhe contar como éramos diferentes – como fazíamos aquilo. Da mesma forma que todos os outros naquele jogo, eu tentava convencer um cliente em potencial de como fazíamos, como éramos melhores, como nossa maneira de fazer era única... e essa era a parte difícil. A verdade é que vencemos os maus prognósticos por causa da minha energia, não da minha perspicácia nos negócios, mas eu não tinha energia para sustentar essa estratégia pelo resto da vida. Estava consciente o bastante para saber que precisávamos de sistemas e processos melhores se era para o negócio se sustentar sozinho.

Eu estava incrivelmente desmotivado. Do ponto de vista racional, eu era capaz de dizer a você o que precisava fazer, mas simplesmente não conseguia agir. Em setembro de 2005 eu estava o mais próximo do que jamais estive de uma depressão total, se é que já não estivesse mesmo deprimido. Toda a minha vida eu tinha sido um sujeito bem sortudo e feliz, e, assim, estar infeliz já seria ruim o bastante. Mas isso era pior.

A depressão me fez ficar paranoico. Estava convencido de que ia ficar sem o negócio. Estava convencido de que ia ser despejado do meu apartamento. Tinha certeza de que todos os que trabalhavam para mim não gostavam de mim e que meus clientes sabiam que eu era uma fraude. Achava que todas as pessoas que eu conhecia eram mais inteligentes do que eu.

Achava que todas as pessoas eram melhores que eu. E toda a energia que me restava para sustentar o negócio agora era canalizada para me escorar e fingir que estava me saindo bem.

Para que as coisas mudassem, eu sabia que precisava aprender a implementar mais estrutura, antes que tudo desabasse. Assisti a palestras, li livros e pedi a amigos bem-sucedidos conselhos sobre como fazer aquilo. Foram todos bons conselhos, mas eu não conseguia ouvi-los. Não importava o que me diziam, tudo que eu conseguia ouvir era que estava fazendo tudo errado. Tentar resolver o problema não me fazia me sentir melhor, pelo contrário. Eu me sentia mais desamparado. Comecei a ter pensamentos desesperados, o que para um empresário é pior do que suicídio: pensei em arranjar um emprego. Qualquer coisa. Qualquer coisa que fizesse cessar a sensação de colapso que eu tinha quase todo dia.

Eu me lembro de ter visitado a família de meu futuro cunhado no Dia de Ação de Graças daquele ano. Eu estava sentado no sofá na sala de estar da casa da mãe dele, as pessoas estavam falando comigo, mas eu não ouvia uma só palavra. Se me faziam perguntas, eu só respondia trivialidades. Eu realmente não queria nem seria mais capaz de manter uma conversa. Foi então que me dei conta da verdade. Independentemente de estatísticas, eu era um fracasso.

Como um graduado em antropologia e profissional de estratégia no mundo do marketing e da publicidade, sempre fui curioso quanto aos motivos pelos quais as pessoas fazem as coisas. No início da carreira comecei a ficar curioso quanto aos mesmos temas no mundo real – no meu caso, marketing corporativo. Há um velho ditado no ramo segundo o qual 50% dos planos de marketing funcionam; o problema é: quais 50%? Eu sempre ficava espantado com o fato de que tantas companhias operassem nesse nível de incerteza. Por que alguém iria querer deixar o sucesso de algo tão dispendioso, com tanta coisa em jogo, depender de um cara ou coroa? Eu estava convencido de que se algum plano de marketing funcionava, seria possível concluir por quê.

Todas as companhias com iguais recursos têm igual acesso às mesmas agências, ao mesmo talento e à mesma mídia, então como é que alguns planos de marketing funcionam e outros não? Trabalhando em uma agência de publicidade, eu via isso o tempo todo. Em condições mais ou menos iguais, a mesma equipe poderia desenvolver uma campanha que teria enorme sucesso em um ano, e depois, no ano seguinte, desenvolver algo absolutamente inócuo. Em vez de me concentrar no que não funcionava, optei por focar em tudo o que funcionava para descobrir o que havia em comum. A boa notícia para mim foi que não tinha muita coisa para estudar.

Como a Apple foi capaz de ser tão consistente em superar a concorrência repetidas vezes? O que a Harley-Davidson fez tão bem que foi capaz de criar um público de seguidores tão fiéis a ponto de tatuarem a logomarca da corporação? Por que as pessoas gostam tanto da Southwest Airlines – na realidade ela não é *tão* especial... não é? Tentando codificar por que elas deram certo, desenvolvi um conceito simples que chamei de Círculo Dourado. Mas minha pequena teoria ficou enterrada nos arquivos do meu computador. Era um pequeno projeto de estimação sem aplicação real, apenas algo que achei ser interessante.

Meses depois eu conheceria em um evento uma mulher que se interessou por minhas ideias em marketing. Victoria Duffy Hopper cresceu em uma família de acadêmicos e também, a vida inteira, foi fascinada pelo comportamento humano. Foi a primeira pessoa a me falar sobre o sistema límbico e o neocórtex. O que ela estava dizendo despertou minha curiosidade, e comecei a ler sobre a biologia do cérebro, e foi então que fiz a verdadeira descoberta.

A biologia do comportamento humano e o Círculo Dourado se sobrepunham com perfeição. Ao tentar compreender por que um plano de marketing funcionava e outro não, eu tinha entrado em algo muito mais profundo. Descobri por que as pessoas fazem o que fazem. Foi então que percebi qual era a causa real de meu estresse. O problema não era eu não saber o que fazer ou como fazer, o problema era que eu tinha esquecido o PORQUÊ. Eu havia passado por algo que hoje já sei que é uma ruptura, e precisava redescobrir meu PORQUÊ.

Inspirar pessoas a fazer as coisas que as inspiram

Henry Ford disse: "Se você acha que é capaz ou acha que não é capaz, você está certo." Ele foi um sujeito brilhante do tipo PORQUÊ que mudou a maneira como a indústria automobilística funciona. Um homem que personificou todas as características de um grande líder, que compreendeu a importância da perspectiva. Naquele momento, eu não era uma pessoa mais tola do que era quando comecei meu negócio, na realidade provavelmente era o contrário. Eu havia perdido perspectiva. Sabia o que estava fazendo, mas tinha esquecido POR QUÊ. Há uma diferença entre correr com o coração a toda e os olhos fechados e correr com o coração a toda e os olhos bem abertos. Durante três anos meu coração pulsou forte, mas meus olhos estavam fechados. Eu tinha paixão e energia, mas carecia de foco e direção. Precisava me lembrar do que inspirava minha paixão.

Fiquei obcecado com o conceito de PORQUÊ. A ideia me absorvia por completo. Só falava nisso. Quando fiz um retrospecto da minha formação, descobri uma coisa notável. Entre amigos, na escola ou profissionalmente, eu fui sempre o eterno otimista. Era eu quem inspirava todos a acreditarem que poderiam fazer tudo o que quisessem. Esse padrão era o meu PORQUÊ. Inspirar. Eu não me importava se estava fazendo isso no marketing ou na consultoria. Não importava o tipo de companhia ou o setor no qual eu trabalhava. Era para inspirar pessoas a fazer as coisas que as inspiram, para que, juntos, pudéssemos mudar o mundo. Este é o caminho ao qual minha vida e meu trabalho são hoje completamente dedicados. Henry Ford estaria orgulhoso de mim. Depois de passar meses achando que eu não era capaz, hoje sei que sou.

Fiz de mim mesmo a cobaia para testar o conceito. Se a razão para eu ter chegado ao fundo do poço era o desequilíbrio do meu Círculo Dourado, então eu precisava equilibrá-lo novamente. Se era importante começar pelo PORQUÊ, então eu começaria pelo PORQUÊ em tudo o que fizesse. Não há um único conceito neste livro que eu não pratique. Fico com meu megafone na boca e falo sobre o PORQUÊ a quem quiser me ouvir. Os adotantes iniciais que ouvem minha causa me consideram uma ferramenta em seu arsenal para conquistar seu próprio PORQUÊ. E eles me apresentam a outras pessoas a quem acreditam que eu poderia inspirar. E assim a Lei da Difusão da Inovação começou a fazer seu trabalho.

Embora o Círculo Dourado e o conceito do PORQUÊ estivessem funcionando comigo, eu queria mostrá-los a outros. Eu tinha uma decisão a tomar: deveria patenteá-los, protegê-los e usá-los para ganhar muito dinheiro ou liberá-los? Essa decisão seria meu primeiro Teste do Aipo. Meu

PORQUÊ era inspirar as pessoas a fazer as coisas que as inspiram, e para ser autêntico em relação a essa causa só havia uma decisão a tomar – abrir mão, falar sobre isso, compartilhar. Nunca haveria um molho secreto ou uma fórmula especial da qual só eu conheceria os ingredientes. A ideia é que cada pessoa e cada organização conheça seu PORQUÊ e o use em benefício de tudo o que fazem. Assim, é isso que estou fazendo, e estou me baseando totalmente no conceito do PORQUÊ e no padrão do Círculo Dourado – que ocorre naturalmente – para que me ajudem a chegar lá.

O experimento começou a funcionar. Antes de começar pelo PORQUÊ eu havia sido convidado a fazer uma única apresentação pública em minha vida. Agora recebo entre 30 e 40 convites por ano, de todos os tipos de audiências, em todo o mundo, para falar sobre o Círculo Dourado. Falo para plateias de empresários, grandes corporações, instituições sem fins lucrativos, políticas e governamentais. Já falei no Pentágono para o chefe do Estado-Maior e para a secretaria da Força Aérea. Antes do Círculo Dourado eu nem conhecia pessoas da área militar. Antes de começar pelo PORQUÊ eu nunca havia estado na televisão – e em menos de dois anos comecei a receber convites regulares para aparecer no canal da MSNBC. Trabalhei com membros do Congresso, sem nunca ter feito qualquer trabalho na área governamental ou política antes de começar pelo PORQUÊ.

Sou a mesma pessoa. Sei as mesmas coisas que sabia antes. A única diferença é que agora começo pelo PORQUÊ. Como Gordon Bethune, que promoveu uma reviravolta na Continental com as mesmas pessoas e o mesmo equipamento, eu fui capaz de mudar tudo ao meu redor com coisas que eu já sabia e fazia.

Não tenho conexões melhores do que ninguém. Não tenho uma ética de trabalho melhor. Não me formei nas universidades mais famosas e minhas notas na faculdade eram medianas. O mais engraçado de tudo é que ainda não sei como se constrói um negócio. A única coisa que faço e que a maioria das pessoas não faz é ter aprendido a começar pelo PORQUÊ.

CAPÍTULO 14

A nova competição

Se você seguir seu PORQUÊ, os outros seguirão você

"BANG!" Soa o tiro e a corrida começa. Os corredores disparam pelo campo. Choveu no dia anterior e o terreno ainda está úmido. A temperatura está fresca. É um dia perfeito para correr. A linha dos corredores logo forma um agrupamento. Como um cardume de peixes, ele se juntam como se fossem um só. Movimentam-se como se fossem um só. O grupo estabelece um ritmo que preserve o máximo de suas energias para toda a corrida. Como em qualquer corrida, em pouco tempo os mais fortes começarão a se destacar na frente e os mais fracos ficarão mais atrás. Mas não Ben Comen. Ben ficou atrás desde que soou o tiro de partida. Ben não é o corredor mais rápido da equipe. Na verdade, é o mais lento. Nunca venceu uma única corrida durante todo o tempo em que tem estado na equipe de *cross country* do Hanna High School. Ben, você sabe, tem paralisia cerebral.

A paralisia cerebral, condição que com frequência é causada por problemas no parto, afeta os movimentos e o equilíbrio. Os problemas físicos duram a vida inteira. A deformação na coluna vertebral resulta em uma postura retorcida. Frequentemente músculos definham e o reflexo motor é lento. Rigidez nos músculos e nas articulações também afetam o equilíbrio. Os portadores de paralisia cerebral costumam caminhar de modo instável, os joelhos se chocam e os pés se arrastam. Para alguém de fora, podem parecer desajeitados. Ou mesmo que têm alguma fratura.

O grupo avança cada vez mais enquanto Ben fica cada vez mais para trás. Ele escorrega na grama molhada e cai na terra macia. Ergue-se lentamente e continua. Cai de novo. Desta vez doeu. Torna a se levantar e continua a correr. Ben não desiste. O grupo está agora fora de vista e Ben está correndo sozinho. Tudo está quieto. Ele consegue ouvir a própria respiração, ofegante. Sente-se solitário. Volta a tropeçar nas próprias pernas e mais uma vez cai. Apesar de sua força mental, não há como esconder a dor e a frustração em seu rosto. Ele faz uma careta quando reúne todas as suas energias para se pôr de pé e continuar a correr. Para Ben, isso é parte da rotina. Todos os outros terminam a corrida em cerca de 25 minutos. Para Ben, em geral, leva mais de 45 minutos.

Quando Ben cruza a linha de chegada, está cheio de dores e exausto. Ele teve que usar cada grama de força que tinha. Seu corpo está ferido e ensanguentado. Está coberto de lama. Ben realmente nos inspira. Mas esta não é uma história sobre "quando prosseguir fica duro os duros prosseguem". Não é uma história de "quando você cair, trate de se levantar". Sem dúvida, são grandes lições, mas não precisamos que Ben Comen nos ensine essas lições. Há dezenas de outros a quem podemos recorrer para isso, por exemplo, um atleta olímpico que sofreu uma lesão meses antes das Olimpíadas e depois competiu e ganhou uma medalha. A lição de Ben é mais profunda.

Uma coisa espantosa aconteceu depois dos cerca de 25 minutos. Quando cada um dos outros terminava a corrida, voltava para correr junto com Ben. Ben é o único corredor que tem alguém para ajudar quando ele cai. Ben é o único corredor que, quando termina a corrida, cem pessoas estão correndo atrás dele.

O que Ben nos ensina é especial. Quando compete com outras pessoas, nenhuma quer ajudar você. Mas quando compete com você mesmo, todos querem ajudar você. Atletas olímpicos não se ajudam. São competidores. Ben começa cada corrida com uma noção muito clara de POR QUE está correndo. Ele não está lá para vencer ninguém a não ser a si mesmo. Ele nunca perde isso de vista. Sua noção de POR QUE está correndo lhe dá a força para continuar. Continuar a se esforçar. Continuar a se levantar. Continuar a correr. E fazer isso uma, duas vezes e tantas quantas forem necessárias. E toda vez que corre, o único recorde que Ben quer bater é o dele mesmo.

Pense agora em como fazemos negócios. Estamos sempre competindo com alguém. Estamos sempre tentando ser melhores do que os outros. Melhor qualidade. Mais recursos. Melhor serviço. Sempre nos comparamos com os outros. E ninguém quer nos ajudar. E se fôssemos trabalhar todo dia simplesmente para sermos melhores do que nós mesmos? E se nosso objetivo fosse fazer esta semana um trabalho melhor do que o que fizemos na semana anterior? Fazer este mês ser melhor do que o mês passado? Por nenhuma outra razão senão a de querermos deixar a organização em uma situação melhor do que aquela em que a encontramos?

Todas as organizações começam pelo PORQUÊ, mas apenas as grandes mantêm claro qual é o seu PORQUÊ ano após ano. As que esquecem POR QUE foram fundadas aparecem na corrida todo dia para superar alguém em vez de superar a si mesmas. O propósito, para as que perdem de vista o PORQUÊ de estarem naquela corrida, é ganhar uma medalha ou derrotar outra pessoa.

E se da próxima vez que alguém perguntar "Quem é seu concorrente?" nós respondêssemos: "Não faço ideia"? E se da próxima vez que alguém provocar dizendo: "Bem, o que faz você ser melhor do que seus concorrentes?", nós respondêssemos "Não somos melhores do que eles em todas as coisas"? E se da próxima vez que alguém perguntar "Bem, então por que eu deveria fazer negócios com você?", respondêssemos com confiança: "Porque o trabalho que estamos fazendo agora é melhor do que aquele que fazíamos seis meses atrás. E o trabalho que estaremos fazendo daqui a seis meses será melhor do que o que estamos fazendo agora. Porque acordamos todo dia com um noção clara do PORQUÊ de termos vindo trabalhar. Viemos trabalhar para inspirar pessoas a fazer as coisas que as inspiram. Somos melhores do que nossos concorrentes? Se você acredita no que acreditamos e acredita que as coisas que fazemos podem ajudar você, então somos melhores. Se você não acredita no que acreditamos e se não acredita que as coisas que fazemos podem ajudar você, então não somos melhores. Nossa meta é achar clientes que acreditam no que acreditamos e trabalhar juntos para sermos todos bem-sucedidos. Procuramos pessoas para seguir lado a lado conosco na busca do mesmo objetivo. Não estamos interessados em nos sentar a uma mesa para tentar um acordo melhor. E eis as coisas que estamos fazendo para o avanço de nossa causa..." Depois se seguem os detalhes de COMO e O QUE você está fazendo. Mas, desta vez, começou pelo PORQUÊ.

Imagine se toda organização começasse pelo PORQUÊ. As decisões seriam mais simples. A fidelidade seria maior. A confiança seria moeda corrente. Se nossos líderes fossem diligentes quanto ao PORQUÊ, o otimismo iria reinar, e a inovação, prosperar. Como ilustra este livro, há um precedente para esse padrão. Não importa o tamanho da organização, não importa o tipo de atividade, não importa o produto ou o serviço, se todos assumirmos a responsabilidade de começar pelo PORQUÊ e de inspirar outros a fazerem o mesmo, então, juntos, podemos mudar o mundo.

E isso é muito inspirador.

★ ★ ★

Se este livro inspirou você, por favor, empreste-o a alguém que você deseja inspirar.

AGRADECIMENTOS

Não há nada que me traga mais alegria e felicidade neste mundo do que acordar todo dia com uma clara noção do meu PORQUÊ – inspirar pessoas a fazer aquilo que as inspiram. É uma coisa simples de fazer quando estou cercado por tantas pessoas incríveis que me inspiram.

Há inúmeras pessoas que acreditaram em mim e me auxiliaram ao longo dos anos. Eu gostaria de agradecer àqueles que me ajudaram a construir, com este livro, um pedaço do meu megafone. Amy Hertz foi a primeira a insistir para que eu escrevesse este livro e me apresentou a meu incrível agente, Richard Pine. Richard acredita em fazer coisas boas no mundo, e seu negócio é transformar em autores aqueles que têm uma mensagem positiva para compartilhar. Sua paciência e seus conselhos foram inestimáveis. A Russ Edelman, que foi tão gentil ao me apresentar a seu editor, Jeffrey Krames, que, por sua vez, apostou em mim e me deixou instigá-lo a fazer as coisas de modo diferente. A Adrian Zackheim, que por iniciativa própria desafiou a convenção e está liderando a evolução do mundo da publicidade.

Obrigado a Mark Rubin, que enxerga as mesma cores que eu e em cujo porão comecei a escrever; a Tom e Alicia Rypma, em cuja casa continuei a escrever, e à Delta Airlines, por ser tão boa comigo enquanto eu escrevia a quase 12 mil metros de altitude. A Julia Hurley que zelou para que tudo corresse bem. A toda a equipe da Portfolio, que trabalhou tão duro para dar vida a este livro. E, o mais importante, a Laurie Fynn (e sua família), que tão apaixonadamente se dedicou a me ajudar a contar esta história.

Tenho a grande honra e o privilégio de conhecer algumas pessoas maravilhosas que me inspiraram de um jeito que é difícil quantificar. Ron Bruder mudou o modo como vejo o mundo. A general Lori Robinson mostrou-me como é a humildade dos grandes líderes. Kim Harrison, que vive o seu PORQUÊ – para apreciar todas as coisas boas à sua volta –, trabalha incansavelmente para assegurar que boas ideias e boas pessoas sejam apreciadas. Ela me ensinou como é e como parece ser uma verdadeira parceria. E a todos os que compartilharam comigo seu conhecimento para me ajudar a dar vida ao PORQUÊ, estou genuinamente grato por seu tempo e sua energia: Colleen Barrett, Gordon Bethune, Ben Comen, Randy Fowler, Christina Harbridge, Dwayne Honoré, Howard Jeruchimowitz, Guy Kawasaki, Howard Putnam, James Tobin, Acacia Salatti, Jeff Sumpter, Col. "Cruiser" Wilsbach e Steve Wozniak.

Muito antes de ao menos haver a ideia de um livro, havia todas essas pessoas e adotante iniciais que quiseram aprender sobre o PORQUÊ e usar o Círculo Dourado para ajudá-las a construir suas organizações. Esse grupo de vanguardistas queria abraçar uma nova ideia e sua ajuda foi essencial para que eu formulasse muitos dos detalhes e nuances do conceito. Obrigado a Geoffrey Dzikowski, Jenn Podmore, Paul Guy, Kal Shah, Victor DeOliveria, Ben Rosner, Christopher Bates, Victor Chan, Ken Tabachnick, Richard Baltimore, Rick Zimmerman, Russ Natoce, Missy Shorey, Morris Stemp, Gabe Solomon, Eddie Esses e Elizabeth Hare, que enxergou o valor do PORQUÊ na construção da mais valiosa de todas as organizações – sua família. Obrigado a Fran Biderman-Gross, que não só é uma adotante inicial como também se desviou de seu caminho para abraçar o seu PORQUÊ em todos os aspectos da vida, e também estimulou outros a aprenderem o PORQUÊ. Obrigado à congressista Stephanie Herseth Sandlin, ao congressista Paul Hodes e à congressista Allyson Schwartz, que me ajudaram tanto e continuam a ajudar a outros com tanta paixão.

Ao longo dos anos houve quem me ajudasse me dando um tempo ou me auxiliando a levar minha causa adiante. Obrigado a Trudi Baldwin, diretora do Programa de Pós-Graduação em Comunicações Estratégicas na Universidade Columbia (um programa maravilhoso); Jim Berrien, que confiou em mim; o infatigável Jack Daly, que me ensinou tanta coisa; Piers Fawkes; Denis Glennon, que me fez seguir em frente; Kevin Goetz; Tony

Gomes; Paul Gumbinner, que me ofereceu uma carreira em uma bandeja de prata; Kenneth Hein; Peter Intermaggio, que me ensinou a ser autoconfiante; Pamela Moffat; Rick Sapio, que continua fazendo coisas boas para mim; Alana Winter e Matt Weiss, por me pedirem para compartilhar meus pensamentos com uma plateia, e Diederick Werdmolder, que apostou em mim desde o começo.

Sou grato a todas as mentes brilhantes que conheci na Força Aérea dos Estados Unidos da América (USAF), que puseram a mão no fogo para tentar algo diferente. Eles personificam o PORQUÊ da USAF: encontrar e apresentar novas maneiras de fazer as coisas. Aos oficiais Erwin Lessel (que me apresentou à organização), William Chambers, Walter Givhan, Dash Jamieson (que nunca deixa de acreditar), Darren McDew, Martin Neubauer (que sabe mais do que eu jamais saberei), Christy Nolta, Janet Therianos e Dede Halfhill.

Sou imensamente grato a todas as pessoas brilhantes e todas as conversas francas que inspiraram as muitas ideias que se tornaram o Círculo Dourado e todas as suas partes. Obrigado a Kendra Coppey, que me ajudou a sair do buraco no fim de 2005, e a Mark Levy, que me apontou a direção certa. Obrigado a Peter Whybrow, que viu um problema nos Estados Unidos e me ajudou a compreender a neurociência disso tudo. Kirt Gunn, cuja brilhante mente contadora de histórias inspirou a ideia da ruptura. Cada conversa que tive com Brian Collins lançou luz sobre algo novo. Obrigado a Jorelle Laakso, que me ensinou a buscar as coisas em que acredito. A William Ury, que me mostrou um caminho a seguir, e ao Lt. Gen. David Deptula, provavelmente a pessoa mais inteligente que conheço e que meu deu uma nova perspectiva para resolver problemas muito complexos.

Minha compreensão do PORQUÊ estaria incompleta sem as conversas, a ajuda e o apoio de Nic Askew, Richard Baltimore, Christopher Bennett, Christine Betts, Ariane de Bonvoisin, Scott Bornstein, Tony Conza, Vimal Duggal, Douglas Fiersetin, Nathan Frankel, JiNan Glasgow, Cameron Herold, John Hittler, Maurice Kaspy, Peter Laughter, Kevin Langley, Niki Lemon, Seth Lloyd, Bruce Lowe, Cory Luker, Karl e Agi Mallory, Peter Martins, Brad Meltzer, Nell Merlino, Ally Miller, Jeff Morgan, Alan Remer, Pamela e Nick Roditi, Ellen Rohr, Lance Platt, Jeff Rothstein, Brian

Scudamore, Andy Siegel, John Stepleton, Rudy Vidal, as classes de 2007 e 2008 da Gathering of Titans.

A meu falecido avô, Imre Klaber, que me mostrou que é mais divertido ser um pouco excêntrico do que ser completamente normal. A meus pais, Steve e Susan Sinek, que sempre me incentivaram a seguir o rufar de meu próprio tambor. E a Sara, minha notável irmã, que aprecia o fato de eu ter minha cabeça nas nuvens, mas sempre garante que eu mantenha os pés no chão.

Há alguns livros e autores que, ao longo dos anos, me inspiraram, provocaram ideias e me ofereceram novas perspectivas: a obras de Ken Blanchard, de Tom Friedman e de Seth Godin; *The Starfish and the Spider*, de Ori Brafman e Rod Beckstrom; *Quebre todas as regras*, de Marcus Buckingham; *Good to Great – empresas feitas para vencer*, de Jim Collins; *Os 7 hábitos das pessoas altamente eficazes*, de Stephen Covey; *Trabalhe 4 horas por semana*, de Tim Ferriss; *Nunca almoce sozinho*, de Keith Ferrazzi; *O mito do empreendedor*, de Michael Gerber; *O ponto da virada* e *Fora de série*, ambos de Malcolm Gladwell; *Caos – a criação de uma nova ciência*, de James Gleick; *Inteligência emocional*, de Daniel Goleman; *Ideias que colam*, de Chip e Dan Heath; *Quem mexeu no meu queijo?*, de Spencer Johnson, M.D.; *The Monk and the Riddle*, de Randy Komisar; *Os 5 desafios das equipes*, de Patrick Lencioni; *Freakanomics*, de Steven D. Levitt e Stephen J. Dubner; *Peixe!*, de Stephen Lundin, Harry Paul, John Christensen e Ken Blanchard; *O cérebro humano*, de Richard Restack; *Authentic Happiness*, de Martin Seligman; *A sabedoria das multidões*, de James Surowiecki; *A lógica do cisne negro*, de Nicholas Taleb; *American Mania*, de Peter Whybrow, M.D.; e o livro mais importante de todos, aquele que todos deveriam ler, o livro que nos ensina que não somos capazes de controlar as circunstâncias à nossa volta, apenas somos capazes de controlar nossa atitude: *Em busca de sentido*, de Viktor Frankl.

Quero fazer um agradecimento especial a todos vocês, pessoas que se juntaram a esta causa e trabalham ativamente para inspirar quem está à sua volta. Eu me sinto grato por todos os e-mails e observações que vocês me enviaram, eu os guardo como um lembrete de que é preciso haver muita gente, ombro a ombro, para causar um impacto real.

E, por fim, a todos vocês que leram este livro e que o emprestaram a quem vocês acreditam que ele possa inspirar, muito obrigado. Sei que se um número suficiente de nós aprender sobre a existência do PORQUÊ e trabalhar duro para começar tudo o que fazemos pelo PORQUÊ, seremos capazes de mudar, e mudaremos, o mundo.

NOTAS

Capítulo 1: Suponha que você sabe

24 *Nos Estados Unidos, um operário dessa linha pegava um martelo de borracha e batia nas beiradas da porta*: Norman Bodek, "What is Muda?". *Manufacturing Engineering*, julho de 2006, http://www.sme.org/cgi-bin/find-articles.pl?&ME06ART40&ME&20060709&SME.

Capítulo 2: Recompensas e ameaças

29 *Em 2007, a companhia japonesa tinha escalado de apenas 7,8% para 16,3%*: Tom Krisher, "GM, Toyota in virtual tie on 2007 sales", *USA Today*, 23 de janeiro de 2008, http://www.usatoday.com/money/topstories/2008-01-23-434472425_x.htm.

29 *Em 2007, a empresa perdeu 729 dólares por veículo*: Oliver Wyman's Harbour Report 2008, http://www.oliverwyman.com/content_images/OW_EN_Automotive_Press_2008_ HarbourReport08.pdf.

30 *cerca de 40% desses clientes nunca conseguem o preço baixo*: Brian Grow, "The Great Rebate Runaround", *BusinessWeek*, 23 de novembro de 2005, http://www.businessweek.com/bwdaily/dnfl ash/nov2005/nf20051123_4158_db016.htm.

32 *"Parar de fumar foi a coisa mais fácil que já fiz"*: American Cancer Society Guide to Quitting Smoking, http://www.cancer.org/docroot/PED/content/PED_10_13X_Guide_for_Quitting_Smoking.asp.

35 *um relógio da Tag Heuer projetado "especialmene para o golfista"*: http://www.tagheuer.com/the-collection/specialists/golf-watch/index.lbl.

35 *campanha "Quero ser como Mike"*: "The Allure of Gatorade", *CNN Money*, 22 de novembro de 2000, http://money.cnn.com/2000/11/21/deals/gatorade/.

35 *"Em uma grande inovação de design e engenharia"*: "Introducing the Motorola RAZR V3", http://www.motorola.com/mediacenter/news/detail.jsp?globalObjectId=4485_3818_23.

36 *Menos de quatro anos depois, Zander foi demitido*: "Motorola's Zander out after 4 rocky years", MSNBC, 30 de novembro de 2007, http://www.msnbc.msn.com/id/22040026/.

37 *a Colgate até oferece em seu site um link*: http://www.colgate.com/app/Colgate/US/OC/Products/Toothpastes/Name.cvsp.

40 *A Samsung, gigante da eletrônica*: "Samsung's American Unit Settles Rebate Case", *New York Times*, 21 de outubro de 2004, http://query.nytimes.com/gst/fullpage.html?res=9B01E3DD113AF932A15753C1A9629C8B63.

43 *Em vez disso, diz Whybrow, a maneira como o mundo corporativo americano se desenvolveu*: Peter C. Whybrow, *American Mania: When More Is Not Enough*. Nova York: W. W. Norton & Company, 2005.

Capítulo 3: O Círculo Dourado

49 *na proporção áurea – uma simples relação matemática*: Wolfram Mathworld, "Golden Ratio", http://mathworld.wolfram.com/GoldenRatio.html. Também em http://goldennumber.net/.

50 *o desafio de John F. Kennedy de levar um homem à Lua*: "The Decision to Go to the Moon: President John F. Kennedy's May 25, 1961 Speech before a Joint Session of Congress", NASA History Office, http://history.nasa.gov/moondec.html.

56 *"1.000 canções em seu bolso"*: "Apple Presents iPod", http://www.apple.com/pr/library/2001/oct/23ipod.html.

56 *O tocador de música portátil com disco rígido de muitos gigabytes foi inventado por Creative Technology Ltd.*: "The Nomad Jukebox Holds a Hefty Store of Music", *New York Times*, 1º de junho de 2000, http://www.nytimes.com/2000/06/01/technology/news-watch-the-nomad-jukebox-holds-a-hefty-store-of-music.html?scp=1&sq=creative+nomad&st=nyt.

58 *A Apple até mudou sua razão social em 2007*: "Apple Debuts iPhone, TV Device, Drops 'Computer' From Name", Foxnews.com, 11 de janeiro de 2007, http://www.foxnews.com/story/0,2933,242483,00.html.

Capítulo 4: Não é opinião, é biologia

64 *Agora, os Sneetches barriga-de-estrela*: Dr. Seuss, *The Sneetches and Other Stories*. Nova York: Random House, 1961.

66 *U2 e Apple têm a mesma pertinência*: "Apple Introduces the U2 iPod", http://www.apple.com/pr/library/2004/oct/26u2ipod.html.

66 *"Eu sou um Mac e eu sou um PC"*: "Get a Mac", http://www.apple.com/getamac/ads/.

69 *Richard Restak, um conhecido neurocientista*: Richard Restak, MD, *The Naked Brain: How the Emerging Neurosociety Is Changing How We Live, Work and Love*. Nova York: Harmony, 2006.

Capítulo 5: Clareza, disciplina e consistência

82 *pegar o que a Pacific Southwest estava fazendo na Califórnia*: "PSA: Catch Our Smile; The Story of Pacific Southwest Airlines", http://catchoursmile.com/.

82 *King e Kelleher eram diferentes em quase tudo*: Matt Malone, "In for a Landing", Portfolio.com, agosto de 2008, http://www.portfolio.com/executives/features/2008/07/16/Q-and-A-with-Southwest CEO-Kelleher; Joseph Guinto, "Rollin On", *Southwest Airlines Spirit*, junho de 2006, http://macy.ba.ttu.edu/Fall%2006/SWA%20Rollin%20On.pdf; Katrina Brooker, "The Chairman of the Board Looks Back", *Fortune*, 28 de maio de 2001, http://money.cnn.com/magazines/fortune/fortune_archive/2001/05/28/303852/index.htm; "We Weren't Just Airborne Yesterday", http://www.southwest.com/about_swa/airborne.html.

83 *No início da década de 1970, apenas 15% dos viajantes viajavam pelo ar*: Brian Lusk, gerente de comunicação com o cliente da Southwest Airlines, correspondência pessoal, fevereiro de 2009.

84 *Howard Putnam, um dos ex-presidentes da Southwest*: Howard Putnam, entrevista, outubro de 2008.

Capítulo 6: Quando surge a confiança

95 *Durante a década de 1980 era assim a vida na Continental Airlines*: Gordon Bethune, *From Worst to First: Behind the Scenes of Continental's Remarkable Comeback*. Nova York: John Wiley and Sons, 1999.

95 *Funcionários satisfeitos garantem clientes satisfeitos*: Kevin Freiberg e Jackie Freiberg, *Nuts! Southwest Airlines' Crazy Recipe for Business and Personal Success*. Nova York: Broadway, 1998.

97 *"Você não mente para seu médico"*: Gordon Bethune, entrevista, janeiro de 2009.

103 *O custo (...) seria de cerca de 250 mil dólares*: "Shackleton Plans Record Polar Trip", *New York Times*, 30 de dezembro de 1913.

103 *Doações feitas por crianças de escolas inglesas pagaram as matilhas de cães*: "Ernest H. Shackleton, 1874-192", South-Pole.com, www.south-pole.com/p0000097.htm.

103 *Apenas poucos dias depois de deixar a ilha da Geórgia do Sul*: http://www.pbs.org/wgbh/nova/shackleton/1914/timeline.html.

104 *"Precisa-se de pessoas para uma expedição"*: Nova Online, http://www.pbs.org/wgbh/nova/shackleton/1914/team.html.

106 *Na década de 1970, a Southwest Airlines decidiu que shortinhos e botas*: Howard Putnam, entrevista, outubro de 2008.

109 *Langley reuniu algumas das melhores e mais brilhantes mentes da época*: James Tobin, *To Conquer the Air: The Wright Brothers and the Great Race for Flight*. Nova York: Free Press, 2004.

109 *Langley via no avião seu ingresso para a fama e a fortuna*: Tobin, entrevista, fevereiro de 2009.

110 *"Wilbur e Orville eram cientistas de verdade"*: Tobin, entrevista, fevereiro de 2009.

111 *Ele considerou a derrota humilhante*: Tobin, *To Conquer the Air*.

113 *A Southwest Airlines é famosa por ter sido pioneira no tempo reduzido de permanência no solo*: Paul Burnham Finney, "Loading an Airliner is Rocket Science", *New York Times*, 14 de novembro de 2006, http://travel2.nytimes.com/2006/11/14/business/14board ing.html?pagewanted=print.

115 *"As pessoas na sede do Barings em Londres"*: Nick Leeson e Edward Whitley, *Rogue Trader: How I Brought Down Barings Bank and Shook the Financial World*. Nova York: Little, Brown and Company, 1996.

118 *A Southwest não vai tolerar clientes que desrespeitem seu pessoal*: Freiberg and Freiberg, *Nuts! Southwest Airlines' Crazy Recipe for Business and Personal Success*. Nova York: Broadway, 1998.

118 *General com uma estrela, John Jumper era um experiente piloto de F-15*: General Lori Robinson, entrevista pessoal, outubro de 2008.

120 *serviu como chefe do Estado-Maior da Força Aérea de 2001 a 2005*: http://www.af.mil/bios/bio.asp?bioID=5986.

120 *Agora, ela mesma general de brigada na Força Aérea*: http://www.af.mil/bios/bio.asp?bioID=10439.

Capítulo 7: Como chegar ao ponto da virada

127 *No ano 2000 Malcolm Gladwell criou seu próprio ponto de virada*: Malcolm Gladwell, *O ponto da virada: como pequenas coisas podem fazer uma grande diferença.* Rio de Janeiro: Sextante, 2009.

128 *Everett M. Rogers foi o primeiro a descrever formalmente como as inovações se difundem na sociedade*: Everett M. Rogers, *Diffusion of Innovations.* Nova York: Free Press, 2003.

128 *Geoffrey Moore expandiu as ideias de Rogers para aplicar o princípio ao marketing de produtos de alta tecnologia*: Geoffrey A. Moore, *Crossing the Chasm.* Nova York: Collins, 2002.

134 *Em 1997, a TiVo entrava no mercado com um novo e notável dispositivo*: John Markoff, "Netscape Pioneer to Invest in Smart VCR", *New York Times*, 9 de novembro de 1998, http://query.nytimes.com/gst/fullpage.html?res=9F0DE0D6133EF93AA35752C1A96E958260.

135 *A TiVo enfim deu a partida em 1999*: http://www.tivo.com/abouttivo/aboutushome/index.html.

135 *A TiVo vendeu cerca de 48 mil unidades no primeiro ano*: Roy Furchgott, "Don't People Want to Control Their TV's?", *New York Times*, 24 de agosto de 2000, http://www.nytimes.com/2000/08/24/technology/don-t-people-want-to-control-their-tv-s.html.

135 *"mais casas nos Estados Unidos com banheiros externos do que com TiVos"*: Bradley Johnson, "Analysts Mull Future Potential of PVR Ad-Zapping Technology", *Advertising Age*, 4 de novembro de 2002, http://people.ischool.berkeley.edu/~hal/Courses/StratTech09/Lectures/Networks/Articles/tivo-losing-money.html.

140 *"Existem dois tipos de leis"*: Martin Luther King, "Letter from a Birmingham Jail", http://www.thekingcenter.org/prog/non/Letter.pdf.

Capítulo 8: Comece pelo porquê, mas saiba como

145 *Steve Ballmer, o homem que substituiu Bill Gates como CEO da Microsoft*: "Steve Ballmer Going Crazy", 31 de março de 2006, http://www.youtube.com/watch?v=wvsboPUjrGc.

146 *a Fundação Bill e Melinda Gates*: http://www.gatesfoundation.org/Pages/home.aspx.

147 *Criado em Ohio, a 100 quilômetros de Dayton, Neil Armstrong cresceu*: Nick Greene, "Neil Armstrong Biography: First Man of the Moon", About.com, http://space.about.com/od/astronautbiographies/a/neilarmstrong.htm.

150 *O que Ralph Abernathy fez pelo movimento foi outra coisa*: "Abernathy, Ralph David (1926-1990)", Martin Luther King, Jr., Research and Education Institute, http://mlk-kpp01.stanford.edu/index.php/kingpapers/article/abernathy_ralph_david_1926_1990/.

152 *Geralmente os pessimistas têm razão*: Thomas Friedman, *The World Is Flat: A Brief History of the 21st Century*. Nova York: Farrar, Straus and Giroux, 2005.

153 *"Se não fosse por meu irmão mais velho"*: Bob Thomas, *Building a Company: Roy O. Disney and the Creation of an Entertainment Empire*. Nova York: Disney Editions, 1998.

154 *Herb Kelleher foi capaz de personificar e pregar a causa da liberdade*: Kevin Freiberg e Jackie Freiberg, *Nuts! Southwest Airlines' Crazy Recipe for Business and Personal Success*. Nova York: Broadway, 1998.

154 *Steve Wozniak é o engenheiro que fez a Apple funcionar*: Steve Wozniak, entrevista, novembro de 2008.

155 *Bill Gates e Paul Allen cursaram o ensino médio juntos em Seattle*: Randy Alfred, "April 4, 1975: Bill Gates, Paul Allen Form a Little Partnership", *Wired*, 4 de abril de 1975, http://www.wired.com/science/discoveries/news/2008/04/dayintech_0404.

158 *Oprah Winfrey certa vez deu um carro*: Ann Oldenburg, "$7M car giveaway stuns TV audience", *USA Today*, 13 de setembro de 2004, http://www.usatoday.com/life/people/2004-09-13-oprah-cars_x.htm.

163 *a Education for Employment Foundation*: http://www.efefoundation.org/homepage.html; Lisa Takeuchi Cullen, "Gainful Employment", *Time*, 20 de setembro de 2007, http://www.time.com/time/magazine/article/0,9171,1663851,00.html; Ron Bruder, entrevista, fevereiro de 2009.

Capítulo 10: Comunicação não tem a ver com falar, tem a ver com ouvir

172 *discurso "Eu tenho um sonho"*: "I Have a Dream – Address at March on Washington, August 28, 1963. Washington, D.C.", MLK Online, http://www.mlkonline.net/dream.html.

172 *bandeira americana no braço direito de um soldado?*: Brendan I. Koerner, "Soldiers and Their Backward Flags", *Slate*, 18 de março de 2003, http://www.slate.com/id/2080338/.

173 *"Não permita que ninguém lhes diga que os melhores dias dos Estados Unidos já ficaram para trás*: Discurso do presidente Ronald Reagan em uma sessão conjunta do Congresso sobre o Estado da União, 26 de janeiro de 1982, http://

www.c-span.org/executive/transcript.asp?cat=current_event&code=bush_admin&year=1982.

175 *"Principalmente, diz que sou americano."*: Randy Fowler, gerente-geral de uma concessionária Harley-Davidson na Califórnia, entrevista, janeiro de 2009.

177 *Em 2003 e 2004, a Apple fez uma promoção para o iTunes com a Pepsi*: http://www.apple208m/pr/library/2003/oct/16pepsi.html.

181 *Volkswagen lançou um modelo de luxo de 70 mil dólares em sua linha*: "2006 Volkswagen Phaeton Review", Edmonds.com., http://www.edmunds.com/volkswagen/phaeton/2006/review.html; "VW analyses Phaeton failure, reveals new details about next-gen model", MotorAuthority.com, 18 de fevereiro de 2008, http://www.motorauthority.com/vw-analyses-phaeton-failure-reveals-new--details-aboutnext-gen-model.html.

Capítulo 11: Quando o porquê fica nebuloso

187 *"Muito do que está acontecendo com companhias de grande sucesso"*: Sam Walton e John Huey, *Sam Walton: Made in America; My Story*. Nova York: Bantam, 1992.

188 *Há cerca de 30 milhões de negócios registrados nos Estados Unidos*: U.S. Small Business Administration, Office of Advocacy, http://www.sba.gov/advo/stats/sbfaq.pdf.

188 *Sam Walton nem sequer inventou um modo melhor de fazer coisas*: Bob Ortega, *In Sam We Trust: The Untold Story of Sam Walton and How Wal-Mart Is Devouring the World*. Nova York: Kogan Page, 1999.

189 *Para Sam Walton havia algo mais profundo*: Sam Walton e John Huey, *Sam Walton: Made in America; My Story*. Nova York: Bantam, 1992.

189 *"Estamos todos trabalhando juntos; esse é o segredo"*: http://walmartstores.com/CommunityGiving/8508.aspx.

190 *A companhia que já fora famosa pelo modo como tratava funcionários e clientes ficou envolvida em escândalos por quase uma década*: "Wal-Mart Wage and Hour Settlement", *Wal-Mart Watch*, http://action.walmartwatch.com/page/-/Wal-Mart%20Wage%20and%20Hour%20Settlement.pdf.

190 *"Comemorem seus sucessos"*: Gene N. Landrum, *Entrepreneurial Genius: The Power of Passion*. Nova York: Brendan Kelly Publishing Inc., 2004.

190 *Walmart ainda vende mais de seis vezes do que a Target*: http://walmartstores.com/FactsNews/NewsRoom/8224.aspx; http://investors.target.com/phoenix.zhtml?c=65828&p=irol-homeProfile.

191 *Todo ano um grupo de empresários de alto desempenho se reúne na Endicott House, do MIT*: http://www.gatheringoftitans.com/.

Capítulo 12: Rupturas acontecem

201 *No outono de seu primeiro ano na faculdade, Christina Harbridge começou a procurar um trabalho de meio-expediente*: Christina Harbridge, entrevista, novembro de 2008; http://christinaharbridge.com/blog/.

203 *Dwayne Honoré já administra há 10 anos sua própria companhia de construção comercial*: Dwayne Honoré, entrevista, dezembro de 2008; http://www.dhonore.com/explore.cfm/ourcompany/owner/.

205 *Embora Bill Gates tivesse abdicado de seu papel como CEO*: "Gates exits Microsoft to focus on charity work", MSNBC News Services, 27 de junho de 2008, http://www.msnbc.msn.com/id/25408326/.

206 *"Um PC em cada casa e em cada mesa"*: http://www.microsoft.com/about/companyinformation/ourbusinesses/profile.mspx.

207 *após uma lendária luta pelo poder com o presidente da Apple, John Sculley*: Andrew Pollack, "Apple Computer Entrepreneur's Rise and Fall", *New York Times*, 19 de setembro de 1985, http://query.nytimes.com/gst/fullpage.html?res=-950DE7DA1739F93AA2575AC0A963948260&scp=3&sq=apple%201985%20jobs%20resigns&st=cse.

207 *Sculley era um executivo muito capaz, com uma carreira consolidada*: "Marketing Genius for Pepsi and Apple: John Sculley III, WG'63", *Wharton Alumni Magazine*, segundo trimestre de 2007, http://www.wharton.upenn.edu/alum_mag/issues/125anniversaryissue/sculley.html.

208 *"Você quer vender água com açúcar durante sua vida inteira ou quer mudar o mundo?"*: *Triumph of the Nerds:* Transcrições de programa de televisão: Parte III, PBS, http://www.pbs.org/nerds/part3.html.

208 *Os novos produtos seriam "menos revolucionários e mais evolucionários"*: Brian O'Reilly, "Apple Computer's Risky Revolution", *Fortune*, 8 de maio de 1989, http://money.cnn.com/magazines/fortune/fortune_archive/1989/05/08/71954/index.htm.

209 *Desde o início ele se concentrou em eficiência*: Steve Lohr, "Can Michael Dell Refocus His Namesake?", *New York Times*, 9 de setembro de 2007, http://www.nytimes.com/2007/09/09/technology/09dell.html.

210 *Se você recapitular a história da Starbucks*: http://www.starbucks.com/aboutus/Company_Timeline.pdf.

211 *Em um agora famoso memorando que Schultz escreveu*: "Text of Starbucks Memo", *Wall Street Journal*, 24 de fevereiro de 2007, http://online.wsj.com/public/article/SB117234084129218452-hpbDoP_cLbOUdcG_0y7qLl-Q7Okg_20080224.html?mod=rss_free.

211 *No início de 2008, Schultz substituiu Donald*: Burt Helm e Jena McGregor, "Howard Schultz's Grande Challenge", *BusinessWeek*, 9 de janeiro de 2008, http://www.businessweek.com/magazine/content/08_03/b4067000369003.htm?-chan=top+news_top+news+index_businessweek+exclusives.

213 *Putnam lembra quando se encontrou com Kelleher na entrevista para o cargo*: Howard Putnam, entrevista, outubro de 2008.

213 *O mesmo poderia ser dito de Colleen Barrett, que se tornou presidente da Southwest em 2001*: Colleen Barrett, entrevista, dezembro de 2008.

214 *o filho mais velho de Walton, S. Robeson Walton*: http://findarticles.com/p/articles/mi_m3092/is_n8_v31/ai_12098902/.

215 *Walton insistia em aparecer no trabalho nos sábados*: Sam Walton e John Huey, *Sam Walton: Made in America; My Story*. Nova York: Bantam, 1992.

215 *"Eu nunca acreditei que o fato de eu cortar meu cabelo em uma barbearia fosse notícia."* Ibid.

216 *Sinegal havia aprendido sobre lojas de desconto com Sol Price*: Matthew Boyle, "Why Costco is so addictive", *Fortune*, 25 de outubro de 2006, http://money.cnn.com/magazines/fortune/fortune_archive/2006/10/30/8391725/index.htm.

216 *Sinegal priorizava pessoas*: Alan B. Goldberg e Bill Ritter, "Costco CEO Finds Pro-Worker Means Profitability", ABC News, 2 de agosto de 2006, http://abcnews.go.com/2020/business/story?id=1362779.

216 *analistas de Wall Street criticaram a estratégia da Costco de gastar tanto com seu pessoal*: John Helyar, "The Only Company Wal-Mart Fears", *Fortune*, 24 de novembro de 2003, http://money.cnn.com/magazines/fortune/fortune_archive/2003/11/24/353755/index.htm.

217 *"O Walmart vem trabalhando há vários anos para melhorar sua imagem e amenizar seu impacto no meio ambiente"*: Andrew C. Revkin, "Wal-Mart's New Sustainability Push", nytimes.com, 23 de outubro de 2008, http://dotearth.blogs.nytimes.com/tag/wal-mart/.

218 *"Muito do que está acontecendo com companhias de grande sucesso*: Sam Walton e John Huey, *Sam Walton: Made in America; My Story*. Nova York: Bantam, 1992.

218 *E para fazer isso, ele começou pagando a si mesmo um salário de 5,43 milhões de dólares por ano.* http://finance.yahoo.com/q/pr?s=WMT.

Capítulo 13: As origens de um porquê

221 *"A Apple deu ao indivíduo o poder de fazer as mesmas coisas que qualquer companhia"*: Steve Wozniak, entrevista, novembro de 2008.

222 *os dois Steves fizeram uma coisa que chamaram de Blue Box*: Nick Cantlay, "Biography: Stephen Wozniak", The Apple Museum, http://www.theapplemuseum.com/index.php?id=50.

222 *famoso comercial "1984", transmitido durante o Super Bowl,*: http://www.youtube.com/watch?v=OYecfV3ubP8.

Capítulo 14: A nova competição

233 *Mas não Ben Comen*: Rick Reilly, "Worth the Wait", *Sports Illustrated*, http://sportsillustrated.cnn.com/2003/pr/subs/siexclusive/rick_reilly/10/13/reilly1020/index.html _the_wait.htm.

CONHEÇA OUTROS LIVROS DO AUTOR

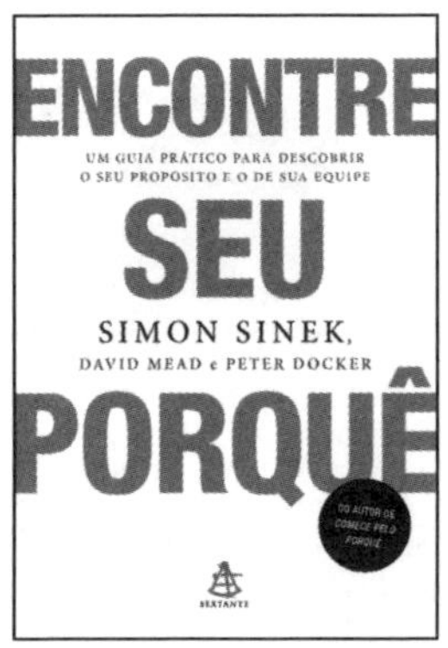

"Acredito que a realização profissional é um direito e não um privilégio. Todas as pessoas merecem acordar de manhã animadas para ir ao trabalho. Para nos sentirmos assim, precisamos primeiro entender exatamente o PORQUÊ do que fazemos." – Simon Sinek

Simon Sinek criou um grande impacto no mundo empresarial com *Comece pelo porquê*, livro que inspirou milhões de pessoas a buscar o sentido maior de seu trabalho e outro nível de liderança e de realização.

Em *Encontre seu porquê*, Simon e seus colegas Peter Docker e David Mead oferecem as ferramentas práticas para identificar o seu PORQUÊ individual e o da sua organização, criando um alinhamento entre suas ações e seu propósito mais profundo.

Com exercícios detalhados e ilustrações, este livro mostra um caminho para uma vida profissional gratificante e bem-sucedida, tanto para quem está em início de carreira quanto para aqueles que já alcançaram posições de liderança.

"A maioria de nós vive ao sabor do acaso –
e se deixa levar pelos acontecimentos.
A realização vem quando vivemos com propósito."

Este pequeno livro vai transformar a maneira como você enxerga sua vida profissional. Além disso, é uma excelente forma de apresentar o movimento *Comece pelo porquê* aos seus amigos e colegas de trabalho.

Simon Sinek tem ajudado milhares de pessoas a encontrar um sentido maior no trabalho. Agora, ele traz sua poderosa mensagem de propósito e liderança nesta fábula para adultos.

Com lindas ilustrações e um texto de encantadora simplicidade, *Juntos somos melhores* aponta o caminho para a realização, destacando o que realmente importa na jornada em direção ao sucesso: as pessoas.

"Como vencer um jogo que não tem fim?

De acordo com o professor James P. Carse, jogos finitos têm participantes conhecidos, regras fixas e um objetivo claro que, ao ser alcançado, encerra o jogo. Nele, vencedores e perdedores são facilmente identificados, como numa partida de futebol ou de xadrez.

Em jogos infinitos - como os negócios, a política e até a própria vida -, os participantes estão sempre mudando e as regras não são precisas. Não existem vencedores e perdedores. Não há como ter 'negócios vitoriosos' ou como 'vencer na vida', por exemplo.

Quanto mais eu entendia a diferença entre os dois tipos de jogos, mais via jogos infinitos ao nosso redor. Percebi que grande parte das dificuldades que as empresas enfrentam existe simplesmente porque seus líderes estão participando de um jogo infinito com uma mentalidade finita. Elas costumam deixar a desejar em termos de inovação, ética e esforço incondicional, o que acaba afetando seu desempenho a longo prazo.

Por outro lado, líderes que abraçam a mentalidade infinita têm empresas mais fortes, inovadoras e inspiradoras. Seus funcionários confiam uns nos outros e em seus superiores. Eles têm a resiliência necessária para prosperar em um mundo em constante mutação como o nosso, enquanto seus concorrentes caem no esquecimento. E são essas as pessoas que nos guiarão em direção ao futuro."

Simon Sinek

CONHEÇA OS LIVROS DE SIMON SINEK

Comece pelo porquê

Encontre seu porquê

Juntos somos melhores

O jogo infinito

Para saber mais sobre os títulos e autores da Editora Sextante,
visite o nosso site e siga as nossas redes sociais.
Além de informações sobre os próximos lançamentos,
você terá acesso a conteúdos exclusivos
e poderá participar de promoções e sorteios.

sextante.com.br